Culturas jovens

Maria Isabel Mendes de Almeida
Fernanda Eugenio
(orgs.)

Culturas jovens

Novos mapas do afeto

Jorge **ZAHAR** Editor
Rio de Janeiro

Jorge Zahar Editor Ltda.
rua México 31 sobreloja
20031-144 Rio de Janeiro, RJ
tel.: (21) 2108-0808 / fax: (21) 2108-0800
e-mail: jze@zahar.com.br
site: www.zahar.com.br

Capa: Dupla Design

CIP-Brasil. Catalogação-na-fonte
Sindicato Nacional dos Editores de Livros, RJ.

C974 Culturas jovens: novos mapas do afeto / Maria Isabel Mendes de Almeida, Fernanda Eugenio (orgs.). – Rio de Janeiro: Jorge Zahar Ed., 2006

Inclui bibliografia
ISBN 85-7110-944-3

1. Juventude – Atitudes. 2. Juventude – Condições sociais. 3. Vida urbana. I. Almeida, Maria Isabel Mendes de, 1955-. II. Eugenio, Fernanda.

CDD 305.23
06-2915 CDU 316.346.32-053.6

Sumário

PREFÁCIO

Buscas de si: expressividades e identidades juvenis

— José Machado Pais —

Num labirinto de performatividades

Há duas diferentes maneiras de olharmos as culturas juvenis: através das socializações que as prescrevem[1] ou das suas expressividades (performances) cotidianas. A distinção entre estas duas perspectivas pode ser aclarada tomando a "dualidade primordial" proposta por Deleuze ao contrapôr "espaço estriado" a "espaço liso".[2] O *espaço estriado* é revelador da ordem, do controle. Seus trajetos aparecem confinados às características do espaço que os determinam. Em contraste, o *espaço liso* abre-se ao caos, ao nomadismo, ao devir, ao performativo. É um espaço de *patchwork:* de novas sensibilidades e realidades.

A idéia que ponho em discussão é a seguinte: nos tradicionais *estatutos de passagem* da adolescência para a vida adulta os jovens adaptavam-se a *formas prescritivas* que tornavam rígidas as modalidades de passagem de uma a outra fase de vida. Diríamos, então, que essas transições ocorriam predominantemente em *espaços estriados*. No entanto, entre muitos jovens, as transições encontram-se atualmente sujeitas às culturas *performativas* que emergem das ilhas de dissidência em que se têm constituído os cotidianos juvenis. Ou seja, as culturas juvenis são vincadamente *performativas* porque, na realidade, os jovens nem sempre se enquadram nas culturas prescritivas que a sociedade lhes impõe.

Dois amigos meus[3] recorrem a uma metáfora sugestiva para ilustrar essas mudanças. Na Europa, nas décadas imediatas ao pós-guerra, as transições para a vida adulta assemelhavam-se a viagens de estrada de ferro nas quais os jovens, dependendo da sua classe social, gênero e qualificações acadêmicas, tomavam diferentes comboios com destinos predeterminados. As oportunidades para mudar de destino ou de trajeto eram limitadas. Posteriormente, as transições dos jovens eram mais bem comparadas a viagens de automóvel. O condutor de automóvel encontra-se em condições de selecionar o seu itinerário de viagem entre um vasto número de alternativas, em função da sua experiência ou intuição. Em contrapartida, hoje em dia não são mais as decisões do motorista que garantem uma condução ajustada a rotas predeterminadas. E isso porque o terreno em que as transições têm lugar é de natureza cada vez mais labiríntica. No labirinto da vida, como num labirinto rodoviário, surgem freqüentemente sentidos obrigatórios e proibidos, alterações de trânsito, caminhos que parecem já ter sido cruzados, várias vezes passados: é essa retomada de caminhos que provoca uma sensação de perdição, de confusão.

As "voltas e mais voltas" retratam, expressivamente, muitos dos atuais cotidianos juvenis, como se os jovens nutrissem uma espécie de *culto da sensação multiplicada* – expressão que Baudelaire consagrou num diário íntimo (*O meu coração a nu*). Aí Baudelaire glorifica a extravagância, a aventura, o experimentalismo. É nesta lógica "experimentalista" que se geram muitas das novas sensibilidades juvenis.

Perante estruturas sociais cada vez mais fluidas, os jovens sentem a sua vida marcada por crescentes inconstâncias, flutuações, descontinuidades, reversibilidades, movimentos autênticos de vaivém: saem da casa dos pais para um dia qualquer voltarem; abandonam os estudos para os retomar tempos depois; encontram um emprego e em qualquer momento se vêem sem ele; suas paixões são como "vôos de borboleta", sem pouso certo; casam-se, não é certo que seja para toda a vida... São esses movimentos oscilatórios e reversíveis que o recurso à metáfora do ioiô ajuda a expressar. Como se os jovens fizessem das suas vidas um céu onde exercitassem a sua capacidade de pássaros migratórios.

Esta "vida de inconstâncias" muda, ainda que sem suprimir, os constrangimentos do trabalho profissional, educacional e familiar. Os jovens tendem a tudo relativizar: desde o valor dos diplomas até a segurança de emprego. E não o fazem sem razões. Os diplomas são cada vez mais vistos como "cheques sem fundos" sem cobertura no "mercado de trabalho", também ele sujeito a inconstâncias, flexibilizações, segmentações, *turn overs*.[4] As "voltas e mais voltas" ocorrem ainda no campo das relações de namoro. Numa semana pode dar-se uma volta com um namorado(a) para, na semana seguinte, se andar com outro/a. Há ritualizações associadas aos afetos e à sexualidade que produzem, entre os jovens, uma mediação entre desejos, angústias e desilusões.[5] Também é freqüente, quando surge o cansaço, mandar-se o(a) namorado(a) "dar uma volta", ou pô-lo(a) a "girar" ou a "bugiar", isto é, pô-lo(a) a distância ou à ilharga. A metáfora das "voltas" aplica-se ainda às relações sexuais.

A impetuosidade dos jovens (especialmente dos rapazes, segundo se gabam) reflete-se na capacidade de darem "voltas e mais voltas", em particular nos febris fins de semana, com motos e namoradas. Amigos de escapes barulhentos, estes jovens abraçam estilos de vida "escapatórios", que lhes garantam mobilidade, elasticidade. Quando se prendem (ao "nó" do casamento), alimentam sempre uma "presunção de divórcio", isto é, uma crença de que, "se um casamento não funciona... há sempre possibilidades de divórcio".[6]

Nos tempos que correm, os jovens vivem uma condição social em que as *setas do tempo linear* se cruzam com o enroscamento do *tempo cíclico*. Temporalidades ziguezagueantes e velozes, próprias de uma sociedade *dromo...crática*, na qual os tempos *fortes* se cruzam com os *fracos* e, em ambos, se vivem os chamados *contratempos*. São muitos destes contratempos que caracterizam a condição juvenil contemporânea.

Os jovens enfrentam-se com o futuro, até porque sabem que nesse futuro deixarão de ser jovens. Mas muitos deles não sabem se esse futuro é próximo ou longínquo, nem tampouco que futuro os espera. Outros, chegados ao futuro, descobrem-no como um tempo de retorno, de *revolvere* (como o revólver que regressa ao coldre). As trajetórias de vida de muitos jovens assemelham-se a jardins labirínticos de sendas que bifurcam e que Borges nos descreve, em *Ficções,* como redes que enfileiram todas as possibilidades. Possibilidades que não se encontram predeterminadas, mas que se vão ramificando à medida que nos damos conta da sua realidade (*El Aleph*). Os projetos de vida que os jovens idealizam abrem portas a um vazio temporal de enchimento adiado. Projetos de vida cujos trajetos nem sempre os alcançam.

A desfuturização do futuro e o investimento no presente

Entre alguns jovens surge, então, uma forte orientação em relação ao presente, já que o futuro fracassa em oferecer possibilidades de concretização das aspirações que em relação a ele se desenham. Nestes casos, os projetos de futuro encontram-se relativamente ausentes. Ou, existindo, são de curto prazo. O importante é viver o dia-a-dia.

É de Luhmann,[7] quando aborda a problemática do futuro, a distinção entre "esquemas tecnológicos" (*presentes futuros*) e "esquemas utópicos" (*futuros presentes*). A concepção dos "presentes futuros", de *tipo tecnológico,* dá-se quando as tecnologias se orientam para futuros que se transformam em presentes antecipados. Em contrapartida, na concepção de "futuros presentes", de *tipo utópico,* o futuro surge como cenário de imprevisibilidades. É um futuro que não pode começar, que permanece como futuro presente. Foge se nos tentamos aproximar dele. É sombra do presente.

Enquanto as gerações mais velhas orientam a sua vida por caminhos e valores de segurança e rotina, os jovens escolhem, muitas vezes, as rotas da ruptura, do desvio. Podemos dizer que as velhas gerações tendem a jogar com os valores de forma conservadora. Recorrendo à metáfora do xadrez, dir-se-ia que movimentam os valores no tabuleiro da vida, com passividade e prudência, seguindo a tática do "bispo mau". Esta táctica consiste em colocar o maior número de peões em casas da cor das diagonais por onde os bispos circulam, na suposição de que, desse modo, os peões se defendam mais facilmente. Em contrapartida, os jovens tentam assegurar objetivos de mobilidade e de ataque, mesmo pondo em risco a sobrevivência do "bispo".

A origem etimológica do termo risco provém do latim *riscum* ou *risicum*, expressão associada às incertezas das antigas expedições marítimas. Hoje em dia, a passagem de alguns jovens para a vida adulta é um verdadeiro dobrar de "cabo das tormentas"[8] (via de *riscum*). Aventura por aventura, envolvem-se então com os amigos, em cada esquina da vida, nas excitações do cotidiano: os excessos de velocidade com as motos, os esportes radicais, as festas *rave*, as aventuras sexuais, o consumo de drogas etc. Nestas "esquinas da vida" celebram-se muitas das novas sensibilidades das culturas jovens.

O "risco" pode ser um recurso usado para transcender a natureza anódina do cotidiano.[9] Num estudo recente realizado em Portugal, com base numa amostra representativa da população jovem,[10] constatamos que entre os jovens "*rebeldes*" (9% do total dos inquiridos), havia uma sobre-representação dos que reconheciam que "a vida é um aborrecimento". Mas eles próprios eram dos que mais aderiam a atitudes de vida orientadas para a valorização do risco e da diversão, tais como: "gosto de me pôr à prova fazendo coisas um pouco arriscadas"; "sou capaz de assumir riscos só para me divertir"; "devem-se aproveitar as coisas boas da vida sem grandes preocupações quanto ao futuro". Para estes jovens o risco parece corresponder a uma forma de libertação mediante evasão.

Um risco toma-se, não surge por acaso. Implica um desafio, uma escolha ativa baseada no cálculo ou na confiança; uma avaliação dos limites que separam o sucesso do insucesso. Por isso, o risco funciona como um "filtro hermenêutico"[11] dos atos a que se relacionam. *Correr um risco* é também fazer correr a capacidade de correr esse risco porque o risco é portador de um poder que valoriza o jovem que se confronta com ele. A transgressão marca ainda uma vontade de escapar à conformidade, e, neste sentido, a propensão ao risco é também efeito de comportamentos socializados que reproduzem uma resistência rebelde à adversidade.

Porque para muitos jovens o futuro se encontra desfuturizado – não porque esteja sob controle, mas porque se encontra (des)governado pelo princípio da incerteza. Há também, entre alguns jovens, um refúgio na ilusão como estratégia de fuga à realidade. Assim acontece em algumas imersões no mundo virtual do ciberespaço. Por que os jovens aderem tanto aos jogos informáticos? Porque, no cenário virtual de um jogo de computador descobrem-se como *protagonistas*. As "realidades virtuais" permitem que, em sociedades dominadas por um desemprego juvenil estrutural, muitos jovens se envolvam em "alucinações virtuais", "drogas virtuais", "ociosidades virtuais", "sociabilidades virtuais", "aprendizagens virtuais" – enfim, realidades que não o deixam de ser simplesmente porque são virtuais. Com efeito, os jogos informáticos proporcionam uma desrealização do real, mas também a concretização de novas vivências da realidade. E, assim sendo, o "refúgio" não deve ser entendido como uma "batida em retirada", uma desvinculação social. A questão é saber se tais jogos permitirão realizar, de modo virtual, aspirações dificilmente concretizáveis na realidade.

Para muitos jovens o mundo da escola parece aleatório: as avaliações são aleatórias, os diplomas idem, o futuro "aspas, aspas", apesar dos suportes familiares. O mundo real, da "vida verdadeira", é cheio de incertezas. Em contrapartida, nos jogos de computador e vídeo, exercitam um poder *performativo*: ao utilizarem um simulador de vôo sentem-se pilotos; como jogadores, interiorizam a missão de herói. Para os próprios hackers, o desafio é expressarem sua capacidade de domínio sobre o computador, edificando uma cultura de façanhas, desafios, descobertas, sem esquecer a possibilidade de derrubarem os sistemas de segurança das redes informáticas.

Em suma, é importante desvendar as sensibilidades performativas das culturas juvenis em vez de nos aprisionarmos a modelos prescritivos com os quais os jovens já não se identificam. Por exemplo, o hip hop é um claro exemplo de cultura performativa. Desde logo, nas *mesclagens criativas de música* (sobretudo através de rap, *djing*, *beat-fox*, funk), nas *performances corporais* (*break dance*, *smurf*, *double dutch*), no grafitismo (através dos *tag* ou *graf*), no *street basket* (com ganchos, *fade ways to the back*) etc.

O rap cultiva uma sensibilidade justiceira, ao denunciar situações de injustiça, para anunciar outros futuros. As palavras soletradas são recuperadas de uma semiótica de rua, transgressiva por natureza, palavras encavalitadas em palavrões para melhor insultar, atingir, provocar. Palavras que são voz de consciência, que se vestem de queixumes, que se revestem de revolta. Voz singular (a de vocalista) que contagia, que se transforma num coletivo (*nós*, os do movimento) que se insurge contra *eles* (que não nos entendem).

E de que falam os *traços falantes* que caracterizam a *cultura grafite*? Provavelmente de uma ilegitimidade própria de arte de rua; mas, sobretudo, esses traços são identificadores: traçam acoplando um nome, inscrevem uma autoria numa parede nua, dando-lhe vida, imprimindo-lhe um sentido. Para os *writers*, esses traços instauram uma ordem nos "espaços lisos" que os vazios de parede constituem. De um ato ilegal (ilegalidade prescrita por lei) o grafite transforma-se em arte (e toda a arte é legal, na opinião dos artistas); por isso os jovens grafiteiros falam da *legalização* das paredes quando delas se apropriam.

Apropriação conflituosa, quando os traços guerreiam entre si (como acontece nos *cross*), ao sobreporem-se na mesma parede (nas chamadas *hot walls*). Traços que também estratificam quem os traça (*kings* contra *toys*) – não apenas pela complexidade das imagens traçadas (*skills*), mas pelo domínio do próprio traço, pelo estilo que se consegue criar (*wild style*), pela sofisticação das formas e harmonia das cores, pela especial visibilidade que algumas paredes têm (*fame walls*), isto é, pela maior propensão a que suas falas se deixem ouvir, dando notoriedade aos *writers*. Deste modo, os grafites institucionalizam espaços de afirmação simbólica. É o que acontece quando determinadas claques ("torcidas") desportivas grafitam nas cercanias do estádio da equipe rival como forma de superioridade simbólica. A grafitagem no espaço rival significa sua apropriação em termos simbólicos.

Outras vezes, as culturas performativas buscam a ultrapassagem dos limites. É o que acontece com os *esportes radicais*. Freqüentemente o *excesso* traduz-se na superação de um limite visto como caminho de saída de um sistema cerrado (*espaço estriado*). É o que se passa com o *skateboard*, ao permitir que os jovens se libertem das convenções urbanas estabelecidas. Com o skate, a "gestão urbana" é simbólica e funcionalmente afrontada: a berma do passeio – fronteira que separa o espaço rodoviário do espaço do pedestre – é apropriada pelos skaters para performances de todo o gênero, em particular para os saltos malabaristas: *hollies, flips* etc. Performances que pressupõem uma exploração de superfícies planas (espaços lisos): os chamados *slides*, em linguagem dos skaters.

É importante a exploração etnometodológica destas "tipificações ordinárias" (o conceito é de Schutz). É que elas são vias privilegiadas de acesso às sensibilidades juvenis. Assim, a importância dos *slides* entre os skaters, ou da *legalização das paredes* entre os *writers,* permite-nos levantar a hipótese da exploração que os jovens fazem dos espaços *planos e lisos* e da concomitante fuga aos espaços *estriados*.

Muitas vezes, o consumo de drogas expressa também uma tentativa de fuga a *sistemas cerrados*. As *trips* que as drogas propiciam geram uma avidez de êxtase. Uma fuga a sistemas cerrados ou estriados. E já agora, por que muitos jovens faltam às aulas ou ficam satisfeitos quando os professores faltam? É porque encaram a escola como um espaço cerrado, estriado. Tantas vezes designadas como "culturas de margem", o que estas culturas juvenis reclamam é inclusão, pertencimento, reconhecimento. Daí suas performatividades, que não por acaso se ritualizam nos domínios da vida cotidiana mais libertos dos constrangimentos institucionais – os do lazer e do lúdico ("espaços lisos").

Precisamente, são as marcas lúdicas das culturas juvenis e sua criatividade performativa que induzem a hipótese de um ressurgimento *do barroco* em muitos dos estilos juvenis. Há em toda a arte barroca uma manifesta propensão à *abertura* que caracteriza os *espaços lisos*. A *abertura de formas* manifesta-se, no barroco, através de três vetores principais que caracterizam muitas das culturas juvenis: o *lúdico*, a *ênfase visual* e o *persuasório*. São estas características que levam Omar Calabrese[12] a falar de uma *era neobarroca*, ao mostrar que muitos fenômenos culturais do nosso tempo evocam o *barroco* – tomado como um conjunto de categorizações que excitam fortemente a ordem do sistema, submetendo-a a turbulências, flutuações, desestabilizações. Essas características neobarrocas encontram-se presentes na estilização artística das culturas juvenis, como mostrou Paul Willis.[13] A estilização arrasta o reconhecimento do lúdico. As figuras de estilo são, por definição, transgressões codificadas do próprio código.

Outro traço do neobarroco é o *ritmo e a repetição* que se expressam pelo confronto de distintas fórmulas repetitivas que vão da variação de um idêntico à identidade de vários diversos. É o que acontece com o rock, assente numa variância organizada, num policentrismo, numa irregularidade regulada, num ritmo frenético. A valorização da variação regulada e do ritmo conflui no *virtuosismo,* que é uma das dimensões mais importantes da *cultura grafite*. Como no barroco, também no grafite o rebuscamento de efeitos variados contrasta com a aparente pobreza narrativa dos seus conteúdos.

Outra importante característica da estética neobarroca tem a ver com os *limites desafiados pelo excesso*. No século XVII, os limites da representação do espaço e do tempo eram questionados pelo cálculo infinitesimal (cálculo do limite). Pois também nas culturas juvenis contemporâneas acontece esse questionamento dos limites, quer nos já referidos esportes radicais, quer na *break dance*. A essência da *break dance* assenta-se na capacidade performativa dos jovens em segmentar tempos performativos em pequeníssimas unidades. Quando estas se reúnem num movimento e tempo globais, o que sobressai não é uma continuidade de ação, mas uma descontinuidade que deixa separados instantes e movimentos de outro modo imperceptíveis.

A velocidade de percepção é também levada ao limite nos videojogos e videoclipes. A excentricidade no vestir, presente em muitos estilos juvenis, corresponde também a um questionamento da validade de limites convencionais. O excesso pode também ser ilustrado pelo que representam os grafites. O que neles está em causa não é qualquer referencialismo temático ou valorização de conteúdo, mas uma busca substancialmente decorativa de superfícies. Aqui se joga um *excesso de representação*, uma *hiperbolização amplificante* do real (ênfase no apoteótico, no simulacro, na exuberância).

Outras características do *barroco* matizam as culturas juvenis contemporâneas. A começar pelas metáforas, *alegorias* e suas *significações ocultas*. Que significa, por exemplo, o negro para os jovens *vanguardistas* e *góticos*? Quando, numa pesquisa,[14] os questionei, a esse propósito, responderam-me que aderem ao negro por gosto. Neste caso, o símbolo (negro) implica um referente (gosto), mas implica mais alguma coisa: uma complicação. A complicação resulta do fato de a relação entre símbolo e referente ser uma relação metaforizada. Na metáfora sobressai a idéia de metamorfose e o inter-relacionamento lúdico do ser e do parecer. É certo que, sob a aparência do metafórico, o real sobrevive. Mas sobrevive como uma insinuação persuasória por meio de uma rebuscada procura de associações extravagantes. As mudanças de imagem que alguns jovens fabricam, quando recorrem a formas alegóricas, arrastam uma troca sucessiva de prevalência entre o ser e o parecer.

Ora, o gosto pela metamorfose e pela ostentação é também uma característica do barroco. Mas é igualmente uma característica das culturas juvenis quando, na ênfase visual, ritualizam o disfarce e as expressões transfiguradoras e excessivas (como acontece com piercings, tatuagens, amuletos, adereços, insígnias, cortes exóticos de cabelo etc.).

Buscas de si: as farsas do disfarce

A que lógica obedecem as farsas do disfarce? Para respondermos a esta questão é necessário descobrir as estruturas profundas subjacentes a aparências. As fachadas corporais das chamadas "tribos juvenis" espelham jogos metonímicos. A metonímia não é um simples adorno estilístico, é um sinal de resistência à significação. À mesma conclusão chega Freud – em *Três ensaios para uma teoria social* – quando aborda a natureza do fetichismo. O substituto inapropriado de um objeto sexual – ainda que a ele relacionado (pés, cabelos, umbigo, lóbulo de orelha) – é comparável ao fetichismo com que o "primitivo" encarna o seu deus. Piercings, tatuagens e outras modas são fetichizações do corpo que facilitam o acesso a um poder de expressividade. Contudo, se todo fetiche é uma criação artificial que acentua a presença de uma perda,[15] cabe reter a relação entre a aura do fetiche e a situação de carência que muitos jovens vivem, sem descurar a possibilidade de a carência potenciar a apetência, de a perda se transformar em conquista.

Assim, para alguns jovens, a desintegração no mercado de trabalho parece dar lugar a uma compensatória integração no mercado de consumo, freqüentemente com o dinheiro que vão recebendo dos pais e familiares, ou dos biscates que vão fazendo. Mas, ao entregarem-se às *farsas do disfarce*, os jovens transformam-se também em agentes de simulacro, mesmo quando simulam a naturalidade. Se o fetiche é *metonímia* (parte visível de um todo proibido), o simulacro é *metafórico*, uma vez que propõe uma realidade inventada que é máscara da realidade simulada. E que realidade se esconde sob o véu do simulacro? A realidade que atribui aos bens de consumo uma qualidade de esplendor que o mercado capitaliza, dada a potencialidade que esses bens de consumo têm de dirigir a fantasia num mundo dominado pela hiperestia (sensibilidade excessiva aos estímulos).

As *farsas do disfarce* são uma cara da *alienação* (consumista), mas também dão cara à *identificação*, ao assegurarem expressividades de natureza identitária: de *buscas de si* através do outro. De fato, a consciência da identidade individual somente é possível pelo reconhecimento do outro. Muito do que está fora de nós pertence à essência do eu que se revela no outro. É este eu reflexo de um outro que encontramos em Unamuno ("todos são eu"), em Rimbaud ("eu sou um outro"), em Baudelaire ("eu não sou eu"), em Calderón ("eu sou quem sou") ou em Pessoa ("eu sou meus outros"). O "eu" perde-se no "outro", num desencontro no que se encontra a identidade nas teias da *socialidade*,[16] pois esta é um palco de transferências: de emoções, de saberes, de sensibilidades. O próprio beijo enamorado é produto de uma transferência de sentimentos para um tato que coloca lábios em contato.

A procura de contato é também uma *busca de si*, uma vez que as identidades individuais se constituem como resultado de experiências individuais, embora surgidas de ritualizações próprias de identidades coletivas. Pouco importa – como nos diz Gil Calvo[17] – que as imagens rituais que caracterizam as culturas juvenis sejam redundantes, pois o que interessa são as relações de identificação que se alcançam e a possibilidade de lograr ante os demais uma efetividade retórica, quer esta transmita uma destreza nos jogos de poder, quer uma capacidade de seduzir ou escandalizar, como acontece com a linguagem obscena de alguns jovens – *obscena* por estar fora de cena, isto é, da norma, do convencional, do legítimo. As identidades são também uma questão de linguagem.[18]

As encenações rebeldes das culturas juvenis promovem uma integração que se dá no palco de um reconhecimento intersubjetivo em que as aparências estão mais arraigadas às experiências que às consciências. Num domínio de alteridade generalizada, as *buscas de si* aspiram, também, a um reconhecimento ante os demais. A cultura corporal seduz os jovens por sua carga expressiva, mesmo com riscos de dependência em relação à moda, à bulimia, à anorexia.

Através das modas tem-se a ilusão de uma expressividade singularizada que se consubstancializa na busca de uma *realização pessoal*[19] mediante a qual os jovens, encerrados na imagem de si mesmos, se abrem a outros (e a representações de si) por máscaras que simbolizam a pluralidade de si mesmos. A hipótese do desenvolvimento de *identidades reflexivas* (o ser "eu próprio") não elimina a tensão entre as *identidades reivindicadas* (*identités pour soi*) e as *identidades atribuídas* ou *espelhadas* (*identités pour autri*)[20] – tensão que se avoluma quando as vemos inscritas numa temporalidade que as faz mudar, da mesma forma que mudam as trajetórias de vida que as sustentam.

Os investimentos na imagem corporal contribuem para a construção da identidade dos jovens, conferem-lhe uma expressão simbólica de poder, uma vez que se diferenciam entre si através de atributos distintivos. Os jovens não são só possuidores de um corpo como eles próprios são um corpo,[21] e por isso o simbolizam quando o vestem.[22] E porque assim é, para a maior parte dos jovens a moda não se impõe por seu *valor de uso*, mas por seu *valor de troca*, ao permitir-lhes trabalhar a imagem no quadro das interações comunicativas que têm com outros jovens e com os demais. Neste sentido, os jovens não são consumidores passivos do que a moda dita à medida que a podem influenciar.

O repertório das *farsas do disfarce* é tão vasto que pode transformar-se num guarda-roupa de "eus múltiplos", num carrossel de múltiplas representações: "seu baile de disfarces não é, contudo, um mero carnaval, pois em sua loucura há um método em que se dá a aprendizagem experimental".[23] Em que consiste este método? Na representação de uma série acumulada de "eus fictícios" ante os demais, mesmo no caso em que as ficções se ritualizam como realidade natural – suprema ficção, uma vez que a realidade se dissimula em sua própria banalidade ou naturalidade.

É esse mundo de ficção que alguns jovens abraçam quando, por exemplo, se envolvem em afetos virtuais com desconhecidos,[24] sobretudo nos chats. Aí ritualizam uma verdadeira arte de *administrar impressões*. As interações nos chats podem ser perfeitamente analisadas à luz de uma sociologia goffmaniana, dado o fluxo de informação, de créditos e descréditos em torno dos quais se montam *identidades projetadas*. O *estranho* procura surpreender o outro desconhecido, exibindo créditos positivos. Outras vezes é possível dar conta de que o *estranho*, embora procure não se "desacreditar", é um personagem "desacreditável". É também freqüente surgirem "retrospectivas em potência" que dão lugar, segundo Goffman, a uma *identidade social virtual* que não coincide, claro está, com a *identidade real*, baseada em atributos demonstráveis.

Mas nos chats encontramos também práticas comunicativas que podem, direta ou indiretamente, induzir uma *comunidade* muito particular de afetos: a comunidade de tipo *bund*, que o sociólogo alemão Herman Schmalenbach derivou do conceito de *Gemeinschaft*, desenvolvido por Ferdinand Tönnies.[25] Segundo Schmalenbach, *bund* (liga) designa um tipo particular de comunidade afetiva (*Gemeinschaft)* constituída por elementos psíquicos de adesão intensa, independentes de laços primordiais ou físicos. É essa adesão psíquica, ideável, que torna possível uma crença nos afetos virtuais: crença que, por isso mesmo, é partilhada por sedutores virtuais - e mais dificilmente por quem não vive a experiência de um *bund virtual*.

Para compreender a emergência desses afetos virtuais é preciso ter em conta em que se radicam. No hedonismo moderno e auto-ilusionante nada apaixona tanto no corpo do "outro" como sua conformidade a um modelo veiculado pela imaginação. Então, basta ter o modelo, prescindindo da realidade a que o modelo se reporta. Quero lá saber do visual de minha amante virtual se a imagino com "busto 38"? No ciberespaço, as imagens substituem os corpos ausentes. Ausência que faz com que seja fácil dar asas à imaginação, produzindo-se então a tal química fusional, em relação a outros imaginados, a que Schmalenbach se referia com o conceito de *bund*.

Nos afetos virtuais o que conta é uma imaginação delirante, uma ânsia de ligação a um outro idealizado que, simultaneamente, se torna objeto e fonte de desejo. Os *afetos virtuais* não são ilusórios apenas porque sejam virtuais. São ilusórios porque são também impulsionados pela idealização de um outro, de um outro que é dado pela representação que dele se constrói imaginariamente.

Como tornar o outro transparente? Como reduzir o seu campo de disparidades fugidias? Tomando a realidade pela aparência que produz. Ou recriando a realidade, ainda que por meio de sua aparência. De novo caímos num universo de simulação. A realidade é simulada, e é dessa simulação que resultam afetos virtuais, também eles simulados. Ao tomar-se a imaginação como fonte potencial de afetos, o imaginado subjetivamente (interiormente) tende a projetar-se (objetivamente) no exterior, procurando suas cópias: chamo este fenômeno de *projeção subjetiva dos afetos ilusórios*. É isso que acontece com a chamada *ética romântica*, matizada por essas valências introspectivas do "mundo interior".

O que caracteriza os escritores românticos, por exemplo, é esse apegamento ao universo de emoções, impulsos e afetos que partem "de dentro", reveladores, por excelência, do mundo da intimidade. Nesse universo de sentimentalidade, o primado do sentir ganha relevância sobre o primado do pensar. O "erro de Descartes"... já Rousseau o havia sentido - muito antes que Damásio o tivesse brillhantemente exposto[26] - quando, nas suas *Confissões* (1871), antecipa a passagem da fórmula do "penso, logo existo" à do "sinto, logo sou". A *ética romântica* é o corolário dessa mudança cultural que dá cabimento às estruturas da subjetividade que vão mais além do sujeito pensante da filosofia cartesiana. Estaremos, então, no limiar de uma era *neo-romântica*? É uma hipótese de pesquisa a trabalhar, embora levando em conta que a semântica das palavras tem valências diferentes para diferentes temporalidades.

Como quer que seja, o lema desta nova era não se circunscreve ao "penso, logo existo" nem se traduz exclusivamente no "sinto, logo sou". Talvez pudéssemos refletir numa outra possibilidade. Nos chats com outros desconhecidos não se tem afeto por um outro real, mas pela imagem que se constrói de um outro redutível à idealização que fomenta o bricabraque do desejo. O outro se agita e rodopia na imagem que a imaginação lhe destina. Também neste caso o encontro (ou desencontro) com o outro é uma busca de si próprio. Essa busca ocorre numa torrente de novas sensibilidades cuja existência parece fluir por entre duas margens: a da simulação ("pareço, logo sou") e a da idealização ("desejo, logo existo").

I. Corpo e Imagem nas Culturas Jovens

O discurso sobre o sexo: diferenças de gênero na juventude carioca

– *Mirian Goldenberg* –

Procuro aqui analisar os comportamentos sexuais de jovens das camadas médias urbanas cariocas e o discurso que eles têm sobre suas práticas, buscando discutir as diferenças de gênero. O que os jovens pensam? Como se comportam? O que dizem? Como ensinou Malinowski, lição que busco seguir em todas minhas pesquisas,[1] é importante distinguir entre o que os nativos *dizem* sobre o que fazem, o que *realmente fazem* e, finalmente, o que *pensam* a respeito do que fazem.

No ano de 1998, iniciei uma pesquisa com o objetivo de estudar as representações de gênero presentes na cultura brasileira. Elaborei um questionário de 37 questões centradas nos problemas vividos pelos pesquisados; nas expectativas masculinas e femininas com relação a um modelo de casal, e na percepção sobre a infidelidade conjugal. Os questionários foram aplicados por meus alunos da graduação do curso de ciências sociais do Instituto de Filosofia e Ciências Sociais, da Universidade Federal do Rio de Janeiro, de 1998 a 2000. Foram pesquisados 1.279 homens e mulheres das camadas médias cariocas, de 17 a 50 anos, de nível universitário e renda familiar acima de dois mil reais.

Após a análise do conjunto do material, uma segunda etapa da pesquisa voltou-se apenas para os questionários dos jovens, o que resultou em um total de 258 questionários, sendo 74 de homens e 184 de mulheres, entre 17 e 24 anos, que responderam às seguintes questões: Com quantos anos você deixou de ser virgem?

Com quantas pessoas você teve relações sexuais até hoje? O que você mais inveja em um homem? O que você mais inveja em uma mulher? O que você considera que todo homem é? O que você considera que toda mulher é? Quais os principais problemas que você vive ou viveu em seus relacionamentos amorosos? Descreva como você imagina um modelo ideal de vida de um casal. Você já foi infiel? Por quê?[2]

Além deste material, utilizo aqui algumas entrevistas em profundidade realizadas com homens e mulheres das camadas médias do Rio de Janeiro, assim como reportagens publicadas na grande imprensa e na Internet, como fontes secundárias de análise.

Apresento aqui as reflexões iniciais sobre a análise de alguns dados da pesquisa, que revelam as diferenças e semelhanças de gênero – no comportamento e no discurso – dos jovens pesquisados. Como se verá ao longo do texto, não só o que é dito, mas também o que não é dito, o que é silenciado, é extremamente significativo para compreender as diferenças de gênero em nossa cultura.

Os homens também sofrem (em silêncio)

> Como algo visível e obviamente comparável, ele [o pênis] era o foco implícito do corpo nos vestiários e um ator importante em anedotas e histórias que constituíam os recursos básicos de nossa pedagogia sexual. Não era estranho ouvir relatos de concursos nos quais a rapaziada media seu pênis, estabelecendo uma hierarquia entre seus donos. ... O pênis era um ator social a ser permanentemente testado, experimentado e consumido. Como órgão central e explícito da masculinidade, como traço distintivo da condição de "homem", o falo era um elemento permanente de consciência. De tal modo que não seria exagero afirmar que, naquela cultura, a masculinidade era representada e igualmente englobada pelo pênis. ... Ou seja: quem havia nascido homem, tinha de comportar-se como tal – com hombridade, com consistência, firmeza e certa dureza.
>
> Roberto DaMatta

Desde 1991, quando publiquei o livro *Ser homem, ser mulher: dentro e fora do casamento*, tenho me preocupado em discutir o sofrimento masculino. De acordo com os resultados de grande parte de minhas pesquisas, parece que só as mulheres sofrem. Sofrem porque são as outras,[3] sofrem porque são traídas, sofrem porque "falta homem no mercado", sofrem porque os homens não são românticos e sensíveis, sofrem porque eles não gostam de "discutir a relação", sofrem porque investem muito na relação amorosa, sofrem porque são obrigadas a ter uma dupla jornada,[4] sofrem porque precisam ser magras, belas e jovens.[5] Em quase todos os meus estudos a mulher aparece como a única vítima da "dominação masculina", e os homens, como os principais culpados pelo sofrimento delas. No entanto, uma questão sempre me inquietou: qual é o lugar do sofrimento masculino?

Em estudo recente, mostrei que a extrema preocupação masculina, em particular dos jovens, com altura, força física,[6] virilidade e tamanho do pênis provoca um enorme sofrimento físico e psicológico,[7] causando, inclusive, mortes, como bem mostram os casos de adolescentes que tomaram anabolizantes bovinos para que o corpo crescesse.[8]

Entrevistei três rapazes de 18 a 23 anos, que afirmaram tomar Viagra por medo de "falhar" em suas relações sexuais.[9] Apesar de dizerem categoricamente que "não precisavam", o medo de "falhar" e a ansiedade com o desempenho sexual em companhia de novas parceiras faziam com que evitassem o possível fracasso tomando o medicamento: "É só uma garantia", dizem eles.[10] O remédio dava-lhes segurança maior com relação à performance sexual.[11] Os dois disseram que nunca procuraram médicos ou contaram que tomam Viagra para as namoradas. Outro disse que tomou o Viagra "por curiosidade" e que se sentiu "poderoso, nunca gozei tantas vezes seguidas". Outro, ainda, de 24 anos, disse que tomou porque "não agüentava mais ouvir de meus amigos que eles transavam mais de cinco vezes numa só noite".

Um entrevistado, de 45 anos, contou que, desde que se separou, há três anos, passou a tomar Viagra. Assim, pôde ter várias namoradas e nunca "broxar", coisa que ocorria freqüentemente em seu casamento. A decisão de tomar Viagra fez com que ele voltasse à "ativa". Só que suas namoradas não sabem disso. Ele nunca conversou sobre a questão com nenhuma delas e muito menos com a ex-esposa, com quem foi casado por mais de 20 anos. Sentia vergonha de contar que tinha dificuldades sexuais e acabou se separando, mesmo que, segundo ele, estivesse apaixonado por ela. Mas com a esposa, acredita, não poderia tomar Viagra, pois ela iria perceber o problema. Com as namoradas, muito mais jovens que ele, pode se mostrar um homem seguro, potente e viril, que consegue "transar" durante horas, vários dias da semana. Também diz que preferiu se separar pois não agüentava mais ter de "discutir a relação" com a mulher. Foram anos de muito amor e sexo e, no final, ele não conseguia mais "transar" com ela. O fim do casamento, para ele, foi a única solução possível. Entre falar sobre seus problemas e começar novas relações, nas quais, segundo diz, poderia "mais ouvir que falar", optou pelo segundo caminho. Também tentou fazer análise, durante um pequeno período, por insistência da esposa. Mas logo desistiu. Continuou fingindo que ia à análise só para satisfazê-la, mas na verdade ia se encontrar com os amigos e tomar alguns chopinhos nesse horário.

Badinter[12] acredita que o refúgio no álcool e nas drogas – e também a impotência – é fruto da fragilidade masculina diante dos novos imperativos sociais, que fixam novas exigências e obrigações sexuais. A autora afirma que o ideal viril custa muito caro para os homens, que fazem esforços enormes para se adequarem a um modelo masculino que supervaloriza o tamanho do pênis e provoca a obsessão pelo desempenho sexual, causando angústia, depressão, ansiedade, estresse, dificuldades afetivas, medo do fracasso e comportamentos compensatórios potencialmente perigosos e destruidores. Além disso, ela lembra que os homens procuram médicos e psicólogos com freqüência menor e com maior dificuldade que as mulheres, mantendo em segredo, como um estigma a ser escondido,[13] suas doenças e preocupações.[14] Não é de estranhar, portanto, o fato de que os homens morrem bem mais cedo que as mulheres.

Um trabalho interessante sobre a obsessão masculina de corresponder a um ideal de "ser homem", ancorado em um corpo musculoso, na performance sexual e no tamanho do pênis, é "O complexo de Adônis".[15] Seus autores afirmam que milhões de homens, nos Estados Unidos, estão sacrificando aspectos importantes de suas vidas para se exercitarem compulsivamente nas academias. Milhões de dólares são gastos em suplementos alimentares e esteróides anabolizantes que causam câncer, hepatite e outras doenças graves. Além dessas "drogas perigosas", os distúrbios alimentares são cada vez mais freqüentes neste mesmo universo. Os autores revelam que mais de um milhão de norte-americanos, em especial adolescentes e meninos, desenvolveram o "distúrbio dismórfico corporal", representado por uma preocupação excessiva com supostas falhas na aparência, como "o tórax pequeno ou o pênis diminuto". Basta, segundo os autores, uma rápida olhada na Internet para descobrir o exagero de técnicas de aumento de pênis hoje comercializadas, sendo "a indústria do aumento do pênis" uma parte significativa da crescente "indústria da imagem corporal masculina", estimulando e aumentando as inseguranças dos homens a respeito de seus corpos. O estudo destaca que esses homens, meninos e adolescentes sofrem silenciosamente, em segredo, não conversam sobre seus problemas, pois, em nossa sociedade, os "homens de verdade" não devem demonstrar preocupação com a aparência, ou podem ser considerados "afeminados" ou "gays".

Uma referência fundamental para pensar sobre essa questão é *A dominação masculina*.[16] Nesse livro clássico dos estudos de gênero, Bourdieu afirma que os homens são "dominados por sua dominação", fazendo um "esforço desesperado, e bastante patético, mesmo em sua triunfal inconsciência, que todo homem tem que fazer para estar à altura de sua idéia infantil de homem". No caso estudado, o silêncio masculino sobre seu sofrimento, a preocupação excessiva com a virilidade e, particularmente, com o número de parceiras, sempre aquém do que acredita ser o "normal", podem ser vistas como exemplos dessa dominação que o dominante também sofre. O autor nos ajuda a perceber que exigências terríveis a respeito de um determinado modelo de gênero escravizam não apenas as mulheres, mas também os homens.

Exercício da sexualidade em jovens das camadas médias cariocas

> Insistir em que não há diferenças de sexo numa sociedade que sempre acreditou nelas e dependeu delas talvez seja uma forma tão sutil de padronização de personalidades como insistir em que existem muitas diferenças de sexo.
>
> Historicamente, nossa própria cultura apoiou-se, para a criação de valores ricos e contrastantes, em muitas distinções artificiais das quais a mais impressionante é o sexo.
>
> Margaret Mead

Ao analisar os dados de minha pesquisa, o que mais me chamou a atenção foi o fato de que, entre os jovens, homens e mulheres estão mais próximos que nunca, em especial se nos detivermos apenas na iniciação sexual e no número de parceiros sexuais. Ao verificar a porcentagem de homens e mulheres que dizem ter traído, a distância (numérica) também não é tão grande. No entanto, os discursos dos pesquisados sobre essas questões são significativamente diferentes.

Com relação à iniciação sexual, por exemplo, enquanto homens e mulheres atualmente na faixa entre 31 e 50 anos apresentam grande diferença na idade em que perderam a virgindade, os jovens de hoje estão muito próximos com relação a essa experiência (dados que são confirmados por outras pesquisas).[17] Na primeira faixa, os homens tendiam a ter a primeira relação sexual aos 14 anos, enquanto as mulheres deixavam de ser virgens aos 20 anos ou mais. Hoje, homens e mulheres pesquisados têm sua primeira experiência em torno dos 16 anos. A segunda idade mais citada como momento da primeira relação sexual é de 15 anos, para os rapazes, e 17 e 18 anos, para as moças.[18] Apenas entre os rapazes encontram-se respostas imprecisas ("não me lembro", "15 ou 16 anos" e "faz uma década").[19]

Esses dados parecem indicar que, embora haja uma tendência de homens e mulheres terem sua primeira relação sexual em idades próximas, ainda existe certa pressão social para que os homens se iniciem sexualmente mais cedo.[20] Essa pressão também aparece, agora, no discurso de algumas pesquisadas que não perderam a virgindade, que se percebem como desviantes.[21] Uma entrevistada de 19 anos, estudante de arquitetura, disse: "Vou dar para o primeiro cara que aparecer. Não agüento mais ser virgem. Todas as minhas amigas da faculdade já transaram, menos eu. Morro de vergonha disso."

Quando perguntei "Com quantas pessoas você teve relações sexuais até hoje?", pude perceber melhor a distância entre o comportamento sexual e o discurso sobre ele. Mais que o número de parceiros apresentados por homens e mulheres, o que mais chama a atenção é a imprecisão encontrada em quase 30% das respostas masculinas. Os homens pesquisados parecem fazer questão de mostrar que não lembram o número de parceiras que tiveram ao longo da vida. Esse fato pode parecer estranho já que eles, com idades entre 17 e 24 anos, não devem ter tido, em sua maioria, uma experiência sexual tão ampla (a idade média de iniciação sexual é 16 anos). Já as respostas femininas foram muito precisas, contrastando fortemente com as masculinas: somente quatro mulheres foram vagas em suas respostas, mas mesmo assim davam indicação do número de parceiros ("acho que sete, nove no máximo"). Todas as demais pesquisadas sabiam exatamente quantos parceiros haviam tido, sendo 27 o maior número apresentado.

A imprecisão das respostas masculinas aparece de três maneiras: indicam um número aproximado de parceiras sexuais ("mais ou menos dez"; "mais de 20", "entre 20 e 30"; "mais ou menos 35"; "entre 50 e 70"; "aproximadamente 53"; "menos de 100"; "mais ou menos 104"; "mais ou menos 200"), ou sugerem que o número foi alto ("várias", "muitas", "algumas", "dezenas", "bastante", "uma porção", "inúmeras", "porrada", "difícil computar", "muitas, perdi a conta", "milhares", "um montão"), ou baixo ("poucas", "menos do que eu gostaria").

Tanto entre as mulheres quanto entre os homens pesquisados, pode-se perceber que o maior número de respostas se concentra entre dois e cinco parceiros sexuais. A diferença aparece na segunda categoria mais citada por ambos os sexos: para as mulheres é a de um único parceiro sexual, enquanto para os homens é a de seis a dez parceiras.[22] Outras pesquisas mostram que rapazes e moças estão cada vez mais próximos também no número de parceiros sexuais, e não só na idade de iniciação sexual.[23]

Uma das hipóteses para a imprecisão masculina é a de que eles acreditam que o número de parceiras é tão reduzido que preferem declarar algo impreciso. Essa hipótese estaria de acordo com outros estudos que realizei anteriormente.[24] Como observei na ocasião, os homens pesquisados sempre se acham fora de um padrão de masculinidade que acreditam ser normal, ou julgam que não se enquadram em um modelo de masculinidade hegemônica.[25] Para eles, todos "os amigos" ou os "outros homens" tiveram muito mais parceiras sexuais que eles. Mesmo três pesquisados, que afirmaram ter tido mais de cem parceiras ao longo da vida, declararam que o número era pequeno, já que "a maior parte dos meus amigos teve muito mais". Todos, sem uma única exceção, disseram estar "fora da média". Vale a pena citar os depoimentos reunidos em meu primeiro estudo sobre a construção da masculinidade,[26] para mostrar como o discurso masculino reforça a idéia de que "os outros homens" – "os amigos" – sempre têm mais parceiras do que eles:

> Ao todo, até hoje, transei com 24 mulheres. Não é muito, não. Tenho amigos que transam isso em um mês. Eu estou fora do padrão.
> (30 anos, casado)

> Um dia, de brincadeira, fiz as contas com um grupo de amigos e cheguei à conclusão de que foram 33. Os outros tiveram duas ou até três vezes mais que isso. (54 anos, casado)

> Ou meus amigos falam da boca pra fora ou eles são mesmo o que dizem: "deu mole, sou homem, encontrei, deu mole, eu comi mesmo". Eu nunca consegui fazer isso. Tenho uns amigos que já transaram com mais de cem mulheres. (38 anos, separado)

Um mesmo ideal masculino aparece entre meus pesquisados: aquele do homem que tem centenas de parceiras ao longo da vida e que também é infiel.[27] É interessante observar que os pesquisados que se diziam fiéis às suas esposas se percebiam como "desviantes", já que a maior parte de seus amigos era infiel.[28] Sentiam-se menos homens, ou fora de um padrão de masculinidade, por apresentarem um comportamento sexual "fora da média": tanto por terem tido poucas parceiras como por serem fiéis.

Também apareceu no discurso dos meus pesquisados a idéia de uma "natureza" masculina, propensa a ter inúmeras parceiras e, portanto, ser "naturalmente" mais infiel que a feminina. Assim, se pensarmos na idéia de "imitação prestigiosa",[29] de que os indivíduos imitam atos e comportamentos que têm êxito ou sucesso em suas culturas, na sociedade brasileira o homem a ser imitado é aquele que seduz centenas de mulheres. Chama a atenção o papel dos "amigos" nos discursos dos pesquisados. No depoimento de um dos jovens que tomou Viagra também aparece a referência aos "amigos". Nos dois casos, aparece com clareza uma comparação – ou competição – do próprio comportamento sexual com o dos "amigos". A proximidade do modelo de masculinidade – já que são "os amigos" que têm mais parceiras ou são infiéis, e não "os homens", em abstrato – torna ainda maior a pressão para se ter um comportamento "dentro da média".

É interessante observar como essa associação entre masculinidade e número de parceiras mostra-se forte entre os pesquisados, mesmo quando alguns estudos realizados em diferentes países do mundo mostram que o número de parceiras sexuais que os homens têm durante suas vidas não chega, em média, a uma dúzia.

Outra hipótese para a imprecisão das respostas masculinas pode ser a de que os pesquisados realmente não se lembrem de todas as suas parceiras, confirmando a idéia de que os homens, muito mais que as mulheres, tendem a dissociar o sexo do afeto. Já as mulheres, por serem assim socializadas, associariam o exercício da sexualidade ao amor pelo parceiro.[30] As mulheres, portanto, teriam um discurso muito mais preciso, pois deveriam lembrar de todos os seus parceiros, uma vez que, em tese, estariam envolvidas afetivamente com eles. Não só foram importantes naquele momento, como são importantes até hoje. Além disso, pensa-se que as mulheres podem se lembrar melhor das situações porque, segundo se acredita, teriam menos parceiros sexuais ao longo de suas vidas (ou deveriam ter). Nesse sentido, o fato de terem poucos parceiros não precisaria ser escondido ou encoberto com respostas imprecisas.

O estigma[31] que recai sobre os jovens do sexo masculino – o de serem pouco viris, ou de não serem "homens de verdade" por não viverem sua sexualidade com inúmeras parceiras – é o oposto daquele que vigora a respeito das jovens, que têm medo de serem acusadas de "putas", "vagabundas" ou "galinhas" por terem tido mais parceiros que a "média". Não é à toa que, recentemente, a revista norte-americana *Cosmopolitan* (correspondente norte-americana da publicação brasileira *Nova*) receitava às suas leitoras que, quando perguntadas sobre o número de parceiros que tiveram ao longo de suas vidas, respondessem um número "entre três e onze". Como se pode ver, ser virgem ou ter tido um único parceiro também não é o ideal para as jovens. Ter uma certa experiência, mas não tão grande quanto a dos homens, parece ser a medida procurada – medida difícil de acertar, como aparece nas respostas dos jovens.

Tudo indica que, para os pesquisados, é muito melhor ser homem que ser mulher.[32] Quando pergunto "O que você mais inveja em um homem?", grande parte das mulheres responde "liberdade", e inúmeras outras características masculinas associadas a um comportamento mais livre que o feminino, entre os quais se destaca a inveja pelo fato de o homem "fazer xixi em pé". Já cerca de 40% dos homens pesquisados disseram não invejar "nada" nas mulheres. Os poucos que disseram invejar algo apontaram a maternidade, a capacidade de engravidar e a sensibilidade. As pesquisadas afirmaram que "todo homem é", em essência, machista, galinha, infiel, racional e egoísta. Os pesquisados dizem que "toda mulher é" sensível, maternal, invejosa, mentirosa, romântica e interesseira.

Entre o que se diz e o que se faz: as diferenças de gênero

> As questões amorosas são abordadas com reticência pelos homens, com predileção pelas mulheres: à inibição de uns corresponde a expansividade das outras. ...
>
> A supervalorização feminina do amor tem como correlato o "longo lamento das mulheres com o mal do amor", os desfiles de recriminações em relação aos homens, acusados de egoístas, de carecer de romantismo, de não exteriorizar seus sentimentos, de negligenciar a vida afetiva em proveito do trabalho profissional. Essas queixas provêm das mulheres, mais raramente dos homens. Por não serem socializados no romanesco, os homens acomodam-se mais facilmente às relações mais "rotineiras", a uma menor teatralização dos sentimentos. As mulheres vivem com mais dificuldade a falta de palavras de amor, o déficit de sentimentalidade; sonham mais que os homens em conhecer o grande amor e freqüentemente censuram os homens por se protegerem, fugirem, não se darem plenamente. Por mais forte que a cultura igualitária tenha se tornado, não conseguiu tornar similares as exigências amorosas dos dois sexos.
>
> Gilles Lipovetsky

Apesar de serem considerados uma elite ou vanguarda em termos comportamentais, sendo, como bem destaca Velho,[33] mais expostos a (e veículos de) ideologias de modernização, os jovens das camadas médias cariocas revelam, em seus discursos, visões muito tradicionais sobre o comportamento sexual masculino e feminino. Sem dúvida alguma, ocorreram mudanças significativas nas últimas décadas (que podem ser vistas na aproximação maior da idade de iniciação sexual, no número de parceiros sexuais ou na porcentagem de homens e mulheres que disseram ter sido infiéis). No entanto, percebe-se claramente a diferença de discurso que estabelece (e reforça) as distinções de gênero quando os pesquisados falam sobre seus comportamentos sexuais.

Muitos homens tendem a apontar uma suposta "natureza" masculina ao explicar seus comportamentos sexuais ou os de outros homens. Muitas mulheres, mesmo sendo mais livres em seus comportamentos, adotam o discurso de vítima da dominação masculina. O homem é sempre o culpado, ou seja, o homem é o único responsável por seus desejos e comportamentos sexuais. É bem verdade que esse discurso não pode ser generalizado, mas o fato de surgir com freqüência (não apenas entre os meus pesquisados) nos faz pensar, mais uma vez, sobre essa aparente ambigüidade, ou sobre a tensão entre os comportamentos e os discursos sobre o sexo.

Quando perguntei "Quais os principais problemas que você vive ou viveu em seus relacionamentos amorosos?", foi muito interessante perceber as diferenças de gênero nos discursos femininos e masculinos. Os homens responderam, basicamente, que os principais problemas que viveram em suas relações foram ciúmes e falta de compreensão. As mulheres, inclusive as mais jovens, responderam ciúmes, infidelidade, egoísmo, rotina, falta de segurança, falta de confiança, falta de sinceridade, falta de diálogo, falta de liberdade, falta de paciência, falta de atenção, falta de companheirismo, falta de maturidade, falta de amor, falta de carinho, falta de tempo, falta de tesão, falta de respeito, falta de individualidade, falta de dinheiro, falta de interesse, falta de reciprocidade, falta de sensibilidade, falta de romance, falta de intensidade, falta de responsabilidade, falta de pontualidade, falta de cumplicidade, falta de igualdade, falta de organização, falta de amizade, falta de alegria, falta de paixão, falta de comunicação, falta de conversa etc. Uma delas ainda disse "falta de tudo". Enquanto os homens foram extremamente objetivos e econômicos em suas respostas, algumas mulheres chegaram a anexar e grampear folhas ao questionário para acrescentar novas faltas.

É possível perceber faltas que parecem contraditórias, muitas vezes respondidas pela mesma pesquisada. Se, de um lado, encontramos falta de cumplicidade e de companheirismo, valores que classifiquei como simbióticos em estudo anterior,[34] de outro temos falta de liberdade e de individualidade. Falta de sensibilidade e de romance convivem com a falta de dinheiro e de segurança. Pode-se aqui pensar: que homem poderia suprir todas essas demandas femininas? Não é à toa que o número de mulheres que pedem o divórcio é bem maior que o de homens.[35] Elas se sentem muito mais insatisfeitas com seus relacionamentos que os homens. Em seus discursos, as mulheres expressam um excesso de demandas, enquanto os homens parecem exigir muito menos de suas parceiras.[36] Na questão em que peço que descrevam um modelo ideal de vida de casal, muito mais homens que mulheres responderam "com compreensão". Também um número expressivo de homens respondeu "com paz", enquanto nenhuma mulher deu essa resposta. É curioso que vários homens responderam "sem brigas", enquanto muitas mulheres fizeram questão de destacar que o modelo ideal seria "sem rotina" e "com algumas brigas".

Outro dado interessante é o diferente posicionamento de homens e mulheres no que diz respeito à traição. Os homens se justificam por terem uma "natureza", uma "essência" propensa à infidelidade.[37] Já as mulheres responsabilizam os maridos ou namorados por elas serem infiéis (ou porque estão se vingando de uma traição que sofreram, ou porque eles não satisfazem seus desejos de serem amadas ou desejadas, ou porque eles – e suas inúmeras faltas – praticamente as empurraram a procurar outros homens). Elas são, mesmo quando traem, vítimas da dominação masculina.

Apesar de muitos comportamentos masculinos e femininos não estarem mais tão distantes, inclusive no que diz respeito à traição – como mostram os dados da minha pesquisa, em que 60% dos homens e 47% das mulheres afirmam já terem sido infiéis –, os discursos femininos e masculinos são extremamente diferentes.

A idéia de "febre vitimária", de Lipovetsky,[38] pode ser interessante para pensar o discurso feminino que culpabiliza o homem. Para o autor, a cultura vitimária constrói o homem como lúbrico, cínico e violento, ao passo que a mulher é apresentada como um ser inocente, bom, desprovido de agressividade. "Todo o mal se enraíza no macho." Tem-se, portanto, a vitimização imaginária do feminino e a satanização do masculino. A cultura vitimária, diz o autor, veicula a imagem de uma mulher infantil e impotente. As mulheres oferecem, assim, a imagem de si como seres incapazes de se defender – e de se responsabilizar pelos seus desejos –, aspirando mais a serem protegidas que a controlar elas próprias seu destino.

Os comportamentos sexuais podem ter mudado, tendendo a uma maior igualdade, mas o discurso sobre o sexo ainda resiste às mudanças. Os discursos estabelecem e reafirmam as diferenças de gênero, até mesmo quando o comportamento parece recusar essas diferenças. Não estou afirmando que não existem diferenças no comportamento sexual feminino e masculino, mas, como sugerem os dados de minha pesquisa, elas não são tão grandes assim. Quero sugerir que a linguagem da diferença não só reforça as diferenças existentes, mas ainda parece ampliar sobremodo o significado de diferenças que não são tão grandes como parecem.

Reinventando a diferença de gênero

Na verdade, somos todos andróginos, porque os humanos são bissexuados, em vários planos e em graus diferentes. Masculino e feminino se entrelaçam em cada um de nós, mesmo que a maioria

> das culturas tenha se deleitado em nos descrever e nos querer como inteiramente de um sexo.
>
> Elisabeth Badinter

Laqueur[39] mostra como as diferenças de gênero existem desde sempre. Com exemplos da Grécia Antiga, aponta que homens e mulheres eram diferentes, mas que as diferenças não encontravam justificativas nas diferenças biológicas ou sexuais. Elas estavam nos papéis diferentes que assumiam na sociedade, cabendo apenas ao homem o papel de cidadão na pólis. O autor apresenta o modelo de sexo único, quando se acreditava que a mulher era um homem imperfeito, com menos calor vital. Os órgãos sexuais eram percebidos como os mesmos, tinham os mesmos nomes, só que as mulheres os possuíam "virados para dentro", enquanto os homens os tinham "para fora". Era uma diferença de grau (de calor), e não de espécie: "durante milhares de anos acreditou-se que as mulheres tinham a mesma genitália que os homens, só que ... as dela ficam dentro do corpo, e não fora".[40]

Com o Iluminismo e a Revolução Francesa, e a idéia de que homens e mulheres eram igualmente cidadãos, criaram-se novas justificativas para os lugares do masculino e feminino. As dessemelhanças de gênero, então, foram ancoradas em diferenças biológicas. As diferenças passaram a ser de espécie. Estabeleceu-se, assim, o modelo de dois sexos. Homens e mulheres eram diversos sobretudo porque a mulher tinha órgãos sexuais diferentes do homem. Por uma série de características biológicas, particularmente por gerar filhos, ela deveria ter como lugar principal o lar. Assim, caberia à mulher o mundo do privado, da família; e ao homem o mundo público. Novos argumentos (biológicos) foram criados para fundamentar a distinção (preexistente) dos gêneros.[41]

Hoje, quando grande parte das mulheres escolhe não ter filhos, ou quando as tecnologias reprodutivas podem dispensar a gravidez da mãe biológica e, até mesmo, a relação sexual entre os pais, as diferenças entre os gêneros é "cientificamente" encontrada em outros lugares. É no tamanho do cérebro, na quantidade de neurônios, nas diversas regiões cerebrais, nos genes, nos cromossomos e nos hormônios que se encontram as diferenças para os comportamentos masculinos e femininos.[42] Novamente, nesses casos, as diferenças são muito mais de grau (de quantidade) que de espécie. Poderíamos pensar, então, na volta ao modelo de um único sexo.

Laqueur nos ajuda a refletir sobre como as diferenças de gênero resistem à mudança e como a ciência reforça as idéias de diferença, mesmo quando descobre cada vez mais semelhanças entre homens e mulheres. Nos genes, nos comportamentos e na moda (é só acompanhar a discussão sobre a androgenia no comportamento[43] e na moda,[44] nos últimos anos, em que homens e mulheres se vestem cada vez mais iguais, usando não só as mesmas roupas, mas também os mesmos acessórios e cortes de cabelos), homens e mulheres estão extremamente próximos. No estágio atual da ciência, poderíamos, utilizando os argumentos de Laqueur, retornar ao modelo de sexo único, mas as diferenças de sexo estão tão impregnadas em nossa forma de pensar e estar no mundo que o modelo de dois sexos permanece. O modelo de dois sexos é tão hegemônico atualmente que mesmo as descobertas científicas que poderiam questionar a divisão acabam se adaptando ao modelo de dismorfismo e criando novas diferenças.

Costa,[45] baseando-se na filosofia de Wittgenstein, trabalha a idéia de que é a linguagem que cria o sexo e as diferenças entre homens e mulheres. Ao contrário do que se costuma acreditar, que a linguagem reflete a realidade, Costa reforça que é a linguagem que cria realidades, que estabelece as diferenças e as hierarquiza.

Na minha pesquisa, o discurso masculino é, em primeiro lugar, silencioso, não dito.[46] Esse fato pode ser percebido na recusa maior dos homens em responder ao questionário; e, mesmo entre aqueles que aceitaram responder, na grande quantidade de questões em branco ou preenchidas com um simples traço. É só observar o número de questionários femininos analisados em comparação aos masculinos.[47] Muito mais mulheres se dispuseram a falar. Muito mais homens se recusaram a falar. Aqueles que aceitaram responder ao questionário foram extremamente imprecisos ou econômicos, comedidos.

Ao contrário, ao ter em mãos os questionários respondidos por mulheres, surge a idéia de excesso, de desmedida, de *hybris*. Também chama atenção a precisão com que elas revelam o número de parceiros que tiveram durante suas vidas.

Como conclusão, pode-se afirmar que um discurso aparentemente revela demais, ao passo que outro revela de menos. No entanto, talvez os dois estejam, de forma semelhante, encobrindo o que existe de comum e de compartilhado em suas práticas efetivas, contribuindo, assim, mesmo que inconscientemente, para cristalizar "verdades" e comportamentos desiguais para homens e mulheres.

Das utopias sociais às utopias corporais: identidades somáticas e marcas corporais

– *Francisco Ortega* –

A ênfase crescente atribuída, na nossa sociedade contemporânea, aos diversos procedimentos de cuidados corporais, médicos, higiênicos e estéticos leva à formação de identidades somáticas, as bioidentidades, as quais têm deslocado para a exterioridade o modelo internalista e intimista de construção e descrição de si. O panorama diante do qual esses processos se formam é constituído pelas mudanças que atingem o paradigma da clínica moderna e suas concepções sobre saúde e doença, normal e patológico, e os efeitos dos discursos e práticas médicas (associadas ao impacto das biotecnologias) na constituição dessa nova subjetividade e na construção de uma nova definição filosófica do humano.

É com base nessa problemática que, neste texto, serão traçadas, em um primeiro momento, algumas considerações sobre as novas formas de sociabilidade presentes em nossa cultura contemporânea e a formação de identidades corporais. Em um segundo momento serão feitas algumas reflexões sobre as modificações corporais (*body modifications*), enquadrando-as no contexto da biossociabilidade e da formação de bioidentidades.

Novas formas de sociabilidade e formação de bioidentidades

De uma maneira ampla, a noção de biossociabilidade visa a descrever e analisar as novas formas de sociabilidade surgidas a partir da interação do capital com as biotecnologias e a medicina.* A biossociabilidade é uma forma de sociabilidade apolítica constituída por grupos de interesses privados, não mais reunidos segundo critérios de agrupamento tradicional – raça, classe, estamento, orientação política –, como acontecia na biopolítica clássica, mas segundo critérios de saúde, performances corporais, doenças específicas, longevidade etc. Vemos como, por exemplo, a sexualidade, que constituía elemento fundamental nas biopolíticas oitocentistas, ocupa um segundo plano na biossociabilidade contemporânea. Agora o corpo e a comida tomam o lugar da sexualidade como fonte potencial de ansiedade e de patologia. O tabu que se colocava sobre a sexualidade desloca-se agora para o açúcar, as gorduras e taxas de colesterol.[1] Os tabus passaram da cama para a mesa. A anorexia constitui, neste contexto, um bom exemplo da relação entre dietética, moral e formas de ascese corporal, bem como do deslocamento, para o corpo, da sexualidade como *locus* privilegiado de problematização moral. Acredito que a anorexia está para o século XX como a histeria para o século XIX.

Na biossociabilidade, criam-se novos critérios de mérito e reconhecimento, novos valores com base em regras higiênicas, regimes de ocupação de tempo, criação de modelos ideais de sujeito baseados no desempenho físico. As ações individuais passam a ser dirigidas com o objetivo de obter melhor forma física, longevidade, prolongamento da juventude etc. Todo um vocabulário médico-fisicalista baseado em constantes biológicas, taxas de colesterol,

* Uso o termo biossociabilidade para distingui-lo do biopoder clássico tal como é descrito por Michel Foucault. Este se articulava numa dupla forma, como uma anatomopolítica do corpo, em cuja base estavam os processos de disciplinamento corporal, e como uma biopolítica das populações. A biopolítica analisada por Foucault enfatizava especialmente as noções de sexualidade, raça e degenerescência, com o objetivo da otimização da qualidade biológica das populações. Ela estava historicamente vinculada à constituição e ao fortalecimento do Estado nacional, à afirmação da burguesia, assim como à formação de um dispositivo médico-jurídico visando à medicalização e à normalização da sociedade. Ver Foucault, Michel. *La volonté de savoir*, *Em defesa da sociedade* e *Les anormaux*.

tônus muscular, desempenho físico, capacidade aeróbica populariza-se e adquire uma conotação "quase moral", fornecendo os critérios de avaliação individual. Ao mesmo tempo, todas as atividades sociais, lúdicas, religiosas, esportivas, sexuais são ressignificadas como práticas de saúde. O que alguns autores denominaram de *healthism* ou *bodyism*,[2] e que pode ser traduzido como a ideologia ou a moralidade da saúde e do corpo perfeito, exprime essa tendência. *Healthism* é a ideologia, a forma que a medicalização adquire na biossociabilidade.

As práticas ascéticas implicam processos de subjetivação. As modernas asceses corporais, as bioasceses, reproduzem no foco subjetivo as regras da biossociabilidade, enfatizando-se os procedimentos de cuidados corporais, médicos, higiênicos e estéticos na construção das identidades pessoais, das bioidentidades. Trata-se da formação de um sujeito que se autocontrola, autovigia e autogoverna.

Na base desse processo está a compreensão do *self* como um projeto reflexivo. O autogoverno e a formação de bioidentidades se dão por meio de toda uma série de recursos reflexivos e de práticas de bioascese (manuais de auto-ajuda, terapias psíquicas e corporais, atividades de *fitness* e *wellness* etc.). A reflexividade é o processo de taxação contínua de informação e perícia sobre nós mesmos. Não só o *self*, mas principalmente o corpo, aparece marcado pela reflexividade.[3]

Na atualidade, o discurso do risco é o elemento estruturante básico da biossociabilidade e representa o parâmetro existencial básico da vida na modernidade tardia, estruturando o modo pelo qual experts e leigos organizam seus mundos sociais.[4] O corpo e o *self* são modelados pelo olhar censurador do outro que leva à introjeção da retórica do risco. O resultado é a constituição de um indivíduo responsável, que orienta suas escolhas comportamentais e estilos de vida para a procura da saúde e do corpo perfeito, desviando dos riscos. Ao mesmo tempo podemos observar o crescimento dos comportamentos de risco, em especial na juventude, tais como esportes radicais, sexo sem proteção etc., como resposta à obsessão por comportamentos e estilos de vida sem risco.

A ideologia do corpo perfeito nos leva a contemplar as doenças que retorcem a figura humana como sinônimo de fracasso pessoal. Historicamente as deficiências estavam ligadas ao crime, ao mal, às aberrações.[5] Os estereótipos atuais contra os gordos, idosos e outras figuras que fogem ao padrão do corpo ideal têm o mesmo efeito estigmatizador e excludente. A obsessão pelo corpo bronzeado, malhado, sarado e siliconado faz aumentar o preconceito e dificulta o confronto com o fracasso de não atingir esse ideal, como testemunham anorexias, bulimias, distimias e depressões cada vez mais comuns entre jovens e adultos na nossa sociedade.

O imperativo do cuidado, da vigilância e da ascese constante de si, necessário para atingir e manter os ideais impostos pela ideologia do *healthism* e do *bodyism,* exige uma disciplina enorme. Ao narcisismo próprio de uma sociedade hedonista, da busca do prazer e do consumo desenfreado, foi acrescentado o imperativo da disciplina e do controle corporal, provocando uma ansiedade e um sentimento de ambivalência.[6] A compulsão consumista foi canalizada para a compra de produtos de saúde, *fitness* e beleza – o que os norte-americanos chamam de *commodification* dos artigos de saúde.[7] A ambivalência se traduz na tentativa de reprimir qualquer desejo que prejudique a procura de saúde e de perfeição corporal. A disciplina exigida, tarefa das bioasceses, ocupa cada vez mais um lugar central, relegando a segundo plano os elementos hedonistas constatados por numerosos teóricos, já que a necessidade de dietas sem gordura, sexo seguro e malhações intermináveis colocou novas coações ao prazer pós-moderno. A visão da esfera do trabalho e do lazer como independentes e excludentes foi deslocada pela ideologia do *fitness*. De agora em diante, trabalho e lazer se confundem – como fica patente numa das máximas mais populares entre os freqüentadores assíduos das academias: "É preciso *sofrer se distraindo*".[8] O caráter repetitivo e automático aproxima o *fitness* das práticas de adestramento corporal descritas por Foucault.

Na atualidade, o apelo ao autocontrole e à disciplina visa exclusivamente ao controle do corpo. Nossa obsessão com o domínio do corpo, de suas performances, movimentos e indicadores substitui a tentativa de restaurar a ordem moral. O corpo torna-se o lugar da moral, é seu fundamento último e matriz da identidade pessoal. Em um processo que podemos denominar de somatização da subjetividade, segundo o qual o corpo é reinventado como objeto de visão, e corpo e *self* tornam-se idênticos, o mundo interno parece ser transmutado na "carne externa".[9] A aparência do corpo tornou-se central às noções de auto-identidade. O corpo veio representar a liberdade pessoal, o melhor de nós.

Com as bioasceses, a distinção entre corpo e *self* tornou-se obsoleta. Por meio do *fitness,* os sujeitos são verdadeiramente corporificados. O físico tornou-se um signo cardinal do *self,* de uma forma não mais obtida por meio de acessórios tais como moda e cosméticos. O corpo é central para a experiência do eu: levado ao seu limite lógico, essa versão da identidade fornecida pelas bioasceses equipara virtualmente o *self* ao corpo transformado pelas práticas ascéticas. As práticas bioascéticas fundem corpo e mente na formação da bioidentidade somática, produzindo um eu que é indissociável do trabalho sobre o corpo – o que torna obsoletas antigas dicotomias, tais como corpo-alma, interioridade-exterioridade, mente-cérebro.

A ascese implica um processo de subjetivação. Ela constitui um deslocamento de um tipo de subjetividade para outro, a ser atingido pela prática ascética. O asceta oscila entre uma identidade a ser recusada e outra a ser alcançada. A subjetividade desejada representa para ele a verdadeira identidade para a qual se orienta o trabalho ascético. Da perspectiva do observador, o sujeito ascético aparece como figurado e construído, provocando reações positivas ou negativas segundo o grau de afinidade do observador com a prática ascética respectiva.[10]

A forma de subjetividade almejada varia segundo a contextualização histórica das práticas ascéticas, podendo encontrar as mesmas práticas vinculadas a diferentes fins, diferentes processos de subjetivação, seja a constituição de si, como sujeito moral da Antigüidade greco-latina; a auto-renúncia e a pureza, do cristianismo; a interioridade cristã e burguesa; ou as bioidentidades contemporâneas, em que o corpo possui a auto-reflexividade que correspondia outrora à alma.

As formas de subjetividade visadas pela ascese podem diferir ou não das identidades prescritas social, cultural e politicamente. Enquanto nas asceses da Antigüidade o *self* almejado pelas práticas de si representava freqüentemente um desafio aos modos de existência prescritos, uma forma de resistência cultural, uma vontade de demarcação, de singularização, de alteridade, encontramos na maioria das práticas de bioascese uma vontade de uniformidade, de adaptação à norma e de constituição de modos de existência conformistas e egoístas, visando à procura da saúde e do corpo perfeito.

Não nos enganemos: fazendo do corpo um *alter ego*, a afirmação de uma identidade provisória, corremos um risco enorme. Na nossa cultura somática, a aparência virou essência, os "condenados da aparência" são privados da capacidade de fingir, dissimular, esconder os sentimentos, as intenções, os segredos, capacidade presente na cultura da intimidade que se tornou obsoleta. Hoje, sou o que aparento, e estou, portanto, exposto ao olhar do outro, sem lugar para me esconder, me refugiar, estou totalmente à mercê do outro. Já que o que existe (o corpo que é também o *self*) está à mostra, sou vulnerável ao olhar do outro, mas, ao mesmo tempo, preciso de seu olhar, de ser percebido, senão não existo.

A superficialidade, a eterna desconfiança do outro (paranóia) e o melindre são os correlatos do homem somático.[11] Trata-se de um indivíduo frágil, inseguro e insensível para o outro, para quem o controle e a regulação substituem a reciprocidade e a transformação. O *self* superficial, paranóico e melindroso tem uma única maneira de escapar da tirania da aparência: igualando-se, conformando-se à norma. Somente sendo idênticos à norma é que podemos nos esconder. A adaptação, a obediência e a identificação com a norma é o refúgio do eu que fez de sua aparência a essência. Queremos ser iguais para nos protegermos, nos escondermos. Ou somos idênticos, ou nos denunciamos.

O outro se tornou inexistente para o indivíduo somático, as bioasceses tornaram-no obsoleto. O corpo mesmo ocupa seu lugar, ele é o parceiro privilegiado, o lugar de predileção do discurso social; encontramos em nós mesmos o parceiro complacente e cúmplice que falta perto de nós. O eu somático vive numa atmosfera de ambigüidade, incerteza e medo contínuo provocado pela cultura do risco, que produz um sentimento constante de angústia e apreensão.[12] A situação é agravada pela nossa aversão à dependência, que impede que possamos desenvolver a necessária confiança em nós, nos outros e na benevolência do mundo. A ação precisa da confiança. A confiança possibilita a continuidade e a constância no ambiente, a formação de um "ambiente suficientemente bom", condição necessária para que o novo e o imprevisto possam surgir. Sem essa confiança em mim, nos outros e no mundo não há ação, só reação – que é, no fundo, um sinônimo para o "comportar-se". Nessas circunstâncias, obediência, adaptação e submissão ao mundo ocupam o lugar do agir no mundo.

Embora as práticas de bioascese pareçam estar mais próximas das práticas do *self* da Antigüidade que das disciplinas, elas são, no fundo, formas de disciplinamento corporal. As asceses clássicas visavam à transcendência do corpo e ao bem comum, à auto-superação, ou ao contato com a divindade. As práticas bioascéticas, em contrapartida, são apolíticas e individualistas. Falta nelas a preocupação com o outro e com o bem comum. Perdemos o mundo e ganhamos o corpo. O interesse pelo corpo gera o desinteresse pelo mundo; a hipertrofia muscular se traduz em atrofia social. A preocupação com o mundo, ponto central da política desde a Antigüidade, foi substituída, na modernidade, pela preocupação com o homem, a descoberta de si mesmo. Uma preocupação consigo mesmo que se traduz, na atualidade, na atenção a um corpo desenhado à medida pelo sujeito.

Body-building, modificações corporais, próteses e clonagem representam avanços na conquista do último continente, o corpo, e tentativas de personalizá-lo. Ao mesmo tempo – e graças à sobrevalorização e ao enorme investimento simbólico por que vem passando nas últimas décadas – o corpo tornou-se objeto de desconfiança, de receio e mesmo de desconforto: só aceitamos o corpo submetido a um processo de transformação constante. Não podendo mudar o mundo, tentamos mudar o corpo, o único espaço que restou à utopia, à criação. As utopias corporais substituem as utopias sociais.

Cultura contemporânea e modificações corporais

Na cultura da biossociabilidade e da formação de identidades, as modificações corporais (*body modification*) constituem um caso especial e *sui generis* de tentativa de personalização do corpo – mediante a impressão de marcas corporais – e de formação de bioidentidades. Se, por um lado, no plano biopolítico/biossocial, as modificações corporais parecem seguir o padrão identitário e apolítico das biossociabilidades contemporâneas e da ideologia da *fitness*, por outro, no plano fenomenológico, elas constituem um esforço no sentido de fugir da cultura da aparência e de recuperar uma dimensão do vivido corporal. Esses aspectos merecem um exame mais pormenorizado.

Em sentido amplo, o termo "modificações corporais" se refere a um leque imenso de práticas que incluiria tatuagem, piercing, *branding*, *cutting*, implantes subcutâneos etc. Também seriam formas de modificação corporal o *body-building*, atividades de *fitness* e de *wellness*, anorexia e jejum, bem como todos os tipos de próteses internas e externas para potencializar ou substituir o funcionamento dos órgãos e o uso potencial da nanotecnologia, que promete novos desenvolvimentos no interior do corpo. No entanto, em função do argumento que pretendo desenvolver, vou me concentrar basicamente nas modificações corporais envolvidas nas práticas de tatuagem, piercing, *branding*, *cutting*, implantes subcutâneos de metal ou silicone sólido.

A tatuagem e os piercings visíveis são comuns na nossa cultura contemporânea, tornando-se *mainstream*. Os piercings genitais masculinos e femininos, as práticas de *branding*, *burning*, *cutting* e de inserção de implantes subcutâneos, contudo, são classificados como modificações corporais *nonmainstream*.[13] Existe uma progressão nessa série, na qual a marca corporal torna-se cada vez mais profunda e menos epidérmica. À medida que determinadas práticas são incorporadas na sociedade de consumo virando artigo cosmético ou ornamental, a progressão aumenta, em busca de práticas que escapem ao mecanismo de captura e capitalização.

Entre as diversas abordagens possíveis das práticas de modificação corporal, existem duas, recorrentes na literatura sobre o tema, que considero não fazer jus ao fenômeno, ocultando aspectos que me parecem significativos. A primeira considera as modificações corporais como um elemento constitutivo da sociedade de consumo, do espetáculo e do mundo da moda. Para os autores dessa corrente, tatuagem e piercing não são mais práticas associadas a grupos especificamente marginais e a subculturas. Elas tornaram-se *trends* superficiais que visam a incorporar elementos exóticos no sistema da moda, em consonância com o ecletismo e a auto-referencialidade da moda contemporânea. Esta se apodera indiscriminadamente de qualquer elemento, transformando o fenômeno apropriado em "significantes flutuantes", os quais remetem unicamente a si mesmos. Assim, no "supermercado do estilo", as modificações corporais constituiriam o que Baudrillard nomeou "carnaval de signos sem significado anexo", isto é, "uma mistura confusa e eclética de estilos e dispositivos, uma vez potentes, apropriados desesperadamente de uma variedade de fontes em uma tentativa vã de fornecer autenticidade àquilo que não é mais imbuído de sentido".[14] Não estou afirmando com isso que não exista esse componente. Esta me parece, no entanto, uma leitura pobre da complexidade do fenômeno. Além disso, o caráter de permanência da marca, a dor e o planejamento envolvidos nas modificações corporais não se adequam à caracterização de *trend* superficial e de produtos do "supermercado de estilo", podendo-se falar de "antimoda", em vez de moda.

A segunda abordagem, que me parece inadequada e que tem uma grande representatividade na literatura sobre o tema, considera o fenômeno das modificações corporais como uma patologia, um problema de saúde mental, ampliando com isso o leque das práticas e condutas a serem medicalizadas. A estratégia seguida é igualar o discurso das modificações corporais ao da automutilação – sobre o qual existe uma vasta literatura no campo da saúde mental, com indicações de tratamento que vão desde o uso de psicofármacos específicos até as terapias psicodinâmicas, cognitivas, comportamentais e administrativas.[15] A literatura no campo da saúde mental considera os automutiladores como "indivíduos profundamente perturbados, motivados por várias razões psicopatológicas".[16] As modificações corporais são identificadas com formas de automutilação, não apenas porque o corpo é apresentado como imperfeito, disfuncional ou doente, mas porque esse corpo é expressão de um *self* imperfeito, que sofre e está fora de controle, precisando, portanto, de tratamento.

A conseqüência fundamental desse processo de patologização é negar a capacidade de agência dos atores envolvidos nas práticas e desacreditar os motivos assumidos, reduzindo-os a comportamentos aditivos ou compulsivos. Assim, "mesmo quando a modificação corporal é realizada para mudar a aparência e a autodefinição, aparece como se a autodefinição não constituísse uma escolha e sim um desejo, adição, necessidade ou ânsia".[17] A mídia se apropria com freqüência do discurso médico da automutilação e o dissemina na sociedade, apresentando-o como um problema social emocionalmente provocativo que faz surgir, entre os leitores, um sentimento misto de medo, repugnância e horror diante das descrições sensacionalistas de práticas de modificação corporal. Constitui um discurso moralista que compreende as práticas unicamente como regressões inumanas ou comportamentos de desvio. Os juízos moralistas esquecem, como lembra Bernard Andrieu,[18] "em que medida suas soluções subjetivas à questão da identidade encontram no corpo a materialização autêntica do sujeito".

As duas abordagens mencionadas são, a meu ver, reducionistas, e não dão conta da complexidade do fenômeno e das motivações dos atores envolvidos, cuja agência é negada ou questionada. No seu estudo etnográfico da subcultura californiana da *nonmainstream body modification*, o antropólogo James Myers[19] conclui que as razões que levam os indivíduos a se submeterem à modificação de seus corpos são tão diversas quanto as tentativas de explicação do fenômeno. A leitura que vou privilegiar está em consonância com a centralidade do corpo na cultura contemporânea das bioasceses e a constituição de bioidentidades.

Como já foi mencionado, o discurso do risco adquire uma posição preferencial na cultura contemporânea. É o elemento estruturante da biossociabilidade e representa o parâmetro existencial básico da vida nas nossas sociedades. A introjeção da retórica do risco visa à formação de indivíduos responsáveis que orientem seus estilos de vida para a procura de saúde, perfeição corporal e comportamentos livres de riscos. A biossociabilidade leva consigo uma perda ou ressignificação de laços sociais e valores que organizavam as formas de sociabilidade mais antigas. Os critérios de agrupamento tradicional foram deslocados para o corpo: saúde, performances corporais, tipos específicos de doenças tornam-se doravante organizadores da vida social e subjetiva.

O investimento no corpo é uma resposta à desagregação dos laços sociais, ao afastamento do outro e à perda de valores e significados coletivos que estruturavam o mundo simbólico do indivíduo. A contingência e a perda das âncoras tradicionais para o *self* criam um sentimento de insegurança que leva à procura da realidade na marca corporal. Quanto mais acreditamos na contingência, mais temos a necessidade de recorrer a algo que se apresente como real, como permanente, em um mundo de impermanência, uma âncora para o *self*, "uma superfície protetora contra a incerteza do mundo", "uma proteção simbólica contra a adversidade" à qual as modificações corporais parecem oferecer uma resposta. Tatuagem, *branding*, *scarification* fornecem a ilusão de uma estabilidade cultural e social, e são tipicamente usados "em situações em que as pessoas sentem ... a necessidade de preservar suas identidades individuais e sociais e de anunciar ... a permanência de suas lealdades, valores e crenças".[20]

O desarraigamento social e a ausência de vínculos simbólicos e rituais coletivos levam o indivíduo a se retrair e a fazer de seu corpo um universo em miniatura, uma verdade sobre si e um sentimento de realidade que a sociedade não consegue mais lhe fornecer. A modificação corporal responde a um déficit identitário, constitui uma suplência identitária, "um tipo de assinatura de si pela qual o indivíduo se afirma na identidade escolhida"[21] que difere daquelas que são atribuídas pelo olhar do outro.

Se, como vimos, na cultura da biossociabilidade a aparência do corpo tornou-se central para a identidade pessoal, transformando os indivíduos em "condenados da aparência", a marca corporal representa a procura de autenticidade, de uma localização real de nossa essência na sociedade da aparência. Como nas práticas de *bare-backing* – transa anal sem preservativo com indivíduos contaminados com o vírus HIV, ou seja, um pedido deliberado de contaminação, na qual a transmissão do vírus é denominada de "o presente" (*the gift*) –, a certeza do contágio e a provável morte não deixam dúvidas acerca da autenticidade e realidade da prática, afastando-a da cultura da aparência.[22] As marcas corporais buscam afirmar essa realidade e autenticidade, dando uma localização específica e corporal à identidade subjetiva, como resposta à cultura da aparência.

As marcas corporais nos repetem que "*It is for real*" ("é de verdade"), não se trata de uma brincadeira, portanto, elas não podem ser consumidas como meros signos no "carnaval de signos" baudrillardiano. As modificações corporais deixam uma marca permanente ou semipermanente. Sua produção representa um processo invasivo e penoso, envolvendo dor, sangue, bem como uma preparação e planificação exaustivas e diversos cuidados contínuos ulteriores. Todos esses elementos impedem que sejam consumidas como meros signos, escapam à sua *commodification* no "supermercado do estilo".

Na cultura somática, o outro se torna inexistente. Buscamos no corpo uma confirmação e uma verdade sobre nós mesmos que a sociedade não nos oferece. As marcas corporais localizam no corpo os critérios de avaliação subjetiva, o que é certo e errado. O *self* somático perdeu a caução do outro; sua presença, suas palavras e olhares não tranqüilizam. Ele vive, como vimos, numa atmosfera de insegurança e desconfiança contínuas, procurando a realidade e estabilidade na marca corporal. Constrói uma ficção de liberdade e autonomia pessoal. Uma liberdade solipsista, entendida como singularização ao extremo, um "projeto corporal"[23] visando à "reconquista psicológica do corpo",[24] o direito fundamental de usufruir dele como quisermos, enfatizando sua possessão individual.

Nesse contexto, as marcas corporais representam a ilusão da ruptura com a ordem simbólica, o sonho de uma essência totalmente naturalizada. A procura do corpo extremo busca, testa e incorpora os limites simbólicos do corpo para atingir seus limites reais, criando uma nova relação com o real, segundo a qual tudo é realizável. Hannah Arendt dizia que o nazismo e o stalinismo levaram a sério a máxima de que tudo é possível, tudo é realizável. Um real procurado na marca corporal em consonância com o sucesso e o impacto da idéia do corpo como objeto maleável e forma provisória que as biotecnologias nos oferecem garantem um acesso, um controle da materialidade do corpo, do real corporal.

As modificações corporais constituem uma radicalização do real: quando a ordem simbólica não produz mais a ordem social, o simbólico é reduzido ao real, ele é incorporado, encarnando. A passagem do simbólico ao real acontece pelo corpo e no corpo. Autenticidade e realidade são materializadas na marca corporal como uma forma de existir que dispensa as palavras e o olhar do outro, os quais não são confiáveis. A modificação corporal promete uma fundação autógena da identidade pessoal, uma produção autoengendrada do simbólico que dispensa o outro e o espaço público.

A "reconquista psicológica do corpo" parece nos remeter ao vocabulário do individualismo possessivo, o qual, segundo a historiadora Barbara Duden,[25] permeia a gênese do corpo moderno e localiza as relações de propriedade na realização da plenitude das potencialidades humanas, introduzindo-as na própria natureza humana. O indivíduo é livre como proprietário de seu corpo. "Ter um corpo" torna-se mais importante que "ser um corpo", um corpo-coisa ou corpo-objeto, meramente possuído, algo com propriedades físicas, anatômicas e fisiológicas, esquecendo que o corpo é ao mesmo tempo "o corpo que eu tenho" e o "corpo que eu sou", ou seja, corpo vivo e corpo vivido.[26]

A reversibilidade do corpo vivo e do corpo vivido, *Leib* e *Körper*, constitui uma dimensão ontológica, constitutiva da corporeidade humana, e não histórica. Não se trata de dizer que antes da formação do individualismo possessivo os homens eram *Leib* ao passo que os atuais apenas têm um *Körper*. Afirmar isso seria ingenuidade e tolice.[27] O corpo que eu tenho é sempre o corpo que eu sou, ou, com palavras do fenomenólogo Drew Leder,[28] "ser um corpo vivido é sempre também ser um corpo físico com ossos e tendões, nervos e fibras, elementos todos que podem ser descritos cientificamente. Não há dois corpos diferentes. O *Körper* é ele mesmo um aspecto do *Leib*, uma maneira do corpo vivido se mostrar".

Essa constatação, contudo, não nos impede de confirmar que, desde o Renascimento, apareceram recorrentes tentativas de reduzir a experiência do corpo subjetivo ao corpo objetivo, mensurável e quantificável. Desde a revolução vesaliana nas práticas de dissecação humanas[29] se instaurou um paradigma anatômico correspondente ao modelo mecânico do ser vivo, antecipando o racionalismo clássico, com sua visão mecanicista do corpo humano como *res extensa*.[30] Um modelo que extrapola, no século XVIII, o âmbito meramente anatômico, erigindo-se em padrão de diversas ciências. Como a fisiognomia, que encontrava no cadáver o "fac-símile confiável da realidade",[31] a metáfora adequada para descrever o corpo humano objetivamente e sem ambigüidades, exprimindo o desejo de introduzir a precisão das ciências exatas no estudo da anatomia comparada e reduzindo a experiência do corpo vivido ao corpo-objeto. Devemos concordar com a observação de Barbara Stafford,[32] de que "a figura anatômica foi cada vez mais divorciada de qualquer sentido do corpo 'natural' carnal e tornada um espécime lítico, ou mesmo mineralógico".

Cria-se assim, no século XIX, a realidade naturalista do corpo como objeto de investigação e tratamento.[33] Um corpo adquirido "mediante descrições, desenhos, instruções e exercícios, em marcante contraste com a geração histórica de uma multidão de percepções da realidade significativas, em cujo centro cada pessoa se experiencia a si mesma e experiencia como sua incorporação (*embodiment*)".[34] O corpo que tenho, corpo-objeto, é o objeto do modelo biomédico,[35] o qual, auxiliado pelo sucesso das novas tecnologias de visualização médica do corpo – tomografia computadorizada (CT), imagem por ressonância magnética (MRI), tomografia de emissão de pósitrons (PET – escâner), ultra-sonografia etc. –, contribui para a desincorporação da subjetividade e para a virtualização e objetivação da corporeidade, tornando obsoleto o corpo.[36]

Minha hipótese é de que, nesse contexto de desvalorização da experiência subjetiva do corpo que eu sou e de privilégio do corpo que eu tenho, a mencionada "reconquista psicológica do corpo" por meio das modificações corporais pode ser entendida como uma tentativa de passar do corpo como objeto da tecnobiomedicina contemporânea e da biologia mais convencional ao corpo como sujeito de sensação, de experiência e do mundo. As marcas corporais procuram "uma percepção corporal desaparecida",[37] elas "acompanham o corpo vivido na sua identidade", e devem ser entendidas, usando as palavras de Bernard Andrieu[38], como um "investimento subjetivo de si na sua matéria", que permitem ao sujeito "encarnar seu ser".

Em contraposição às tecnologias de objetivação do corpo e à cultura da *fitness*, nas quais, paradoxalmente, o grande investimento no corpo mascara a possibilidade de uma relação autêntica com ele, as modificações corporais tentam resgatar a dimensão subjetiva do corpo, o vivido corporal. Os comportamentos de risco (desde esportes radicais até práticas sexuais sem proteção, como *bare-backing*), a velocidade, o medo e a dor são experiências que se tornaram impossíveis pelos códigos das convenções sociais.[39] Essas práticas se apresentam como promessas de resgatar o corpo da "monotonia sensorial" das normas sociais, formas de intensificação sensorial e sensitiva diante da anestesia sensorial da cultura contemporânea.

A dor é um elemento fundamental nas modificações corporais, uma via de acesso ao corpo vivido numa cultura como a nossa, na qual a dor é um anacronismo que deve ser suprimido. É um escândalo intolerável numa sociedade que não reconhece mais nem o sofrimento nem a morte como constitutivos da condição humana,[40] auxiliada por uma medicina que não trata a dor como um fato existencial, possuidora de dimensão social, cultural e histórica,[41] mas como um dado fisiológico, ou, antes, patológico, passível de ser medicalizado. A autenticidade da dor como investimento subjetivo na matéria corporal presente nas modificações corporais constitui uma resposta a uma cultura de anestesia sensorial e de patologização da dor e do sofrimento. Essa cultura da anestesia sensorial é auxiliada pelo paradigma visual dominante na nossa cultura contemporânea, no qual a imagem adquire o estatuto de experiência e aparece dotada de materialidade.

Desde o século XIX, com a invenção de novas técnicas de visualização médica do corpo, o "tato" perde o estatuto epistemológico, clínico e diagnóstico, sendo substituído pela visão, a qual se apresenta como mais objetiva. A ênfase na visão constitui uma ameaça para o uso diagnóstico dos outros sentidos, em especial o tato e o ouvido, que exigem do médico que forme uma imagem mental da lesão – mais propensa ao subjetivismo, face às técnicas visuais que apresentam uma imagem de forma imediata, direta e objetiva, relegando o tato e o ouvido a um plano intelectual inferior.[42]

A medicina tecnológica apresenta uma desconfiança crescente com relação ao tato, localizando na visão o ideal de objetividade, precisão e de não-mediação. Existe uma relação direta entre o receio do tato, na cultura visual contemporânea e na tecnobiomedicina, e a perda da experiência corporal. A visão é o menos corporal dos sentidos. Embora o paradigma visual dominante e as técnicas de visualização tratem as imagens como objetos, fazendo-as passar por coisas, dotando-as de uma materialidade que não possuem, elas não têm realidade. Não podem ser tocadas nem vividas.

As modificações corporais representam uma recusa do império da visão, uma reivindicação de não ser tratado como imagem, recuperando para isso experiências táteis e sensoriais,[43] formas de tocar a carne, vias de acesso ao corpo vivido.

A roupa faz o homem: a moda como questão

– Denise Portinari e Fernanda Ribeiro Coutinho –

Como se relacionam os jovens com a moda? Em primeiro lugar, cabe explicitar o contexto a partir do qual abordaremos essa questão. Trata-se de um contexto um tanto singular, dado pelas nossas respectivas inserções na subárea de pesquisas intitulada "Estudos em estética e imagem corporal", desenvolvida no Laboratório da Representação Sensível, do Departamento de Artes & Design da PUC-Rio. O LaRS congrega pesquisadores oriundos de diversas áreas – filosofia, história da arte, teoria psicanalítica e design – reunidos em torno do objetivo de produzir e orientar estudos e pesquisas sobre a cultura material e os diversos aspectos envolvidos na configuração, circulação e consumo de objetos de uso e de imagens, sempre sob uma perspectiva interdisciplinar.

Os "Estudos em estética e imagem corporal", como o nome indica, contribuem para esse objetivo comum por meio de pesquisas sobre as diversas formas de inclusão do corpo na esfera da cultura material: o sistema da moda, as técnicas de intervenção e transformação do corpo, as imagens do corporal veiculadas na mídia, os aspectos subjetivos envolvidos nesses sistemas, práticas e técnicas – estes são alguns dos objetos desses estudos. A reflexão e a pesquisa sobre a moda e acerca da dimensão do corporal na sociedade contemporânea constituem um panorama comum a todas as pesquisas produzidas nesse contexto, sendo esta, portanto, uma temática em relação à qual nos sentimos efetivamente autorizadas a formular alguma contribuição.

Quanto aos "jovens", estes constituem um tema que pode ser abordado por uma ou outra dentre as pesquisas produzidas e orientadas a partir desta sublinha, mas não são propriamente uma "especialidade" nossa. A partir desse contexto, portanto, tentaremos reunir aqui nossa experiência interdisciplinar e a temática da moda, o referencial psicanalítico e os estudos do imaginário que constituem duas importantes referências da nossa linha de pesquisa, e a reflexão, bastante circunscrita, sobre os jovens, que tem sido proporcionada por estudos como os mencionados para abordar a questão que nos foi proposta. Como se relacionam os jovens com a moda?

Tentaremos abordar a questão primeiro de maneira mais geral, com o auxílio de certos conceitos a serem propostos aqui; em seguida, de modo mais específico, elegendo um recorte desta relação – aquele que concerne ao jovem do sexo masculino, brasileiro, das camadas médias urbanas, e sua relação com a crescente flexibilização dos padrões da moda masculina. Para principiar, portanto, vamos examinar os principais termos que compõem a nossa questão: os jovens, a moda.

Os jovens e a moda

O que são os "jovens"? Este é um termo que poderia ser definido de várias maneiras e de acordo com diversos referenciais. Segundo uma recente edição especial da revista *Veja*, intitulada justamente *Os jovens*,[1] o termo corresponde ao grupo de faixa etária entre 15 e 22 anos, correspondendo a uma parcela da população composta por 28 milhões de brasileiros. Essa é uma maneira de delimitar aquilo em que consiste o "jovem": uma etapa de vida correspondente a uma determinada faixa etária.

Mas essa classificação tem o inconveniente de mascarar o fato de que a figura do "jovem", em nossa sociedade, não corresponde apenas a um recorte objetivo, numérico, mas também implica uma série de atributos subjetivos. Ser "jovem", na cultura ocidental contemporânea, é sobretudo uma forma de identidade, um "estilo de vida". A extensão desse atributo para bem além dos limites de uma determinada faixa etária tem sido examinada por alguns críticos da moderna sociedade de consumo – e denunciada por eles como parte de um fenômeno de "juvenilização" dessa sociedade, que por sua vez faria parte de uma série de estratégias do mercado destinadas a criar e a fomentar nos indivíduos a demanda por uma vasta gama de produtos.

A pertinência dessa crítica e daquilo que ela aponta em termos do funcionamento dos dispositivos do poder a serviço do mercado são incontestáveis. Todavia, gostaríamos de sugerir que semelhante perspectiva tende a deixar de lado a complexidade das determinações que atuam na produção e na multiplicação das formas de subjetividade que são colocadas em oferta para os indivíduos na sociedade ocidental contemporânea, entre elas essa forma representada pela figura do "jovem".

Acreditamos que importa perguntar quais são os contornos dessa figura, ou como ela se apresenta no grande espelho do imaginário, registro pelo qual as formas de subjetividade são "colocadas em oferta" para os sujeitos. O imaginário é precisamente o registro das identificações, das associações feitas por séries de atributos, das coesões ou coerências das figuras (o imaginário absorve todas as possíveis contradições na lisura das imagens), dos estereótipos e das seduções. É, ainda, o registro dos acúmulos, pois o imaginário é também o registro da memória, da sedimentação de figuras e discursos. Nesse registro, como se delineia a figura do jovem?

É claro que não podemos dar uma única resposta a essa pergunta, até porque não há "um" imaginário, e sim uma movimentação articulada e infinitamente superposta de muitos imaginários, ou de muitos fragmentos de imaginários, cujos rastros só podem ser reconstituídos mediante pesquisas cuidadosas. Mas, visto ser esse o referencial que nos interessa aqui, podemos tentar sintetizar alguns de seus aspectos recorrendo a autores que já tenham se dedicado ao assunto, como, por exemplo, o que encontramos no seguinte trecho da obra *As novas doenças da alma*, de Julia Kristeva.[2]

> O adolescente, como a criança, é a mítica figura do imaginário que nos permite nos distanciarmos de algumas das nossas falhas, clivagens egóicas, denegações ou dos simples desejos, que são reificados na figura de alguém que ainda não se tornou adulto. Além disso, o adolescente nos permite ver, ouvir e ler essas flutuações subjetivas.

Kristeva refere-se aqui ao "adolescente", que não é precisamente o "jovem". Mas a figura "mítica" do adolescente parece servir, exatamente como servem os mitos, para evocar, sintetizar e hiperbolizar os atributos associados a essa outra figura do imaginário, talvez um pouco mais prosaica, que é a do "jovem". No trecho seguinte,[3] Kristeva aponta uma característica "estrutural" desse mito:

> Quando digo "adolescente", refiro-me menos a um estágio do desenvolvimento e mais a uma estrutura psíquica em aberto. Assim como o biólogo fala da "estrutura aberta" dos organismos vivos que renovam suas identidades por meio da interação com outra identidade, poder-se-ia dizer que a estrutura adolescente se abre para o recalcado. Ao mesmo tempo, uma tremenda libertação do superego permite-lhe iniciar uma reorganização psíquica do indivíduo.

A autora joga, aqui, com uma simultaneidade entre estrutura do mito e estrutura "psíquica". Não se trata, a nosso ver, de engano ou imprecisão, mas de uma apreensão do fato de que as estruturas "míticas" têm uma relação de representação com as estruturas psíquicas. Assim, a figura do "adolescente" é associada por Kristeva a uma "estrutura psíquica aberta", que é só – vamos notar bem – mais um desdobramento do mito. Essa "estrutura aberta", por sua vez, tem um lugar especial no imaginário da contemporaneidade:[4]

> Graças a fatores tais como as transformações ocorridas na família contemporânea, o esmaecimento dos papéis sexuais e parentais, a suspensão de tabus morais e religiosos, os sujeitos já não se estrutu-

> ram segundo interdições e leis rigorosas. As fronteiras entre as diferenças de sexo e identidade, entre fantasia e realidade, entre ato e discurso, e assim por diante, são facilmente atravessadas, sem que por isso se penetre o domínio das perversões ou dos estados fronteiriços, até porque essas "estruturas abertas" facilmente espelham o livre fluxo (a precariedade?) de nossas sociedades midiáticas... O adolescente naturalmente representa esta estrutura, e ela só poderia ser denominada uma estrutura de "crise" no contexto de uma lei consistente e ideal.

Ou seja, o adolescente como "estrutura aberta" não passa de um espelho – talvez até uma imagem ideal – de uma "abertura estrutural" que é, supostamente, colocada em oferta como forma de subjetividade possível e acessível a todos na sociedade contemporânea ocidental. Esse atributo da figura mítica do adolescente é extensível, a nosso ver, à figura do "jovem": uma figura do imaginário, caracterizada por uma "abertura", uma permeabilidade e uma suposta permissividade no que concerne às fronteiras estabelecidas entre diferentes papéis, práticas e lugares do tecido social. Trata-se, também, de uma figura idealizada por essa cultura, que deposita ali os seus próprios ideais de transitoriedade, mobilidade e uma sonhada autonomia face a tudo aquilo que fixa ou submete o indivíduo às constrições da lei. E, em termos de imagem corporal, não resta dúvida de que a figura idealizada do jovem, do corpo jovem, é a aspiração que vem como que cimentar, avalizar essa posição.

Para resumir tudo o que foi dito, então, digamos que a figura do "jovem" representa, entre outros atributos, a encarnação de uma certa liberdade idealizada, ou, mais precisamente, de uma certa permissividade e fluidez no que concerne à adesão/submissão às regras e papéis estabelecidos. Pouco importa, no que concerne à eficácia dessa representação, que os jovens "de fato" raramente se vejam em condições de desfrutar essa liberdade, cujo exercício efetivo depende da conquista de condições de vida que, paradoxalmente, implicam, em grande parte, a perda desse estado de "abertura" ou de "possibilidade infinita". Ser jovem "de fato" envolve, por isso mesmo, todo um trabalho de luto por essa perda que seria compensada pela conquista de uma autonomia efetiva. Mas o ideal persiste, e, com ele, a imagem do "jovem" como um estado indefinidamente sustentável.

E a moda? Este é outro termo complicado, bem mais complicado do que se imagina. Em que consiste, afinal, isso que chamamos de "moda"? Esta é, sem dúvida, mais uma das produções da nossa cultura. A moda só é concebível em uma sociedade baseada num certo tipo de relação com a lei, com a regra social, aquela encarnada na figura do "indivíduo". O indivíduo é exatamente isso, ainda que às vezes nos esqueçamos e o tomemos por um dado natural: o indivíduo é, antes de qualquer coisa, segundo Ferry,[5] *uma certa forma de relação não-tradicional com a lei.*

Lipovetsky,[6] em *O império do efêmero,* acompanha a trajetória da democracia moderna através da história da moda. Localiza na Europa medieval o nascimento do sentimento nacionalista refletido na criação de modelos nacionais de vestuário. Ao mesmo tempo, segundo ele, "como restrição coletiva, a moda, na verdade, deixou os indivíduos com uma relativa autonomia em matéria de aparência; instituiu uma relação sem precedentes entre os indivíduos e as regras da sociedade".

Essa definição de Lipovetsky só tem o defeito de apresentar uma pequena tautologia, à medida que essa relação "sem precedentes" é exatamente a que sustentou o próprio surgimento dos indivíduos tal como nós os concebemos. O surgimento da moda, nesse contexto, faz todo sentido. Ela se constitui nos moldes de uma espécie de lei suplementar, um suplemento que permite a constituição de um sistema que regulamenta a aparência dos sujeitos sem que a regulamentação repouse sobre a autoridade hierarquizada – forma característica da sociedade tradicional –, e sim sobre o "gosto", esse suplemento de lei característico da modernidade, como tão bem demonstrou Norbert Elias em seu estudo sobre a constituição dos modos e costumes ditos civilizados.[7]

Como funciona esse sistema, a moda?

Em *O sistema da moda*, Roland Barthes[8] aponta o vínculo indissolúvel entre a moda e os discursos que a veiculam. Segundo ele: "... a função principal da descrição da moda não é apenas propor um modelo que é uma cópia da realidade, mas também e especialmente colocar a moda em circulação amplamente como um significado". A descrição da moda revela uma função que vai muito além da mera reprodução ou tradução em palavras: ela acentua, fixa, complementa, particulariza, enfim, desdobra a lógica particular do vestuário descrito. A moda, em si, é uma linguagem cuidadosamente construída. Mas será que esse sistema, essa linguagem, se refere e abrange apenas o vestuário? Quais são seus suportes materiais, seus significantes?

A moda não é apenas aquilo que é veiculado nas revistas que lhes são dedicadas. Um exame dessas publicações nos revela que a moda não se limita a vestuário e acessórios. Ela abrange o corpo, incluindo aí não apenas a anatomia, a forma corporal, mas também os gestos, a voz, a entonação, o olhar, a postura, o andar, o tom, a textura e a tonicidade da pele, os pêlos, os cabelos, enfim, esse todo que compõe a imagem pessoal. Além disso, como já foi dito, a moda não é apenas aquilo que é veiculado pela mídia especializada. Os estudos de moda quase sempre se vêem obrigados a dar conta do fato de que há a moda que é produzida deliberadamente, para ser moda, para ser consumida, e há a moda que está "na rua"; esta, nunca se sabe bem como ou onde surge, circula e desaparece. Mas faz todo sentido que seja assim, se considerarmos a moda como essa espécie de "regra suplementar", cujo funcionamento é diferente daquele da regra ou da lei claramente enunciada, delimitada e circunscrita, de proveniência inquestionável e tempo de permanência incluído em sua própria enunciação.

Postas estas circunscrições iniciais dos nossos termos, podemos começar a vislumbrar algum encaminhamento possível para a questão sobre as relações entre os "jovens" e a "moda". De certa forma, ninguém tem maior afinidade com a lógica complicada desse sistema que a nossa figura mítica, o jovem, que se submete dissimuladamente a todos os seus caprichos, ao mesmo tempo que finge lhe ser completamente indiferente. Mas a moda que o jovem segue nunca é propriamente a moda oficial (o que é efetivamente uma contradição em termos), e sim a "verdadeira" moda, aquela que circula sem se enunciar como tal. É verdade que o mercado, que se apropria da moda para transformá-la em bem de consumo, é cada vez mais rápido na captação desse movimento, para o qual ele evidentemente contribui não só com suas interpretações, mas também por meio da produção e difusão de novas demandas.

A relação dos jovens com a moda oscila, enfim, entre o mais arraigado conformismo e uma experimentação que, se não chega a romper inteiramente com os códigos, beneficia-se da permissividade com que o próprio sistema da moda contempla essa faixa em nossa sociedade. Ao mesmo tempo que, entre os próprios jovens, o "pagar mico" constitui um pecado quase mortal, os editoriais e reportagens de moda decretam que, aos jovens, quase tudo é permitido.

O próprio fato de que qualquer reflexão sobre as relações dos jovens com a moda passe inevitavelmente pelos termos da adesão, da não-adesão, do conformismo ou do não-conformismo, de quem dita o quê, já deve nos servir como um indício daquilo que está em pauta nessa discussão. O conformismo é facilmente verificável, mas ele remete mais a uma teia intricada de modismos do seu grupo, ao qual são incorporados elementos do mercado, do que à moda veiculada na mídia como tal. Jovens que freqüentam um mesmo ambiente nunca deixam de impressionar o observador pela uniformidade de roupas, acessórios, penteados, gestual, vocabulário e entonação – chegando até, muitas vezes, a apresentar os mesmos tiques verbais e corporais. Ao mesmo tempo, não parecem propriamente um exército de clones, conseguindo apresentar-se como indivíduos claramente diferenciados entre si, graças a variações, às vezes mínimas, introduzidas por cada um em seus "uniformes".

O que nós gostaríamos de propor agora, para nossa reflexão, é a seguinte consideração: a relação dos jovens com a moda pode ser pensada em termos da relação com a lei. Tudo se passa como se a moda, o sistema da moda, servisse ao jovem, ao mesmo tempo, como laboratório e linguagem para uma experimentação de suas relações com regras, códigos, identificações e formas de adesão aos grupos sociais.

Para ilustrar essa proposta, vamos recorrer ao exemplo contundente do personagem Bené, no filme *Cidade de Deus*. Esse jovem fora da lei oficial e inteiramente inserido na lei da bandidagem prepara a sua saída (e logo comentaremos a natureza dessa saída) por intermédio da submissão a um jugo que, tudo leva a crer, seria mais suave, ou menos mortífero: Bené "vira cocota". Representação, ao mesmo tempo, da sua recusa a uma adesão total à lei da bandidagem e da manutenção de seu repúdio a uma lei igualmente mortífera, a "lei dos otários", que nada lhe reserva senão a escravidão legalizada; representação, também, de sua adesão a uma outra ordem, a do modismo hippie ("nós somos hippies de coração" - termos do pacto enunciado pela namorada); e ainda, talvez, emblema de uma aspiração àquilo que é permitido aos jovens provenientes das camadas mais favorecidas, é ao "virar cocota" que Bené confronta a bandidagem e anuncia a sua saída. Saída da bandidagem, mas também saída do impasse criado pelas adesões que até então lhe haviam sido oferecidas, entre a "lei da bandidagem" e a "lei dos otários" - que, como nós sabemos, são uma única e mesma lei, em suas duas faces. Pois não se trata, absolutamente, nessa saída, de tornar-se um "cidadão respeitável" (um otário); o projeto de Bené é ir morar num sítio com a namorada e "fumar maconha o dia inteiro".

A adesão ao ideal idílico do "hippismo cocota" e o laço amoroso com a namorada - que é também "uma cocota" - representam, para Bené, a possibilidade de inscrição em uma outra ordem, uma ordem suportável, que não traria consigo a implicação de um aniquilamento inexorável e que até traria a promessa de uma possibilidade de realização subjetiva e amorosa. É claro que o "modismo cocota" não é, em si, a tábua de salvação, e sim o mais frágil dos pretextos, a mais tênue das plumagens para o vôo de Ícaro empreendido por Bené – mas é o quanto basta para que ele o empreenda. É sob essa forma – a de um pretexto, uma estratégia, um recurso ardiloso – que a moda serve, talvez, ao "jovem" de todas as idades, para a elaboração de suas relações com códigos, regras, papéis e restrições da lei simbólica.

Vamos a seguir examinar alguns dos resultados parciais e provisórios de uma pesquisa sobre essa "mediatização pela moda" no que concerne a um aspecto mais específico da lei: aquela que regula os papéis sexuais. Mais precisamente, no caso em pauta, trata-se dos modelos de masculinidade, seus reflexos na moda masculina, e a relação estabelecida pelos "jovens", por meio da moda, com certas mudanças nesses códigos.

A saia masculina: um novo olhar sobre estética e masculinidade

A pesquisa que passamos a discutir faz parte de uma investigação mais ampla sobre as maneiras mais diversificadas e atuais de se construir a imagem do corpo masculino nas grandes cidades brasileiras contemporâneas.[9] Seu ponto de partida foi a constatação de uma tendência crescente, por parte dos veículos de mídia e de marketing, a enfatizar modelos de masculinidade chamados "alternativos", sugerindo uma maior aproximação entre os sexos e incentivando o indivíduo a adotar tais modelos como forma de "singularização" e mesmo de afirmação da sua masculinidade "particular". Espera-se, assim, evidentemente, criar uma demanda pelos produtos associados a esses novos padrões, que costumam ser reunidos sob o rótulo do "Novo Homem". Esse modelo remete, em parte, às estratégias de mercado promovidas em torno do signo da androginia. De acordo com Brandes,[10] "os corpos andróginos, em toda a sua ambigüidade, são ordenados a promover roupas e produtos de beleza unissex, como, por exemplo, CK ONE, a *eau de toilette* de Calvin Klein para homens e mulheres".

É preciso deixar claro, todavia, que tais movimentos e estratégias do mercado, na sociedade contemporânea, não devem ser entendidos isoladamente, e sim em integração, em simultaneidade com o que se passa na esfera sociocultural. A geração das demandas por produtos, segundo as regras atuais do mercado, é sinônimo de geração e multiplicação das formas de subjetividade. E é preciso ressaltar que o indivíduo não deixa de ser mobilizado de diferentes maneiras, inclusive no que se supõe o "mais íntimo de seu ser", em seus fantasmas e fantasias, por aquilo que lhe é, por assim dizer, "oferecido" em termos de modelos identificatórios. Portanto, ao menos sob a ótica adotada neste trabalho, não basta identificar e analisar tais movimentos sob a perspectiva única daquilo que se passa "do lado do mercado". É no mínimo interessante, se não necessário, para entender melhor o que se passa desse lado, dirigir o nosso olhar também para aquilo que é suscitado no indivíduo por tais "ofertas" ou "imposições".

No caso abordado pela pesquisa em questão, a "oferta/imposição" é a dos chamados "novos modelos de masculinidade", representados, neste caso, pelos novos padrões (ditos flexibilizados) da moda masculina. O mercado da moda pretende produzir e colocar em circulação "uma nova roupa para um novo homem". Quem é essa figura? Trata-se de um modelo, ou de uma série de modelos identificatórios, que vem recobrir, à moda do imaginário, as lacunas resultantes dos diversos questionamentos e reformulações concernentes à sexualidade e aos papéis sexuais que constituem uma das características da sociedade ocidental moderna e contemporânea.

Dentre as muitas questões que podem ser encaminhadas a propósito desse modelo está a questão de suas particularidades e vicissitudes no que concerne ao nosso imaginário, o do brasileiro das camadas médias urbanas. Pressupomos, desse modo, ser a construção do perfil que tipifica a figura do homem em questão fruto de um longo movimento de individualização ocorrido no Ocidente e, conseqüentemente, no Brasil. Sendo assim, surgem "novas possibilidades de ser homem", as quais parecem sugerir uma concepção quase oposta ao modelo predominantemente hierárquico que tipifica a nossa sociedade até a década de 1960.[11]

Com efeito, a sociedade tradicional brasileira[12] caracterizava-se, sobretudo, pela rigidez hierárquica da divisão social do trabalho, a qual situava o homem no espaço público e confinava a mulher ao espaço privado do lar, pois o princípio organizacional dessa estrutura se dava pela exaltação da figura masculina em detrimento da feminina. Nesse contexto, a roupa adquiriu um novo significado, e a saia passou a ser um elemento exclusivamente feminino, à medida que se tornou forte elemento de expressão dos valores desta sociedade. Não só acentuava a oposição entre os sexos como também satisfazia o desejo de prestígio e distinção social que esta elite tanto almejava.

Em meados dos anos 1950, contudo, o artista plástico Flávio de Carvalho, na tentativa de lançar uma vestimenta mais apropriada ao calor dos trópicos, criou um saiote tipo kilt e uma camisa de manga curta, na altura da cintura. Esse novo traje seria usado com uma espécie de tamanco holandês. Tal esforço de "tropicalização de europeísmos" por parte desse artista,[13] ao apresentar sua nova concepção de indumentária em um passeio público pelas mais ilustres ruas de São Paulo, foi visto pela imprensa da época como uma mera façanha escandalosa de autopromoção.

Por outro lado, no decorrer dos anos 1970, surgiu, no Brasil, uma cultura hedonista e juvenil que, apesar de refletir, como aponta Buarque de Holanda,[14] não somente o movimento de contracultura que floresceu na década de 1960 nos Estados Unidos e em vários países da Europa, constituía principalmente uma forma de resistência ao regime ditatorial vigente na época. Com o acirramento da censura e a impossibilidade de mobilização para um debate político aberto, o movimento alternativo brasileiro tornou-se palco para novos rituais de contestação, com tônica no chamado "desbunde" nacional.

Sendo assim, aparece uma cultura que exibia o não-conformismo, que exaltava valores de expressão individual, de descontração, de androginia, humor e espontaneidade, traduzido no rock'n'roll e na exaltação de ídolos e estrelas jovens. Os corpos masculinos, tal qual sugere Brandes, "começaram a adquirir atributos até então vistos sob a ótica burguesa como exclusivos do sexo feminino: cabelos longos, soltos ou em rabos-de-cavalo, lábios grossos e sensuais".[15]

É nesse contexto que surge a chamada "Revolução do Pavão", com um certo retorno – e a apologia, talvez – da figura do dândi. Essa fase de grande originalidade dá legitimidade ao homem para explorar a roupa, usando-a de todas as formas, estilos e materiais. O descuidado, o tosco, o rasgado, o puído, o descosturado, o gasto, o desfiado, o sujo, o esgarçado, o apertado, o desbotado, o colorido, o psicodélico, o brilhoso, o estampado, o extravagante e, inclusive, a própria saia — até então rigorosamente excluída – foram incorporados ao mundo da moda masculina.

É válido chamar a atenção para o fato de que a saia só foi adotada por alguns artistas do movimento tropicalista, como o cantor Caetano Veloso, e por alguns integrantes do grupo denominado Novos Baianos, como Pepeu Gomes. E, ao contrário do que aconteceu com Flávio de Carvalho, a atitude desses jovens gerou divergências na imprensa. Alguns veículos viam nesse comportamento uma espécie de provocação ao governo militar, enquanto outros marginalizavam tal postura sob a ótica de uma atitude alienada, em conseqüência do uso de drogas.

Em contrapartida, percebe-se nitidamente que, na década de 1980, em decorrência de um mercado financeiro emergente, bem como pelo surgimento e/ou fortalecimento dos pequenos bancos de investimento – vide, por exemplo, Icatu, Pactual e Bozzano, Simonsen –, há uma exaltação da figura do jovem homem de negócios que faz seu primeiro milhão antes dos 30 anos. Embora, sob o impacto dessa chamada cultura yuppie, a maior parte dos homens se volte para o guarda-roupa clássico, pois a roupa passou a ser vista como um elemento que poderia ajudar a aumentar o status e a ampliar as chances de se obter maior sucesso profissional, a indústria da indumentária continuou a promover novos estilos, apoiados, segundo Steele, "em um discurso jornalístico cada vez mais focado na aparência do 'Novo Homem' - vestindo seja um jeans Calvin Klein, seja um terno Armani".[16]

É assim que, no Rio de Janeiro, os chamados R.Fs. (yuppies com nítidas preferências tanto pelo caimento mais descontraído dos ternos Ralph Lauren quanto pela informalidade das camisas que exibem a logomarca do cavalinho) e, em São Paulo, os G.As. (rapazes que, como os yuppies cariocas, dão prioridade ao trabalho e às ações na bolsa de valores, mas se identificam com a sobriedade do corte e das cores usadas pelo estilista Giorgio Armani - ternos, óculos e perfumes) passam a conviver com uma diversidade estereotipada de estilos, entre eles: cool, intelectual, sensível, cineasta, fotógrafo, jornalista, diretor de arte, músico, modelo, esportista radical, professor de ginástica, surfista, político, xiita de esquerda, nerd, cantor de pagode, funkeiro, sertanejo, bad boy, bicho-grilo, doidão, mauricinho etc.

Como muito bem se pode observar, no decorrer de todos esses anos, o imaginário relativo à identidade masculina do brasileiro tem se ampliado cada vez mais, criando possibilidades para que os homens comecem gradativamente a relativizar seus próprios tipos ideais de masculinidade, muito embora isso não venha ocorrendo sem muitos conflitos. Encorajados por um discurso que com freqüência faz alusão às características do "Novo Homem", eles têm demonstrado preocupação cada vez maior com a aparência física. Passaram, então, a cuidar mais de si próprios, a cultivar o corpo, a se mostrarem abertos às novidades da moda, a tratar da pele, dos cabelos (seja por meio de depilação ou de tinturas).

Nessa fase, entrou em cena a valorização - apenas por parte de alguns homens - da carreira de modelo e do biotipo das celebridades. Então, para o culto ao corpo, adotaram rituais de atividades físicas em academias, cooper na praia ou na Lagoa Rodrigo de Freitas, onde começaram de fato a exibir seus corpos vaidosamente modelados. Além disso, passaram a adotar os mais diferentes e variados estilos, que podiam incluir o uso de brincos, bandanas, gel, maquiagens e esmaltes quase imperceptíveis, cangas amarradas na cintura, cabelos longos (vide as estrelas do chamado rock *glitter*, ou de corte "chanel"), calças com a cueca à mostra etc. Portanto, é com esse espírito que a indústria da moda começou a produzir publicidade fazendo apelos tais como: "Yves Saint-Laurent para homens: um homem elegante, preocupado com sua aparência e bem-estar, cuida especialmente de seu rosto com a emulsão de limpeza e hidratante facial Saint-Laurent"; "Nivea for *men*: novo bálsamo pós-barbear para o homem que ousa se cuidar".

Como se dá a assimilação desses padrões entre os "jovens" (aqueles que se definem como tal) do sexo masculino (idem) nesta virada de século, no Brasil? De que maneira as relações desses indivíduos com os novos modismos masculinos serviriam para mediatizar, elaborar, metaforizar as suas relações com os "novos padrões de masculinidade"? Seriam eles meras "presas", vítimas do mercado, levados inexoravelmente, pelo modismo, ao consumo indiscriminado de novos produtos, na vã tentativa de corresponder, enfim, a um ideal "aceitável" de masculinidade? Ou servem-se eles dos modismos e apelos do mercado para reelaborarem esses ideais em seus próprios termos? Como seria esse ideal "absoluto", como seriam esses ideais "nuançados"? O modelo do "homem que ousa se cuidar" é recebido como uma liberação, uma nova prisão ou uma mistura de ambas as coisas?

Motivada pela curiosidade com relação a essas questões, nossa pesquisa fez o levantamento e a análise do discurso produzido por uma amostragem qualitativamente representativa dos indivíduos em questão. Para o objetivo proposto, adotamos como método a realização de entrevistas com 25 sujeitos do sexo masculino, oriundos de diferentes segmentos da população urbana, todos habitantes da cidade do Rio de Janeiro e unificados pelo traço de se definirem a si mesmos como "jovens" e "do sexo masculino". Afinal, se a esfera do nosso questionamento é a do imaginário e das identidades, o "enunciar-se como tal" é a única circunscrição possível, pelas razões já apontadas por Portinari[17] em seu estudo sobre as implicações metodológicas das pesquisas sobre o imaginário.

As entrevistas, sob a forma de roteiros semi-estruturados, foram elaboradas com perguntas que priorizam os seguintes aspectos: como define o seu estilo; de que forma compra suas roupas, levando em consideração o ambiente de trabalho, situações formais, esporte, lazer e noite; se tem algum tipo de restrição em relação às cores; o que pensa sobre roupas justas que valorizam o corpo; se acha que a roupa fala um pouco sobre a personalidade de seus usuários; e assim por diante.

Como disparador, adotamos a imagem da saia masculina, entendida neste contexto como uma metáfora, uma forma de representar, condensando os diversos elementos que participam do movimento flexibilizador dos padrões de moda masculina. A utilização dessa imagem no contexto da entrevista tem por finalidade suscitar respostas referentes não apenas ao uso da saia, mas, por associação, aos conflitos vivenciados na busca de padrões emergentes de masculinidade que possibilitem conciliar o exercício da tradicional virilidade com a possibilidade de construção de uma identidade masculina mais "flexibilizada", ou mais andrógina. Nesse contexto, são exibidas ao sujeito algumas imagens ilustrativas, e é feita a seguinte pergunta: "Existe um movimento de liberação masculina denominado *metrossexual*[18] cujo maior ícone nacional é o apresentador e ex-VJ Marcos Mion – que vez por outra aparece publicamente vestindo sarongue. E quanto a você, usaria saia também?" Essa pergunta nunca deixa de suscitar toda uma série de justificativas, seja qual for o teor da resposta (afirmativa, negativa, neutra, condicional etc.).

Por tratar-se de uma pesquisa ainda em fase de desenvolvimento, seria prematuro enunciar aqui qualquer generalização sobre os discursos colhidos até o presente. Mas algumas falas têm se repetido com freqüência suficiente para chamar a atenção do pesquisador. Entre elas, o mapeamento imaginário dos corpos masculinos e femininos, sempre evocado quando se trata do tema da tatuagem.

Segundo os entrevistados, existem regiões do corpo "mais femininas" ou "mais masculinas", que norteiam a escolha do local a ser tatuado: toda a parte superior do tórax (ombros, bíceps, espáduas, região interna dos braços e antebraços), para os homens; nuca (com raras exceções), cóccix, região lombar, virilha, seios e tornozelos, para as mulheres. A divisão "de homem" e "de mulher" estende-se, também, aos motivos tatuados: para os homens, são proibidas as imagens de fadas, borboletas, florzinhas, estrelinhas etc.

Há também uma interessante segregação pela cor: os homens, atualmente, admitem usar todas as variações da escala cromática em seu vestuário, mas todos fazem a ressalva de que "nunca usariam uma peça toda cor-de-rosa". O rosa só é admissível em estampas que incluam outras cores, ou nas variações do rosa pálido e do rosa-salmão. A depilação é permissível em casos extremos ("caras muito peludos"), por motivos higiênicos, e, ainda assim, apenas em determinadas regiões do corpo (a virilha, jamais). Parece haver também um consenso quanto ao "cuidado de si" ligado à vaidade, no sentido de que deve haver uma dosagem, evitando os exageros, e de preferência um motivo ulterior, como a "saúde" ou a "higiene".

Enfim, o que parece haver em comum em todos esses discursos é a enunciação de toda uma série cuidadosa de demarcações que visam a preservar a diferença, ou a masculinidade, já não em grandes recortes, e sim *no detalhe*. Todos os modismos relacionados ao "novo modelo de homem" parecem passar por este crivo, essa "customização", guiada por um referencial que parece ser mais da ordem de uma estética que de qualquer outra forma de diferenciação. Há um "corpo de homem", uma "aparência masculina", aquilo que "fica bem para o homem", sem qualquer referência sobre em que consistiria, afinal, esse homem ou essa diferença para além do corporal.

Ao mesmo tempo, a diferenciação *nunca deixa de ser evocada*, e podemos mesmo nos perguntar se ela não estaria, mais que nunca, "na ordem do dia", a despeito de todas as reivindicações feitas pela cultura e pelo mercado em nome de uma "indiferenciação" ou de uma "igualação" dos sexos. O deslocamento, se há, não parece ir no sentido de um apagamento da diferença, e sim no sentido de uma concentração dessa diferença quase exclusivamente no plano da representação imaginária, da estetização e do gosto. Já não se invoca mais uma "essência" masculina ou feminina como ancoragem da diferença entre os sexos. Em compensação, parece haver uma revalorização das diferenças na "aparência": a aparência torna-se a própria essência. Ou, como diz um entrevistado: "Óbvio que a questão estética chega primeiro que tudo, né?" Nesse contexto, a relação com a moda, com aquilo que rege o que é da ordem das aparências, torna-se mais acentuadamente um campo privilegiado para as negociações do indivíduo no que concerne à sua adesão aos papéis sexuais. "Ser homem" ou "ser mulher" aparece, mais do que nunca, como... uma questão de gosto?

II. Riscos e Perturbações nas Trajetórias Jovens

Gravidez na adolescência nas camadas médias: um olhar alternativo

– *Elaine Reis Brandão* –

A questão da gravidez na adolescência (GA) tem sido apontada de modo recorrente, como um "problema social" que integra o cenário da juventude contemporânea, em diferentes classes sociais. Parir antes dos 19 anos, décadas atrás, não constituía assunto de ordem pública. As alterações no padrão de fecundidade da população feminina brasileira, as redefinições na posição social da mulher – que geram novas expectativas para as jovens no tocante à escolarização e à profissionalização – e o fato de a maioria destes nascimentos ocorrer fora de uma relação conjugal despertaram a atenção para o fenômeno.

Os argumentos correntes na literatura sobre o tema, assentados majoritariamente sobre investigações empíricas realizadas junto às camadas populares, enfatizam como causa do problema a desinformação juvenil, as dificuldades de acesso aos métodos contraceptivos, a pobreza e as situações de marginalidade social. A GA é sempre apresentada como uma perturbação à trajetória juvenil e é inserida em um discurso alarmista, moralizante, negativo. Grande parte dos estudos realizados toma a GA como um evento que condensa aspectos de reprodução de um padrão tradicional de inserção na vida adulta, um acontecimento restritivo à autonomia juvenil.[1] Contudo, isso não pode ser afirmado de maneira indiscriminada, sem se levar em conta a inserção do jovem em diferentes classes sociais.

A reflexão aqui proposta permite considerar a questão da GA sob nova perspectiva, a partir de um olhar atento às mudanças que vêm acontecendo nas relações intergeracionais no contexto familiar e no campo da sexualidade. Pensar a ocorrência da GA entre jovens dos segmentos médios, escolarizados, impõe relativizar as explicações correntes sobre o tema e formular novas perguntas. O fato de a GA ser um fenômeno estatisticamente minoritário neste meio social, se comparado às camadas trabalhadoras,[2] não impede que se explorem outras facetas da complexidade a ela subjacente.

Considera-se a GA, na atualidade, um fato social significativo de nosso tempo, com potencial revelador das mudanças sociais e culturais que se processam na transição entre a infância e a vida adulta. Acredita-se que a GA possa revelar aspectos interessantes sobre o processo de construção social da adolescência e da juventude na contemporaneidade, ou seja, sobre o processo de socialização juvenil que tem na família e na relação entre pares – em especial nas primeiras parcerias afetivo-sexuais – seus focos centrais.

As questões aqui discutidas derivam de uma investigação mais ampla, o projeto "Gravidez na adolescência: estudo multicêntrico sobre jovens, sexualidade e reprodução no Brasil".[3] A realização de um estudo empírico entre 14 famílias dos segmentos médios, na cidade do Rio de Janeiro, cujos filhos permaneciam solteiros e residiam com os pais, permitiu configurar a GA como um evento contingente ao processo de autonomização juvenil.[4]

O estudo foi feito a partir de uma investigação qualitativa, na qual foram realizadas entrevistas com integrantes das duas gerações – a juvenil e a parental, somando-se 25 depoimentos pessoais (13 jovens e 12 pais). Os jovens, homens e mulheres, de 18 a 24 anos, possuíam a experiência de paternidade ou maternidade na adolescência, ou seja, até os 20 anos incompletos, segundo parâmetros estabelecidos pela Organização Mundial de Saúde. O contraste entre gerações (pais e filhos jovens), gêneros (rapazes e moças) e modalidades de relação de parentesco – consangüíneo ou por afinidade – permite desvelar a lógica do fenômeno nesse segmento social específico.[5]

A GA está inscrita no interior do processo social de individualização do adolescente ou jovem, portanto, é uma dimensão contingente à lógica de modernização dos comportamentos sociais vigente que vigora entre segmentos médios da sociedade brasileira, com significativas repercussões no universo familiar. Ela é tomada como um índice revelador dos paradoxos e tensões inerentes à socialização juvenil no interior da família, na qual se forja um delicado equilíbrio entre a aquisição gradativa da autonomia juvenil e a afirmação da heteronomia, consoante a função educativa parental.

Concepção de juventude

Entre as diversas possibilidades de interpretação teóricas a respeito da juventude, há uma que a vê como processo de transição ou passagem, percurso ou trajetória biográfica na qual se lançam luzes sobre a construção social e subjetiva dos sujeitos. Ela não é considerada a partir de marcos etários, nem como grupo ou categoria social/sociológica, dotada de certa unidade de representações e atitudes. Na óptica aqui privilegiada, adquire centralidade a aquisição gradativa de autonomia pessoal nessa fase de vida.

Os trabalhos de O. Galland e de François de Singly contribuem para a formulação dessa idéia de juventude.[6] Este último autor privilegia as singularidades do processo de construção identitária nesse momento de vida, conjugadas às transformações sociais que aí ocorrem. Nota-se que a distância entre as dimensões de autonomia, compreendida como autodeterminação, e de independência, entendida como auto-suficiência socioeconômica, são cada vez mais expressivas. Duas dimensões importantes do processo de individualização, sempre tomadas em sentido equivalentes, encontram-se, assim, dissociadas nessa fase do ciclo de vida,[7] redefinindo as bases nas quais se alicerça a socialização juvenil.

Conceber a juventude como um "processo" e operacionalizar tal acepção na situação empírica analisada implicava, portanto, pensar "interdependências" e "equilíbrio de tensões"[8] no âmbito de uma relação intergeracional, estruturalmente assimétrica, premida pelo processo de individualização. Impunha-se o desafio de apreender o objeto em exame a partir da dimensão processual e imprecisa (em construção) que lhe é constitutiva. Daí a opção de abordar a adolescência e a juventude à luz do processo de construção de si característico dessa fase da vida, situado no contexto da socialização familiar. As noções de "interdependência" e "interação" são tomadas no sentido eliasiano, menos relacionados à vontade dos indivíduos e muito mais determinadas pela estrutura da rede de relações nos quais estes se encontram inseridos. A individualização juvenil é, assim, concebida no âmbito de um processo de inter-relações estabelecido em diversas instâncias de socialização. Na investigação em foco, a família é privilegiada, em particular as relações entre pais e filhos jovens, como palco de processos auto-regulados que engendram os sujeitos sociais.

A construção social da identidade juvenil é abordada a partir da polaridade entre autonomia e heteronomia presente na socialização. Essa polaridade condensa o sistema de interdependências nas relações entre pais e filhos jovens na família, representando, a meu ver, a dinâmica entre interioridade e exterioridade na constituição desses sujeitos sociais.

A aquisição da autonomia pessoal se desenrola num contexto complexo de relações estabelecidas na família, entre os pares e com os parceiros sexuais e afetivos. Essas instâncias de convívio juvenis encontram-se hoje menos demarcadas entre si por uma rígida segmentação e oposição, mantendo relações de proximidade e distância. Nesse jogo estão implicados o cruzamento do suporte familiar afetivo e material, as exigências e expectativas em relação ao futuro dos filhos, o controle parental sobre o desempenho escolar, o círculo de amigos e a sexualidade, bem como o modo como os jovens enfrentam os constrangimentos familiares e expressam anseios de liberdade. As condições vividas em cada família possibilitarão o enfrentamento juvenil de tais desafios, de maneira mais ou menos autônoma ou heterônoma, conforme a proeminência dada à dimensão de negociação no estabelecimento do laço de filiação.

Individualização juvenil na família

Crê-se ser necessário à compreensão da atual condição juvenil levar em conta algumas repercussões do processo de individualização na transformação das relações familiares. Muitos aspectos podem ser arrolados. Entre eles, pode-se mencionar a transformação do estatuto infantil, ocorrida nas últimas décadas, com a admissão de que a criança é portadora de direitos sociais, é um *alter ego*, conforme as premissas igualitárias e libertárias, numa dinâmica que torna bastante complexas e paradoxais as relações de filiação – estruturalmente assimétricas – na contemporaneidade.[9] Pode-se também citar a decorrente transformação do estatuto do adolescente no seio da família e da sociedade, associada ao redimensionamento da autoridade e das normas educativas, à redefinição das relações intergeracionais e das novas funções familiares, cimentadas pela ideologia do afeto, que vem se somar àquelas voltadas à reprodução social. Tais funções familiares, como alguns autores têm destacado,[10] fomentam a construção identitária do grupo familiar, mediada pelas relações intersubjetivas.

Premida pelas normas sociais que impregnam o imaginário coletivo e difundem a necessidade incessante de produção de indivíduos modernos – autônomos, independentes e singulares – desde a infância, a tarefa socializadora, hoje, adquire contornos bem mais complexos para produzir a individualização dos sujeitos sociais. Decerto a individualização desses jovens necessita dos vínculos familiares para se efetivar. A continuidade do suporte parental, que se manifesta de formas distintas conforme o contexto social considerado, tem sido cada vez mais uma exigência conjuntural no favorecimento da emancipação juvenil. Tendo em vista as mudanças na carreira escolar, que se prolonga, frente às novas exigências de qualificação profissional para inserção no mercado de trabalho, a manutenção da dependência familiar se combina com diversas possibilidades de aquisição gradativa de autonomia, compreendida como autodeterminação pessoal, e não como auto-suficiência econômica, já que esses jovens residem sob o teto parental.

Desse modo, o processo de socialização é permeado por um delicado equilíbrio entre a necessidade de reconhecimento e afirmação da autonomia e da liberdade juvenis (sempre relativas) e, ao mesmo tempo, dos valores parentais. É sob tal interdependência que se situam as relações entre o sujeito jovem e as instâncias de socialização aqui em destaque, ou seja, sua família e os vínculos afetivo-sexuais. Essa dinâmica se instaura entre determinações e constrangimentos sociais (de gênero, classe e geração, entre outros) que repercutem na construção desses sujeitos em suas possibilidades de reelaboração das marcas de pertencimento social, na perspectiva da singularização pessoal.

A atualização das premissas individualistas nas famílias abordadas engendra dilemas significativos no gerenciamento e na negociação cotidianos dos conflitos instaurados entre as duas gerações. Em momentos de crise (abandono dos estudos, uso de drogas etc.), não costuma ser incomum o recurso a posturas restauradoras da autoridade parental, no sentido de promover os ajustes necessários frente aos problemas identificados na trajetória dos filhos.

A dinâmica entre autonomia e heteronomia presente na socialização familiar impõe que se faça a distinção entre duas dimensões do processo de individualização: a independência (auto-suficiência econômica) e a autonomia (autodeterminação pessoal).[11] Tal distinção permite-nos apreender um traço fundamental do processo analisado: o crescente retardamento da conquista da plena independência como sujeito social separado da família de origem, em contraste com a crescente aquisição de autonomia pessoal, décadas atrás fortemente condicionada pela emancipação financeira e residencial dos pais. Muitos autores têm designado esse adiamento na obtenção das condições ideais de emancipação juvenil como "prolongamento da juventude",[12] graças à extensão da carreira escolar e às dificuldades de inserção no mercado de trabalho – o que faz com que os jovens prolonguem a permanência no domicílio parental.

A despeito da manutenção da dependência à família de origem, tal posição não se torna constrangedora ao aprendizado e ao exercício da liberdade e da autonomia por parte de um sujeito social em constituição. Ao contrário, liberdade e autonomia se combinam e demandam um delicado gerenciamento doméstico de ambas as partes: pais e filhos jovens. A sexualidade pode ser tomada com um terreno privilegiado para se analisar tal conjugação.

Iniciação sexual e gravidez na adolescência

Nesse momento da trajetória biográfica que é a juventude, a sexualidade constitui uma das esferas propiciadoras do aprendizado da autonomia, fomentando o processo de construção de si na adolescência.[13] Compreendida como mediadora de relações sociais, ela condensa possibilidades de construção da autonomia pessoal, tendo em vista o modo como se estabelecem as relações afetivas e sexuais juvenis na atualidade. A princípio, elas encontram-se menos voltadas para o objetivo do casamento, e mais propiciadoras de situações de autoconhecimento e desenvolvimento pessoal.

Há uma tendência na estruturação de um território próprio, de caráter íntimo, que permite ao adolescente ou jovem experimentar vias de autonomização pessoal e de afirmação de uma identidade de gênero, mediada pelo aprendizado da sexualidade. Objetivamente, a experiência de construir um vínculo afetivo-sexual, diferente do vínculo de amizade, constitui potencialmente uma forte via de individualização juvenil, ainda que sob o teto parental.

Nessa fase da vida, a dedicação aos estudos impõe-se como uma exigência familiar e condensa expectativas mútuas quanto à definição da futura carreira profissional. Em geral, o desempenho escolar encontra-se sob forte tutela parental, e assim perdurará por mais alguns anos. A "liberdade" experimentada no campo da socialização afetiva e sexual pode funcionar como contrapartida à heteronomia enfrentada no domínio dos estudos.[14]

Inscrito na dinâmica de autonomização pessoal na adolescência, o fenômeno da GA perde assim seu caráter de exceção. Embora inesperado, ele pode vir a integrar o percurso biográfico adolescente, que congrega um aprendizado gradual das regras sociais que estruturam as relações entre gêneros e entre as gerações, as quais incidem diretamente sobre sua socialização sexual, na qual se situa o domínio da contracepção. O controle da contracepção é também uma experiência subjetiva, que se aprende e adquire com o tempo, no decurso dos relacionamentos amorosos e/ou sexuais, permeados pelas assimetrias de gênero. Raramente se instaura *a priori*, pois não se reveste de decisões unilaterais - embora freqüentemente assumidas pelas mulheres.

A iniciação sexual para os jovens consultados não se restringe à primeira relação sexual - daí ser tomada como processual. Trata-se de um longo percurso que os adolescentes atravessam, em parceria com alguém do outro sexo, nos casos abordados, permeado por carícias íntimas, desvelamento gradativo do próprio corpo e do corpo do parceiro, conversas, dúvidas e medos, descoberta de sensações e sentimentos novos. Sendo assim, ela antecede a primeira relação sexual, mas também a sucede, fazendo-se contínua no aprendizado que se instaura, pautado pela experimentação das dimensões lúdica e erótica da sexualidade e pela interiorização dos constrangimentos parentais e sociais, em especial os de gênero.

A gravidez no cenário familiar

A questão da GA torna-se, então, um fato empírico particularmente fecundo para se explorar as injunções do processo de individualização juvenil na família. Sempre tomada como evento restritivo da autonomia juvenil, pode ser contemplada sob perspectiva inversa, ou seja, como um dos dispositivos passíveis de estarem presentes no decurso do processo de conquista gradativa de autonomia que têm lugar nos primeiros relacionamentos afetivo-sexuais que se instalam nessa fase da vida.

Não há dúvida de que a parentalidade na adolescência agrava sobremaneira a dependência familiar desses jovens, em todos os sentidos. O apoio financeiro, doméstico e afetivo implica contribuições diferenciadas de pais, irmãos, avós e de empregadas domésticas, permitindo que tais jovens superem muitos obstáculos e enfrentem os desafios surgidos na construção de uma carreira escolar e profissional, na convivência familiar, com o parceiro e com a família dele. As diferenças de gênero, após o nascimento dos filhos, tendem a se tornar bem mais expressivas, provocando inúmeras desavenças entre os jovens casais. Ainda assim, em geral, a condição de dependência na qual esses jovens se encontram não se torna impeditiva do exercício da autonomia - visão compartilhada tanto pelos jovens como por seus pais. São promovidos reajustes e adaptações frente à chegada do neto, mas há um compromisso fundamental entre pais e filhos no sentido da manutenção do projeto de individualização juvenil tal qual ele vinha sendo delineado antes da gravidez. No universo social das camadas médias, pode-se dizer que a GA não introduz, por si só, uma ruptura ou uma inflexão significativa na trajetória juvenil.

Como tal experiência é então interpretada pelos sujeitos nela envolvidos? Em razão dessa modalidade de apoio parental, que preserva o projeto de individualização dos filhos, os jovens podem incorporar tal experiência ao processo de construção e de afirmação de si em curso nesse momento de vida. Embora eles se deparem com dificuldades e hesitações agravadas pela ilegitimidade social da parentalidade em tais circunstâncias - fomentada pelos estereótipos sociais sobre a "irresponsabilidade" adolescente -, a possibilidade de torná-la um evento que contribui para a afirmação da identidade pessoal juvenil não pode ser desprezada. No contexto investigado, a experiência da parentalidade tende a ser incorporada como uma dimensão subjetiva da pessoa moderna, subordinada à realização pessoal dos sujeitos sociais.

A comparação da experiência da GA em diferentes classes sociais nos permite apreender melhor o argumento exposto.[15] Nos segmentos populares, em geral, a gravidez promove uma alteração no estatuto social dos jovens. Além de pais e mães, eles passam também a ocupar outras posições sociais decorrentes da mudança de seu estatuto conjugal, o que lhes atribui maior prestígio e reconhecimento social nas comunidades às quais pertencem. Em geral, a parentalidade na adolescência nos estratos populares engendra um deslocamento de posição dos jovens em relação a suas famílias de origem, pois eles tendem – ou aspiram – a constituir suas famílias de procriação, estabelecendo um terceiro núcleo doméstico, a despeito de permanecerem próximos e receber a ajuda dos familiares. Simbolicamente, há nesses meios sociais uma certa ruptura a partir do evento da gravidez que inaugura um novo período de vida, com a assunção moral de novas responsabilidades relativas à prole.

O mesmo não ocorre no universo dos setores médios, nos quais se constatou um *continuum* no estatuto social dos jovens entrevistados, que permanecem solteiros, namorando, estudando, divertindo-se, sem alterações substantivas nas posições que ocupavam em suas famílias de origem. Nas famílias investigadas, a parentalidade na adolescência não acelera o curso da vida, não constitui um rito de passagem à posição social de adulto tal como ocorre entre jovens trabalhadores. Os jovens e as respectivas famílias privilegiam a via do "crescimento pessoal", subjetivo, postergando para o futuro a efetivação dos projetos profissionais e conjugais. O nascimento do filho, embora dificulte e torne bem mais problemática essa transição – sobretudo para as mulheres, que não conseguem dividir os encargos referentes aos filhos eqüitativamente com os respectivos parceiros –, não impõe reformulações que coloquem em xeque tais expectativas.

A atribuição de sentido à ocorrência da gravidez pela geração parental tende a ser menos individualizante, não se circunscrevendo à esfera das trajetórias juvenis. Ela pode estar indiretamente subordinada à especificidade da dinâmica familiar. Em geral, o discurso parental não adquire um tom diretivo de acusação ao jovem, seja ele filho, filha, nora ou genro. Nos casos em que há uma conotação acusatória, ela se dirige à instância familiar dos afins. Os pais apontam como o processo de construção de si, nessa fase da vida, pode ser engendrado por circunstâncias sociais relativas à freqüência de determinados círculos de sociabilidade, à modalidade da interação estabelecida com o(a)s namorado(a)s, às repercussões de eventos familiares marcantes (separações conjugais, doença e/ou morte, abortos), aos dilemas da escolha da carreira profissional, que precede o vestibular, às mudanças na própria imagem pessoal decorrente de transformações corporais. As dificuldades que os filhos encontraram estariam subjugadas às especificidades da dinâmica familiar e/ou à suscetibilidade juvenil às redes de sociabilidade com as quais mantinham estreito contato.

Contrapondo-se à interpretação juvenil, que toma o nascimento de um filho como um evento propício à "afirmação de si", no decorrer de sua trajetória biográfica, a interpretação parental acerca da chegada do neto assinala a coesão grupal, advinda com a renovação e reafirmação da circulação do afeto entre a família. De maneira direta ou indireta, a geração parental se refere ao ciclo de vida que permeia a trajetória familiar, em suas várias gerações, aludindo à dimensão de renovação da vida, após a morte de alguns dos seus integrantes. O neto não é tomado apenas como mediador do afeto, mas também do diálogo (entre ex-cônjuges que não se falavam, entre pais e filhos jovens etc.) e da dimensão lúdica entre a rede de parentesco mais ampla.

Por fim, gostaria de apontar um exemplo de como a tensão entre autonomia e heteronomia se faz nítida no processo analisado. Quando se consideram as deliberações que têm lugar nas famílias, instauradas entre os jovens e seus pais, para decidir a solução a ser adotada diante da gravidez – ou seja, se optam pela realização de um aborto ou por levá-la a termo –, os dilemas vivenciados pelas duas gerações ficam patentes. Os jovens sabem que, seja qual for a solução por eles adotada, têm poucas chances de viabilizá-la sem o apoio dos pais. Estes, por sua vez, ao vislumbrarem o futuro dos filhos envolvido numa gravidez precoce, deparam com a necessidade de respeitar as posições e decisões dos filhos, ainda que muito jovens e em posição de dependentes. Nem sempre as posições de filhos e pais concordam, como também nem sempre elas chegam a ser resolvidas a bom termo. Tendo em vista as mudanças nos mecanismos de ascendência simbólica dos pais sobre os filhos, nos últimos decênios, se os pais pretendem convencer os filhos sobre uma ou outra solução, eles precisam encontrar cada vez mais estratégias sutis e sofisticadas. Isso não é tarefa fácil quando tantos aspectos estão em jogo, seja para a trajetória juvenil, seja para o grupo familiar, que, na hipótese do nascimento do neto, precisará se reorganizar do ponto de vista financeiro, doméstico e espacial para acolhê-lo.

A tomada de decisão da jovem ou do casal, quando ela ocorre isenta de pressão, e a ciência do apoio de suas famílias, qualquer que seja a opção eleita, tende a ser estruturante para os jovens, dando-lhes uma referência em um momento muito conturbado de suas vidas. O enfrentamento desse processo de decisão integra a experiência de individualização juvenil, de aquisição gradativa de responsabilidade e autonomia, embora seja muito difícil para os jovens ponderar, nesse momento inicial, todos os desdobramentos subseqüentes à decisão.

Essa situação-limite ilustra o cerne da tensão que perpassa o processo de socialização juvenil. Os filhos podem ter decisões próprias ou partilhadas com os parceiros, mas dificilmente terão condições de efetivá-las sem os pais. Estes, por sua vez, podem avaliar que uma solução é preferível à outra, mas é cada vez mais difícil impô-la aos filhos. Por todas as injunções que integram as relações intergeracionais na contemporaneidade, o respeito à privacidade e à autonomia dos filhos tende a ser uma norma social imperante nesses segmentos sociais, dando margem à contratualização das relações de filiação.

Por mais difícil que possa representar uma gravidez na adolescência, presume-se que as decisões de aborto ou reprodução podem ser incorporadas ao processo de construção da identidade juvenil se são vividas como alternativas escolhidas e assumidas por eles e não impostas por terceiros.

Para concluir, cabe chamar a atenção para a diversidade social encoberta no fenômeno da gravidez na adolescência, tomado em sentido lato. Compreender o universo adolescente e juvenil a partir da vivência de uma experiência singular, como a gravidez e a parentalidade, permite melhor identificar o processo de construção social da pessoa jovem na atualidade. Desvelar algumas dimensões desse percurso de transição entre infância e vida adulta pode contribuir para fomentar o debate no tocante a muitas outras questões, além da GA, também vinculadas à socialização juvenil.

Juventude na era da Aids: entre o prazer e o risco

– *Daniela Riva Knauth e Helen Gonçalves* –

Talvez uma das "lições" mais importantes dadas pela epidemia da Aids é a desmistificação de que a aquisição de informações implicaria, automaticamente, uma mudança de comportamento. Essa concepção está embasada numa forma racionalista e "economicista" de pensamento, ao considerar que os indivíduos definem suas práticas a partir de um cálculo racional entre "ganhos" e "perdas". Assim, no caso da Aids, as "perdas" - tendo em vista que esta é ainda uma doença que não tem cura - seriam, sem dúvida alguma, maiores que os "ganhos", ou, em outras palavras, o prazer não justificaria o risco. Esse tipo de pensamento fundamenta-se, ainda, numa concepção de que os comportamentos se definem basicamente na esfera individual, ou seja, de que é o indivíduo quem "opta" livremente - a partir do conjunto de conhecimentos de que dispõe - com relação ao que fazer e qual comportamento adotar. Vários estudos já problematizaram essa concepção, mostrando que os comportamentos de risco ou de prevenção dependem também de uma série de fatores "externos" - tais como gênero, raça, classe social, cultura, fase de vida, entre outros - que influenciam diretamente os comportamentos individuais.

No entanto, se as informações sobre as formas de transmissão e prevenção do HIV não resultaram nas mudanças comportamentais esperadas, é inegável que a epidemia da Aids, em duas décadas de existência, produziu uma série de impactos sobre a sociedade. Estes vão desde a consolidação de um conjunto de organizações da sociedade civil (ONGs), criação de fundos de apoio internacional ao combate do HIV/Aids, formulação de leis de proteção aos portadores do vírus, até a mudança de comportamentos dos indivíduos. Embora ainda estejamos longe de alcançar a tão almejada prevenção que poderia deter a epidemia – com a adoção de medidas teoricamente bastante simples, tais como o uso do preservativo, de seringas descartáveis, o controle dos bancos de sangue –, houve, sem dúvida, importantes alterações nos comportamentos afetivo-sexuais dos indivíduos.

Essas mudanças aparecem de forma mais explícita quando analisamos os comportamentos dos jovens, visto que são eles o alvo de uma série de campanhas e intervenções visando à prevenção do HIV/Aids.

O presente artigo pretende evidenciar as implicações da epidemia do HIV/Aids sobre as representações e práticas dos jovens no que tange à sexualidade e ao uso de proteção. A partir de dados de diferentes pesquisas,[1] podem-se visualizar algumas mudanças nas atitudes dos jovens no que se refere ao uso do preservativo. Mas, ao mesmo tempo, é possível identificar um conjunto de representações que permanecem inalteradas e que são acionadas em diferentes situações, especialmente nas decisões sobre o uso ou não de métodos de prevenção e escolhas de parcerias afetivo-sexuais. Pretende-se, ainda, ao longo do artigo, evidenciar o impacto diferenciado da epidemia da Aids quando consideramos os referenciais de gênero e pertencimento social.

Quem é jovem hoje?

Um aspecto bastante enfatizado no campo antropológico e sociológico é o de que a juventude não pode ser definida homogeneamente. À pluralidade que caracteriza o conceito se amalgama e se reduz em sentidos e concepções êmicas corriqueiras, modelares ou quase únicas sobre o que *é* ser jovem. No entanto, os termos para descrevê-la são diversos: modo geral, referem-se à juventude e à adolescência (ou *teens/teenagers*) como uma época de estilos, excessos,[2] de vários enfrentamentos – como os familiares, pessoais, sociais, escolares, profissionais, amorosos, entre outros – e de uma redefinição das relações familiares.[3] Essa multiplicidade, que também é representativa da sociedade e da sua história, colabora para a complexidade da discussão e para a elaboração de uma definição única, epistemologicamente difícil.

O modo diverso como a juventude tem sido descrita aqui, e também na literatura produzida sobre o tema, pode parecer pouco esclarecedor.[4] A complexidade e a imprecisão para achar uma base definidora e simplificadora são emblemáticas da diversidade e da similaridade de sentimentos, comportamentos e possibilidades que se colocam nesse período da vida. Quem poderá resumir a juventude somente como um estado de rebeldia, de agitação, paixão, flexibilidade, incertezas, crescimento? Se o fizer, estará relegando outros modos de defini-la e vivê-la que são visíveis nas ruas, nas casas e nas escolas. Da mesma forma, não existe um modo perene e estático/constante de viver a fase adulta. Engana-se quem acredita que este é um período do ciclo da vida em que há menos conflitos – e que a juventude se caracteriza pelas inseguranças.[5] A mobilidade e a pretensa precariedade que a concepção de juventude engendra é representativa da maneira como, histórica e socialmente, pensamos – e fazemos – estar dividida a vida.

É desta forma que a juventude passa a ser tomada, nas ciências sociais, como categoria sociológica ou como um processo sociocultural.[6] Dois enfoques ganham destaque histórico na literatura das ciências sociais sobre o tema, porque procuram relativizar as conexões entre as idades e as construções sociais elaboradas a partir delas. O primeiro enfoque de investigação foi o essencialista, que se estabeleceu e teve origem nos estudos realizados, segundo Galland,[7] na primeira metade do século XX. Embora existam evidências anteriores, encontradas em diários e apontamentos bastante antigos, o termo juventude parece ter sido usado em contraste com a classificação "criança".[8] Os conteúdos universalistas e atemporais, baseados em traços psíquicos, conferiam à puberdade características encontradas em todos os jovens. Logo, esse início correlacionou a adolescência e a juventude a uma fase da vida bastante complexa e "problemática", de resolução do conflito ou da convivência entre o surgimento das primeiras pulsões sexuais e as repressões ou imposições sociais cotidianas. Em alguns estudos mais atuais ainda se encontra um subproduto dessa essencialização da juventude, em que ela e a adolescência são operacionalizadas cronológica e "naturalmente", limitando-se as faixas etárias pelas características *psi* e fisiológicas, em geral confinadas entre os 10 e os 19 ou 24 anos, conforme o modelo e o campo teórico adotados na investigação.

No campo antropológico, as distintas classificações das idades foram privilegiadas culturalmente, a princípio nos trabalhos realizados com sociedades tradicionais, como os Nuer, estudados por Evans-Pritchard, ou os Apinaié, por DaMatta. Ambos nos servem de exemplo da importância da relativização dos sentidos socioculturais atribuídos às idades em épocas e locais bastante distintos. Nas duas sociedades em questão, as idades são sentidas e vividas como referência orientadora de condutas, rituais, posturas, direitos e deveres. Desse modo, as mudanças de idade definem as posições hierárquicas e as relações históricas e duradouras na vida dos indivíduos de um sítio de convívio – e que podem variar em termos de denominação e/ou de características classificatórias.

Em algumas sociedades indígenas as classes de idade não são necessariamente definidas como infância, maturidade e velhice; adotam-se outras nomenclaturas intermediárias porque são mais detalhadas: crianças que ainda não andam; jovens casados sem filhos; avós com um neto; casados com um filho etc.[9] Elas estão a serviço dos propósitos dessas sociedades. "A construção da pessoa na sociedade tribal é diferenciada da construção do indivíduo na sociedade moderna."[10] Contudo, em sociedades ocidentais modernas e complexas, a idade é um dos marcadores culturais e dos componentes da vida e da identidade social que não pode ser descartado com facilidade,[11] mas também não deve ser encarado com exclusividade.

A relativização do critério etário, privilegiando classe, etnia, gênero, histórias locais e nacionais, é o que a sociologia e a antropologia fazem para não se fixar analiticamente apenas na cronologização da vida, embora ela deva ser considerada em relação a um todo, como ressalta Debert[12] e argumenta Groppo: "... a criação das instituições modernas dos séculos XIX e XX – como escola, Estado, direito, o mundo do trabalho industrial etc. – também se baseou no reconhecimento das faixas etárias e na institucionalização do curso da vida".[13]

Um segundo aspecto presente e destacado na história dos estudos sobre juventude e adolescência encontra-se nas produções textuais da sociologia estrutural-funcionalista.[14] Já nos anos 1930, e sobretudo na década de 1950, nos Estados Unidos, em particular com a Escola de Chicago, os estudos sobre delinqüência juvenil ganharam destaque e foram importantes para que posteriormente se desse o rompimento com a idéia genérica de jovens marginais.

Por sua vez, a escola culturalista privilegiou, na década de 1960, em torno do conceito de culturas jovens, as abordagens que compreendessem as "subculturas" e que generalizassem novamente a idéia de juventude (ver esquema temporal a seguir). As características principais indicavam a formulação dos problemas de outro modo, levando em conta "grupos concretos de jovens":[15] contestação, conflitos intergeracionais, desvios e mudanças sociais, por exemplo dos hippies (geração paz e amor), pressupondo um padrão de comportamento comum a todos. Outro exemplo desse tipo de estudo é o daqueles que se detiveram na delinqüência juvenil, sobretudo a masculina.[16] Tal perspectiva colocava-se em contraposição à idéia meramente geracional, atendo-se às especificidades culturais de grupos sociais e ao local que ocupam na sociedade.[17] Contudo, atualmente, com a crescente violência urbana, os estudos sobre *gangues* e *tribos* vêm crescendo, configurando uma juventude novamente rebelde e perigosa, ora vista como vítima das estruturas sociais, ora produtora da violência – resultado da desigualdade entre classes, perseverante na atualidade.

Com os estudos dos anos 1970 tem início a crítica à visão da juventude como desviante, por influência do movimento feminista, que chamava a atenção para os contextos familiar e doméstico – até então pouco estudados nas culturas juvenis. Já na década de 1980 começam-se a demarcar as influências consumistas na cultura juvenil, demonstrando como os jovens se apropriam e recriam as influências da moda, da mídia e da economia desses setores, criando estilos variados.[18] Enfatizam-se também, sob diversos ângulos, a liberdade e os riscos, que os jovens assumem ao experimentar, ao ousar no uso do corpo como algo que deve ser menos reprimido.

As críticas posteriores a esse modo de estudar a juventude e a adolescência recaíram sobretudo nas conseqüências de considerá-los agregados em grupos, sem dar crédito às divergências que os distinguem dentro desses próprios grupamentos.

Atualmente, encontram-se estudos e reportagens cujo foco principal coincide com essas idéias, em sua quase totalidade. Há décadas a juventude compõe a – ou se insere na – grande parte dos denominados "problemas sociais", ao mesmo tempo que há um crescente esforço para prolongar a jovialidade dos adultos (*aproveitar* ao máximo a vida). Em um primeiro momento, a juventude é pensada como parte de um mecanismo de continuidade de valores e de reprodução social; em um segundo instante, é vista como ameaça ou causa do rompimento desses mecanismos, das normas e regras já estabelecidas socialmente para os jovens.

A gravidez e o comportamento sexual na juventude não fogem desse pacote de preocupações sociais, assim como a violência, as drogas e o consumo de ideologias (sistema de idéias) ou produtos de valores questionados por determinadas camadas sociais (por meio de canais como músicas e estilos de vida).[19] Alguns trabalhos, por exemplo, ao ressaltar a especificidade de determinadas "subculturas" ou "culturas juvenis" – grupos de jovens unidos por uma identidade de pertencimento que os diferencia de outros em termos de ideologia e comportamento, como os punks, os *skinheads*, os estudantes e os operários –, seguem por um atalho teórico-analítico criado pela linha dos "problemas" sociais juvenis,[20] ou dedicam-se ao exame de comportamentos específicos, como o nomadismo noturno e urbano dos jovens de classe média carioca, estudados por Almeida e Tracy.[21] Além disso, os requisitos para pertencer a este ou àquele grupo nem sempre são preenchidos por todos os participantes. Há uma desconsideração da diversidade interna de posturas e opiniões.

Mesmo com essas possibilidades interpretativas, todos os estudiosos parecem concordar com o fato de que a juventude é um período de passagem para a fase adulta, um tempo de mudanças e ajustamentos das capacidades no âmbito produtivo e reprodutivo; além de ser um momento em que a sociedade "... não lhes concede [aos jovens] funções, status e papéis plenos",[22] embora os responsabilize por uma série de modificações sociais.[23] Exceto para aqueles que a delimitam com faixas etárias fixas, a passagem para a fase adulta pode dar-se, para cada indivíduo, em períodos distintos, de acordo com suas trajetórias biográficas.[24] Segundo Groppo,[25] as tentativas de eliminar as marcas que distinguem a continuidade da infância para a juventude e da juventude para a adultez

> ... resulta em uma aberração: eliminar o contraste é eliminar a própria juventude – retorno aos tempos da Europa medieval, da criança como um adulto em miniatura[26] –, ou uma equiparação com as classes baixas da própria sociedade moderna (em que às crianças e aos jovens são negados direitos especiais considerados inerentes a essas condições); preservar o contraste é negar não só as contingências sociais, culturais e econômicas, mas negar algo que parece fora do alcance das revoltas e revoluções juvenis: o tempo.

Assim, a atual pluralidade que permeia a definição de ser jovem, de juventude, torna-se singular sobretudo por seu caráter impreciso, relacional e contextual,[27] por seu caráter de período de incertezas e riscos assumidos ou não. Seria esta uma herança da década de 1980, marcada pelo olhar "comportamental e individualista"?[28]

Mídia e escola: os dois "palcos" das intervenções sobre Aids

Considerando os aspectos históricos da construção social da juventude, não restam dúvidas de que, quando se trata dos jovens na atualidade, os dois principais veículos de informação e intervenção sobre Aids são a mídia, em particular a televisão, e a escola.[29]

É neste sentido que a estreita relação entre a epidemia da Aids e a mídia[30] deve ser considerada quando analisamos o impacto da epidemia sobre a vida dos jovens. A mídia, ao colocar a doença freqüentemente em pauta, ao divulgar um conjunto de campanhas (tanto governamentais quanto de ONGs, ou mesmo da iniciativa privada) e de informações sobre a doença (tais como os novos tratamentos), traz a epidemia da Aids para dentro das casas e da vida das pessoas. As diferentes pesquisas sobre Aids indicam altos índices de conhecimento sobre a doença e suas formas de transmissão, e a mídia aparece como uma das principais fontes de informação. A mídia tem, assim, um papel fundamental na construção social da Aids, não apenas no que diz respeito à população em geral, mas também entre os jovens.

Também não podemos esquecer do papel desempenhado pela escola na divulgação de informações sobre prevenção da Aids. Apesar das freqüentes queixas dos professores sobre a falta de capacitação para tratar de temas como sexualidade e Aids – que passaram a ser considerados "temas transversais" pelo Ministério da Educação a partir de 1996 –, as escolas têm sido alvo freqüente de intervenções por parte de profissionais da saúde e ONGs. Embora possamos questionar a qualidade das informações transmitidas por grande parte desses atos de intervenção – que em geral se limitam a algumas palestras –, o fato é que a escola tem se destacado como importante fonte de informação sobre Aids. Assim, por exemplo, no Projeto Gravad,[31] a escola aparece como a principal fonte de informação sobre DST/Aids para os jovens entrevistados – cerca de 48% dos homens e 56% das mulheres entrevistados tiveram primeiramente na escola/professores informações sobre DST/Aids. Em contrapartida, a escola perde importância, especialmente para os rapazes (18,2%), quando consideramos a fonte das primeiras informações sobre relações sexuais.

Para a grande maioria dos jovens, e aqui falando de forma bastante genérica em jovens pertencentes aos diferentes segmentos sociais, a Aids é uma realidade que faz parte de suas vidas; é uma doença da qual ao menos já ouviram falar desde o início de suas trajetórias afetivo-sexuais, não é algo que se impôs repentinamente, como no caso da geração que está hoje na casa dos 35/40 anos.

É claro que esta realidade da Aids é bastante diversa quando consideramos o pertencimento social desses jovens, visto que, certamente - e acompanhando o perfil epidemiológico da doença - para aqueles jovens pertencentes aos segmentos mais desfavorecidos da população, esta é uma realidade bem mais próxima - muitos possuem parentes e/ou amigos infectados pelo vírus - do que para os jovens pertencentes aos estratos médios e altos. Assim, por exemplo, numa pesquisa realizada no bairro que concentra a maior incidência de Aids da cidade de Porto Alegre,[32] e que é um bairro de classe popular, todos os entrevistados mencionaram conhecer alguém bastante próximo portador do vírus HIV, ao passo que na maior parte das pesquisas realizadas com jovens universitários, a Aids ainda continua a ser percebida como uma doença do "outro", distante do cotidiano e da vida do grupo.[33]

Estratégias acionadas pelos jovens com relação à Aids

A presença da Aids na vida dos jovens, não apenas como doença identificada, mas na condição de assunto com freqüência presente na mídia, que faz parte das atividades escolares, ou, ainda, que pode ser acompanhada pelo caso de um amigo ou parente portador do vírus, não deixa de ter implicações nos comportamentos dos jovens. Ainda que o resultado não seja o desejado pelas políticas de saúde, ou seja, a adoção de preservativo em todas as relações sexuais e o uso de seringas descartáveis no uso de drogas injetáveis, é possível perceber mudanças de atitudes e algumas estratégias acionadas para fazer face ao problema. Por dados de diferentes pesquisas desenvolvidas pelo Nupacs, é possível identificar algumas dessas mudanças.

A primeira delas é, no nosso entendimento, a maior aceitabilidade do condom - que não se traduz necessariamente num uso continuado, mas que pode ser percebida pela não-associação do preservativo à perda ou diminuição do prazer sexual (como se traduz na famosa expressão utilizada pela geração anterior, que usar camisinha é como "chupar bala com papel"); ou, ainda, pelo uso do preservativo em determinadas situações consideradas de risco para as DSTs/Aids, tais como relações sexuais com profissionais do sexo, com parceiros(as) eventuais, ou classificados(as) como "desconhecidos(as)". Assim, é raro encontrar entre a população jovem alguém que nunca tenha utilizado o preservativo. É claro que isso não significa que o preservativo seja assimilado como uma prática necessária em todas as relações sexuais dos jovens. Mas certamente os jovens de hoje têm muito maior familiaridade com ele que seus pais.

Outra estratégia acionada para enfrentar a ameaça da Aids é o estabelecimento de um ranking de risco que, conforme a classificação, gera a necessidade ou não de uso do preservativo. Essa escala de risco inclui um conjunto de fatores que vai desde o tipo de parceiro(a) - "conhecido/não conhecido", "de família/de rua", "profissional do sexo/parceiro(a) afetiva"; o tipo de vínculo estabelecido - "ficada", namoro, casamento, relação eventual; até a situação na qual o relacionamento se estabelece - bar/boate, a praia, na vizinhança, em casa de parentes/amigos. É interessante notar que essas classificações são sempre situacionais, e que um mesmo parceiro ou parceira pode, inicialmente, ser considerado de risco e exigir o uso do preservativo; e, ainda, com a mudança do status do relacionamento - de eventual para namoro, por exemplo - ser considerado(a) de confiança, "conhecido(a)", e, portanto, dispensar o uso de proteção para DSTs/Aids.

Outra modificação significativa é a utilização do preservativo como símbolo de atividade sexual. Em especial para os meninos mais jovens, carregar o preservativo na carteira é considerado uma espécie de prova de atividade sexual e de virilidade.[34]

Limites e barreiras

Podem-se perceber claramente, no entanto, os limites dessas mudanças introduzidas pela epidemia da Aids, pois se algumas atitudes avançam no sentido da prevenção, a permanência de um conjunto de representações sociais aponta na direção contrária. É assim que, apesar de a camisinha ser vista como símbolo de virilidade para os jovens do sexo masculino, quando encontrada nas bolsas femininas é percebida como símbolo da não-confiabilidade da menina, ou, em outras palavras, como atestado de que a menina é "atirada", "galinha", "transa com todo mundo" e, portanto, não é uma menina confiável, "de família". O preservativo permanece, dessa forma, associado à idéia de promiscuidade, sujeira, e não à idéia de cuidado e prevenção.

Fica evidenciado que essas representações sobre o preservativo se impõem como importantes obstáculos à prevenção. É em razão delas que, por exemplo, os jovens ainda manifestam temor de que a proposta de uso da camisinha apareça como uma "ofensa" à parceira, no sentido de associá-la à idéia de "mulher de rua", "galinha". Já para as meninas a dificuldade é ser avaliada negativamente quando solicita ao parceiro o uso do preservativo.

Mesmo o uso do preservativo continua a ser uma experiência bem mais masculina que feminina. É assim que, no Projeto Gravad, quando se considera a última relação sexual, encontra-se uma diferença significativa em relação ao uso do preservativo entre homens e mulheres. Enquanto o preservativo foi utilizado por 56% dos entrevistados do sexo masculino, somente 39% das mulheres o incluíram como prática preventiva nas suas relações afetivo-sexuais.

A iniciativa para o uso é percebida como dever do homem, visto que se o convite partir da menina, ela pode ser considerada "galinha", como mulher para transar e não para namorar. O interessante dessa percepção é que ela é comum a meninas e meninos. Percebe-se, também, que não há um diálogo entre o casal sobre o assunto. A decisão sobre o uso ou não do preservativo é masculina, não sendo uma decisão tomada de forma partilhada com a parceira. Os jovens do sexo masculino justificam o não-diálogo pela "vergonha" das parceiras de falar sobre o tema.[35] No Projeto Gravad, os percentuais de uso do preservativo na primeira relação sexual são bem maiores que o diálogo sobre o tema da proteção – quando 62,4% dos rapazes afirmam ter utilizado, contra 55,8% das mulheres. Teoricamente, o diálogo deveria preceder o uso do condom. Todavia, encontramos apenas 41% dos entrevistados do sexo masculino que afirmaram ter conversado com a parceira a respeito, e o mesmo comportamento em 62% das entrevistadas do sexo feminino. Em outras palavras, a adoção entre jovens heterossexuais de proteção nas relações sexuais não passa, necessariamente, pelo diálogo. Cabe, ainda, observar que a postura dialógica parece ser bem mais feminina que masculina.[36]

A preeminência do masculino nas decisões sobre o uso de proteção nas relações sexuais indica, claramente, que as representações de gênero – apesar de algumas mudanças nas atitudes em função da epidemia da Aids – pouco avançaram no sentido de maior eqüidade. A sexualidade, em algum nível, continua a ser percebida como domínio por excelência do masculino. Assim, ao passo que para os meninos a camisinha passa a ser símbolo de virilidade e é incluída nas relações afetivo-sexuais (mesmo no planejamento das saídas noturnas, visto que ele prevê sempre a relação sexual), para as mulheres ela denuncia a associação com a sexualidade, o desejo e o prazer. A camisinha indica, para as mulheres, uma sexualidade de certa forma "vergonhosa", que deve ser escondida, tanto da mãe[37] quanto do próprio parceiro, porque portar consigo o preservativo pode denunciar a previsibilidade de uma relação sexual, comportamento não esperado de uma "menina direita".

Cabe considerar, ainda, que a própria concepção dominante sobre juventude coloca uma série de empecilhos à idéia de prevenção. Como vimos, a juventude é associada, na nossa cultura, a idéias como risco, perigo, rebeldia, falta de juízo, ênfase no presente, irresponsabilidade. Muitos desses juízos sobre a juventude são também partilhados pelos jovens. Assim, embora muitos deles reconheçam a importância do uso de proteção para DSTs/Aids, quando avaliam retrospectivamente seus comportamentos (por exemplo, por ocasião da iniciação sexual ou de algumas relações afetivo-sexuais), admitem que foram imprudentes, que deveriam ter se cuidado mais. Isso também é válido para os jovens infectados pelo HIV, visto que a justificativa para o não-uso de proteção não é, em geral, a desinformação ou a falta de acesso aos meios de prevenção, mas sim o comportamento inconseqüente, tido como característico desta fase de vida.[38] É interessante observar aqui que, muito mais que a idade, trata-se da concepção sobre a "fase de vida", pois maturidade, responsabilidade e prudência são adquiridas a partir de determinados eventos que marcam as trajetórias dos jovens (como a união, a maternidade/paternidade etc.), e não apenas a partir do passar dos anos.

Assim, a concepção de juventude da nossa sociedade torna os jovens mais vulneráveis às DSTs/Aids. Eis aqui um paradoxo interessante, pois ao mesmo tempo que os jovens são, teoricamente – com a expansão do ensino no país, e considerando a importância da escola na divulgação das informações sobre DST/Aids) –, os mais bem informados, eles também encontram-se mais expostos ao risco em razão das pressões sociais às quais estão sujeitos (tais como iniciação sexual "precoce", valorização da atividade sexual dos rapazes, esportes, comportamentos de risco, uso de álcool e drogas etc.). Este é um paradoxo que merece uma reflexão mais aprofundada, pois indica que somente a informação não basta para a compreensão da permanência de comportamentos de risco ou não-preventivos. Outros elementos (culturais e sociais) devem ser trabalhados de forma concomitante. A escola é um excelente local para que isso seja abordado. Ela pode ter um papel fundamental não apenas na divulgação de informações, mas também na diminuição da vulnerabilidade dos jovens.

Os jovens de hoje: contextos, diferenças e trajetórias

– *Regina Novaes* –

Um caleidoscópio: semelhanças e diferenças entre jovens brasileiros

Lembrar que "juventude" é um conceito construído histórica e culturalmente já é lugar-comum. As definições sobre "o que é ser jovem?", "quem e até quando pode ser considerado jovem?" têm mudado no tempo e são sempre diferentes nas diversas culturas e espaços sociais.

Circunscrevendo o olhar ao nosso tempo e à nossa cultura, tais definições refletem disputas nos campos político e econômico, e também conflitos entre e intragerações. Observa-se que existem grupos e segmentos juvenis organizados que falam por parcelas da juventude, mas nenhum grupo tem a delegação de falar por todos aqueles que fazem parte da mesma faixa etária. E certamente pesquisadores, pais ou "responsáveis" também não podem falar por eles.

E quem são "eles"? São aqueles nascidos há 14 ou 24 anos – seria uma resposta. No entanto, esses limites de idade também não são fixos. Para os que não têm direito à infância, a juventude começa mais cedo. E, no outro extremo – com o aumento de expectativas de vida e as mudanças no mercado de trabalho –, uma parte "deles" acaba por alargar o chamado "tempo da juventude" até a casa dos 30 anos. Com efeito, qualquer que seja a faixa etária estabelecida, jovens com idades iguais vivem juventudes desiguais.

Entre os jovens brasileiros de hoje, a desigualdade mais evidente remete à classe social. Esse recorte se explicita claramente na vivência da relação escola/trabalho.[1] A indagação sobre quando e como um jovem começa ou termina de estudar ou trabalhar expõe as fissuras de classe presentes na sociedade brasileira. Este "quando" e este "como" revelam acessos diferenciados a partir das condições econômicas dos pais. Contudo, nas trajetórias dos jovens, as diferenças de origem social e a situação de classe não esgotam o assunto.

Gênero e raça são outros dois recortes que interferem no problema. As moças pobres podem até se "beneficiar" do crescimento do emprego doméstico, mas ganham menos que os rapazes quando ocupam os mesmos postos de trabalho. Por outro lado, a "boa aparência" exigida para os empregos exclui os jovens e as jovens mais pobres, e este "requisito" atinge particularmente jovens negros e negras. Ser pobre, mulher e negra ou pobre, homem e branco faz diferença nas possibilidades de "viver a juventude".

Mas, de novo, não é tudo. Para a maioria da juventude brasileira que vive nas grandes cidades, há ainda um outro critério de diferenciação: o local de moradia. O endereço faz diferença: abona ou desabona, amplia ou restringe acessos. Para as gerações passadas esse critério poderia ser apenas uma expressão da estratificação social, um indicador de renda ou de pertencimento de classe. Hoje, certos endereços também trazem consigo o estigma das áreas urbanas subjugadas pela violência e a corrupção dos traficantes e da polícia – chamadas de favelas, subúrbios, vilas, periferias, morros, conjuntos habitacionais, comunidades. Ao preconceito e à discriminação de classe, gênero e cor adicionam-se o preconceito e "a discriminação por endereço".

No acesso ao mercado de trabalho, o "endereço" torna-se mais um critério de seleção. No imaginário social, "o jovem que mora em tal lugar de bandidos é um bandido em potencial: melhor não empregar". Ou se ele "mora ali, não vai poder sair para trabalhar quando houver um conflito entre grupos de traficantes ou entre traficantes e a polícia: melhor não empregar". Conscientes da existência da "discriminação por endereço" que opera – consciente ou inconscientemente – nas seleções para o trabalho, muitos jovens encontram estratégias para ocultar o lugar onde vivem e lançam mão de endereços dos patrões dos pais, de parentes, de bairros próximos ou caixas postais.

Contudo, todos esses aspectos até aqui citados ainda não esgotam o diferenciado mosaico que podemos chamar de "juventude brasileira". As chamadas disparidades regionais e as relações entre o campo e a cidade devem ser consideradas em um necessário diagnóstico. Isto é, as diferenças (com seus efeitos positivos ou negativos) entre regiões do país, entre ser jovem no campo ou na cidade, e mesmo as diferenças entre cidades grandes e pequenas devem ser levadas em conta para caracterizar matizes da condição juvenil. Certamente as particularidades locais podem atenuar ou acentuar algum dos vários vetores que produzem e/ou reproduzem desigualdades sociais.

Um lado da medalha: escola, trabalho e violência – turbulências para projetar o futuro

Ao serem indagados, nas pesquisas, sobre as "instituições sociais" em que mais confiam, os jovens citam sempre a escola. São muitos os que se ressentem de não ter ficado mais tempo na escola, vista como um bom lugar para se fazer amigos e integrante da sociabilidade que caracteriza a condição juvenil. Nesse sentido, estar prematuramente fora da escola é sempre uma marca de exclusão social.

Por outro lado, pesquisas que realizei também indicam que os jovens mais pobres também não se iludem, não embarcam no "mito da escolaridade". Para eles a escola já não é vista como garantia de emprego. Jovens de classes populares que conseguem terminar o ensino médio esbarram, nos concursos e demais processos de seleção, com candidatos que possuem cursos universitários completos. São muitos os jovens dessa geração que têm consciência de que a escola é importante como passaporte que permite a viagem para o emprego, mas não o garante.

As expectativas de mobilidade social interferem nas possibilidades de a juventude projetar o futuro. Para Márcio Pochmann[2], a ausência da mobilidade social está no centro da atual "questão juvenil". Segundo esse autor, poucos países como o Brasil (talvez só os Estados Unidos) permitiam que as novas gerações conseguissem se reproduzir em condições melhores de vida e de trabalho que a anterior. Isso aconteceu entre 1930 e 1980. É claro que enquanto o filho do pobre ficava menos pobre que o pai, o filho do rico ficava muito mais rico que o pai, que já era rico. Ou seja, as desigualdades foram se aprofundando, mas havia mobilidade. Hoje, os jovens não possuem, em geral, condições melhores de trabalho e de vida que seus pais. Os filhos dos pobres estão ficando mais pobres que os pais, os filhos dos ricos menos ricos que os pais. Não por acaso, a diminuição das possibilidades de mobilidade social gera pessimismo e ausência de perspectiva em relação ao futuro.

É verdade que os jovens de hoje estão muito mais escolarizados que há poucas décadas. No entanto, enfatizar muito a escolaridade é pressupor que existam empregos disponíveis para os escolarizados. Há muitos jovens, hoje, cujas possibilidades de inserção no mercado de trabalho não são condizentes com os anos de estudo. Em comunicação oral, Pochmann afirmou que, nos últimos doze anos, o emprego que mais cresceu no país foi o doméstico: de cada dez vagas abertas no Brasil, três são de empregos domésticos. Hoje existem seis milhões de empregos domésticos no país. A segunda ocupação que mais cresceu foi a de vendedor ambulante: a cada dez vagas, duas são de vendedores ambulantes. A terceira ocupação que mais cresceu foi na área de asseio, conservação e limpeza. Possivelmente, nos requisitos para algumas dessas ocupações inclui-se até mesmo o ensino médio.

Enfim, não é necessariamente uma mudança no conteúdo do trabalho que exige uma pessoa mais escolarizada. Mas são exigidas pessoas com maior qualificação e preparação técnica? Ora, lembra Pochmann, um dos postos que tem crescido e está vinculado à nova tecnologia é a central de atendimento telefônico, o chamado *call center*: a pessoa está lá, com um ponto no ouvido, falando, mexendo no computador, novas linguagens etc. É um trabalho simplificado, não exige criatividade ou autonomia. Representa repetição, empobrecimento, desqualificação do trabalho. Outra profissão que cresce é a de caixa de supermercado. A pessoa, geralmente com diploma de ensino médio, trabalha com computador, com código de barras, com um sistema eletrônico on-line. Seria curioso comparar este profissional com o atendente de uma mercearia que vinte anos atrás andava com um lápis na orelha e fazia a lista das compras, colocava o preço, somava, se comunicava com o cliente, dizia o valor, era uma pessoa que sabia fazer contas, falar. Podia não saber escrever bem, mas no final do dia fazia o levantamento e via o que tinha vendido e informava ao proprietário da mercearia sobre o que havia acontecido durante o dia e o que era preciso comprar.

Com efeito, a questão da inserção do jovem no mercado de trabalho é um dos mais freqüentes motivos de conflitos entre pais e filhos, tanto nas famílias mais pobres quanto nas famílias de classe média. Hoje, nas relações familiares, a incerteza quanto à inserção no mundo do trabalho tem um peso semelhante ao que a questão sexual, sobretudo para as mulheres, teve nas gerações passadas.[3] Os conflitos que aumentam em casa são aqueles relacionados à área do trabalho, no presente ou no futuro. Dispensas constantes e contratos de trabalho de curta duração acontecem tanto nos supermercados como nas agências de publicidade.

Os jovens que já trabalham hoje já trabalharam em muitos lugares, com variados vínculos de emprego e em tempos diferenciado. A geração dos pais, mesmo que também atingida pelo fantasma do desemprego, ainda tem muito a aprender sobre o funcionamento desse mundo do trabalho tão complexo e modificado. Os mais velhos estão sendo desafiados a mudar suas concepções de trabalho e a ampliar o elenco das maneiras possíveis de "estar no mundo". Os jovens são convidados a reinventar maneiras e sentidos de inserção produtiva.

Os jovens de hoje: medo de sobrar, medo de morrer...

Em várias pesquisas, quando se pergunta aos jovens sobre os dois maiores problemas do país, eles mencionam "desemprego" e "violência".[4] Essas respostas permitem compreender um pouco mais os jovens de hoje: entre os medos citados por eles, aparecem em destaque o "medo da morte" e o "medo do futuro". No medo do futuro se expressam os sentimentos de uma geração que se defronta com um mercado de trabalho restritivo e mutante.

O medo do futuro é quase um sinônimo do medo de "sobrar" e está muito relacionado à inserção no mundo do trabalho. São muitos os medos nesta área: "medo de não estudar e não conseguir emprego", "medo de estudar e não conseguir emprego", "medo de conseguir emprego e depois perder", "medo de ficar desempregado". Outros são mais genéricos: medo de virar mendigo, de ter uma casa e depois não ter mais, de ficar pior do que se está, de não colher frutos. É interessante notar que, neste caso, o recorte de classe não é único. Com todas as diferenças de expectativas, os jovens de diferentes classes sociais temem o futuro. Como disse uma jovem moradora de uma favela do Rio de Janeiro: "Com esforço cheguei ao segundo grau completo ... nós fomos ver um estágio, chegamos lá, tinha advogado, psicólogo, tudo que você possa imaginar... Aí a gente fala: Nossa! O que a gente está fazendo aqui? Me sinto perdida. Tenho medo do futuro".

Desse modo, ter estudo não garante que se vá trabalhar, e ter trabalhado não garante que se continuará trabalhando. Enquanto a geração anterior pensava "eu vou me aposentar assim ou assado", esta geração diz palavras vagas sobre o futuro. Pode-se relacionar esse aspecto também à ausência de mobilidade social no Brasil, o que, como já foi dito, afeta diretamente os jovens desta geração.

O medo da morte expressa várias características da insegura vida atual, sobretudo nas metrópoles brasileiras, em que se concentram 31% dos jovens do país,[5] mas também em outras cidades de médio porte. E, mesmo que nem sempre os jovens tenham sido atingidos diretamente pela violência urbana, o tema faz parte do imaginário socialmente construído. É um marco geracional importante. Entre os jovens de hoje há o temor expresso da morte prematura.

É verdade que falar em juventude – na literatura e na história – é sempre falar de riscos, transgressões, aventuras, necessidade de adrenalina, violência etc. Contudo, do ponto de vista histórico, os limites são testados justamente porque o jovem está, em termos biológicos, mais longe da morte. Esta geração teme a morte e convive com a morte prematura de seus pares. Nesse sentido, não deixa de ser também um paradoxo historicamente inédito: na geração em que se alarga, cronologicamente, o "tempo de ser jovem" em relação às gerações anteriores da mesma sociedade moderna, amplia-se a expectativa de vida da população em geral, e, ao mesmo tempo, também se generaliza um sentimento de vulnerabilidade dos jovens frente à morte.

Não existem pesquisas anteriores que possibilitem uma comparação sobre os medos dos jovens de gerações diferentes. Em uma investigação que realizei entre jovens do Rio de Janeiro, metade deles afirmou temer por suas vidas. Eles têm medo "de bala perdida", "da polícia", "do aumento da violência", "de o tráfico de drogas dominar tudo", "de ser preso sem motivo", "de ser violentada", "de tiro", "de ser espancada e enterrada viva", "de violência e injustiça".[6]

A bala perdida está no imaginário de todos: na casa dos mais ricos, na rua, no ônibus e nas grandes vias. Não por acaso, um dos temas de conversação mais freqüente entre os jovens é "a violência". Com algumas variações e pesos relativos diversos, esta é uma conversa que faz parte do cotidiano dos jovens desta geração. Em qualquer grupo, todos têm algo para contar sobre a polícia. Os mais ricos vão contar que foram "achacados", como dizem: "tivemos que negociar", o que, via de regra, implica "molhar a mão do policial", ou seja, pagar, ser impelido a subornar. Os mais pobres, sobretudo se forem negros, vão dizer que foram humilhados. As jovens mulheres falam que foram paqueradas, seduzidas ou desrespeitadas. Os moradores de favelas, conjuntos habitacionais, periferias e vilas são sempre os mais suspeitos. Sem dúvida, para além da condição econômica e do grau de vulnerabilidade social, há medos compartilhados pelos jovens de hoje.

Outras faces da medalha: os "jovens de projeto" e os "jovens da periferia"

▪ *Os "jovens de projeto"*

A Constituição de 1988 e sobretudo o Estatuto da Criança e do Adolescente foram, e ainda são, importantes parâmetros para a elaboração de políticas públicas para crianças e adolescentes no Brasil. Contudo, há um vazio em termos de políticas públicas para a juventude brasileira. Os programas – no geral – limitam-se à faixa etária de 17 anos. Mas há uma série de iniciativas de ONGs e de fundações empresariais que marcou a década de 1990, cujo recorte – legitimado pelo ideário do desenvolvimento local sustentável – tem a marca territorial, isto é, se propõe a incidir sobre o "local".

O "local" não é resultado do isolamento, ao contrário. Ele é fruto de relações assimétricas, históricas, econômicas, políticas e culturais entre diferentes espaços sociais: regiões, cidades e campo. Assim, na dinâmica social de inclusão e exclusão social em cada espaço se fazem presentes (com maior ou menor peso) todos os elementos enumerados (renda, gênero, raça, local de moradia) – e agora também pesa a presença ou ausência de projetos sociais.

Em outras palavras, hoje, para avaliar as possibilidades de inclusão/exclusão social de um jovem, certamente é preciso considerar quanto ganham seus pais, se ele é negro ou branco, homem ou mulher e onde mora. Mas, no que diz respeito aos jovens mais pobres, há ainda mais um critério que pode fazer diferença: hoje existem os "jovens de projeto".

É muito interessante notar como a palavra "projeto" caiu na boca do povo e entrou no vocabulário dos jovens e de seus familiares. A recorrência no uso dessa palavra chama a atenção. De fato, há uma disseminação da linguagem dos projetos. Os jovens que fazem parte do "público-alvo" dos projetos se (re)apropriam de idéias, palavras e expedientes, incluindo-os em suas estratégias de sobrevivência social.

Vejamos um exemplo: pesquisas demonstram que os jovens de áreas pobres e violentas do Rio de Janeiro têm suas próprias estratégias para usar (ou não) as palavras "favela" e "comunidade" com interlocutores diferentes. Em certas ocasiões, frente ao poder público ou a organismos não-governamentais, falam que são da "favela tal". Nesse contexto chegam a acionar até a informação de que sua "favela" tem tal IDH (Índice de Desenvolvimento Humano, segundo o Pnud-ONU) da cidade do Rio de Janeiro. Em outras situações, frente a outros interlocutores, os jovens se referem ao lugar onde moram como "comunidade", apontam para o estigma da palavra "favela" e utilizam um código de classificações próprio das redes de "trabalho comunitário".

É interessante observar que não há traduções perfeitas no inglês ou no francês para a expressão "projetos sociais" tal como é usada no Brasil. Quando recebemos algumas visitas de fora, é preciso explicar muito para que os interlocutores entendam do que se trata. Governamentais ou não-governamentais, de tamanho e objetivos bem diferenciados, todos são "projetos sociais". Critérios de definição de público-alvo e processos de avaliação também entrariam na discussão, o que, conseqüentemente, exigiria também uma reflexão maior sobre o que a palavra "parceria" revela e o que ela permite silenciar. Para um interlocutor externo seria preciso explicar sobre as responsabilidades públicas, privadas e governamentais presentes ou ausentes quando se usa a palavra "projeto".

Para aqueles que têm acesso, os projetos podem contribuir para a supressão de certas marcas da exclusão pelo aumento da escolaridade, da capacitação profissional, da consciência étnica, de gênero, de pertencimento local comunitário. Os projetos sociais tornam-se pontes para um determinado tipo de inclusão social de jovens moradores de certas áreas marcadas pela pobreza e pela violência das cidades. Com eles, uma parcela dos jovens pode inventar novas maneiras de sociabilidade e integração societária que resultem em determinadas modalidades de inclusão. No plano local, mesmo para os jovens que, por diferentes motivos, não têm acesso aos "projetos", pode-se dizer que sua mera existência amplia o campo de negociação com a realidade. Afinal, quem já não ouviu falar do caso de algum jovem envolvido com o tráfico que "dá força" para que o irmão freqüente este ou aquele "projeto"?

Contudo, é preciso refletir sobre os efeitos sociais dos "projetos", nem sempre analisados. Sem pretender esgotar o assunto, gostaria de abordar aqui quatro pontos.

Ter ou não acesso aos projetos sociais diferencia entre si os jovens mais pobres e também cria uma diferenciação entre os jovens de diversas áreas pobres e violentas da cidade. Isso porque um projeto chama outro, e com as melhores intenções. Afinal, a idéia de "desenvolvimento local" implica criar sinergias, complementaridade e integração dos projetos variados. Enquanto isso, jovens de outras áreas ficam cada vez mais invisíveis. No Rio de Janeiro, esta é uma queixa freqüente dos jovens das favelas e comunidades pobres afastadas da Zona Sul, onde se concentra o maior número de projetos.

Outro ponto a ser analisado diz respeito à dobradinha escola/trabalho. Há registros de jovens pobres que têm acesso a uma "bolsa de projeto" e que são levados a buscar estratégias para ocultar os "bicos" e outras formas precárias de trabalho que não podem ou não querem parar de fazer. Estar no mercado de trabalho, mesmo que precariamente, em certas situações é garantia de acesso a certos bens materiais e também ao respeito e apreço da família, ao consumo de alguns bens que demarcam identidades juvenis. Neste sentido, seria importante que os projetos criassem um elenco de possibilidades que contemplassem diferentes situações vivenciadas pelos jovens. Seria necessário estabelecer matizes para distinguir o estudante que trabalha do trabalhador que estuda.

Em terceiro lugar, é preciso pensar por que, nos projetos sociais, quando se fala em "qualidade" das ações, fala-se automaticamente em "recursos tecnológicos", ou melhor, fala-se em computadores. De fato, a maior parte dos projetos sociais dirigidos aos jovens busca meios para fazer face à "exclusão digital". No entanto, nem sempre os "cursos de informática" dão resultado, não só porque máquinas e programas são muitos e estão sempre mudando, mas porque a "qualidade" almejada não será resultado de cada vez mais e mais tecnologia. Ela pode vir de um uso melhor e mais criativo dos recursos humanos e tecnológicos disponíveis. De fato, a Internet faz parte da inédita experiência social desta geração. Por isso mesmo, uma ênfase maior na comunicação e na cultura poderia render mais satisfação que os "cursos de computador", que são pensados apenas como um requisito da capacitação profissional. E, ao que se saiba, parece não haver relações diretas entre estes cursos e a inserção profissional de seus beneficiados.

O quarto ponto é: será que os projetos sociais devem ter como mote principal o slogan "tirar os jovens da criminalidade"? As marcas das desigualdades sociais refletem-se nos medos de determinados segmentos, como vimos. Contudo, se é verdade que não se pode minimizar a violência como um aspecto marcante na experiência desta geração, também não é preciso considerar todos os jovens como potencialmente criminosos para justificar as ações dirigidas a eles. A segurança pública é um requisito essencial. Ou seja, falar em "políticas públicas para a juventude" é também falar em combate à violência e à corrupção policial e em respeito à cidadania e aos direitos humanos. Mas é muito restritivo (e chega a ser preconceituoso) fazer uma equação juventude = risco de criminalidade, deixando de considerar as experiências da grande maioria de jovens pobres e moradores das áreas carentes e violentas que constroem suas trajetórias sem considerar as redes do narcotráfico alternativas para suas vidas.

▪ *Os "jovens da periferia"*

Nos anos 1990, a formulação "juventude não como problema, mas como parte da solução" teve o importante papel de afastar preconceitos e valorizar uma certa perspectiva da participação juvenil. Hoje, contudo, as pesquisas apontam para a necessidade de pensar de maneira articulada tanto os "problemas" quanto as "soluções". No contexto atual, as chamadas parcerias entre Estado e sociedade civil continuam sendo valorizadas, e estas parcerias são, elas mesmas, "partes da solução". Mas elas, agora, necessitam ser repensadas e (re)pactuadas no que tange à melhor explicitação das chamadas co-responsabilidades, visando ao aprimoramento dos mecanismos de avaliação e participação social. Quanto à participação, uma das novidades do momento atual é a presença dos "jovens da periferia" na cena pública.

Certamente "periferia", aqui, não tem o sentido meramente geográfico. Trata-se da nomeação de uma identidade construída nos últimos anos e que tem efeitos nos estilos, estéticas, vínculos sociais e laços afetivos das trajetórias de uma parcela dos jovens de hoje. E quem são estes jovens que se apropriaram e deram um novo sentido à palavra "periferia"?

O rap (com seus DJs e MCs), o break e o grafite compõem a trilogia de um fenômeno social que é chamado, pelos próprios participantes, de movimento, ou de cultura hip hop.[7] O hip hop não é um movimento orgânico que produz grupos homogêneos. Ao contrário, existem várias correntes, linhas e ênfases que diferenciam o rap feito em países, cidades, bairros e grupos específicos. A circulação de bens culturais, como se sabe, não se faz nunca em uma direção unilateral. Cada manifestação de rap é um resultado singular do encontro de elementos da cultura local com informações globais.

Aqui, e pelo mundo afora, há grupos de rap que se destacam pelo uso da violência e que são até mesmo financiados por traficantes de drogas. Entretanto, no Brasil, os grupos que se tornaram conhecidos do grande público e que incentivam centenas de outros grupos que proliferam nas chamadas "comunidades" se declaram contra as drogas, denunciam a violência física e simbólica presente na sociedade e clamam pela "união dos manos da periferia". Hoje, para uma parcela importante dos jovens brasileiros "o rap" torna-se um demarcador de identidade, provoca conversões, muda rumos e destinos.

No passado, errante do então novo século XX, o líder messiânico Antônio Conselheiro construiu uma cidade santa e uma utopia religiosa que produziu efeitos políticos. Agora poderíamos dizer que há muitos "Canudos urbanos". No entanto, em vez de produzir o deslocamento territorial em busca de vida nova que caracterizou os movimentos messiânicos, o rap busca reafirmar as raízes de moradores de múltiplas periferias.[8] A "ordem" é ficar, afirmar identidade e buscar novos adeptos entre os jovens das diferentes periferias geográficas e sociais. Como diz Helena Abramo, os hip hopers têm uma localização territorial forte, e isso compreende um laço maior com a comunidade, é "a cultura da rua no bairro, o que encerra um grande poder de transformação para a própria comunidade".[9] Nas "comunidades", fundam "posses", territórios dentro do território/comunidade, onde se reúnem, se informam, se comunicam com outras "posses", com os "manos e as manas" do hip hop.

Se o Canudos de Antônio Conselheiro foi um movimento religioso e messiânico com repercussões políticas, o hip hop pode ser pensado como um movimento de expressão cultural que produz efeitos políticos.

A fé e a linguagem religiosa também são expressões culturais. Nos Canudos urbanos de hoje, o foco não está nas profecias que deparam com amarras religiosas institucionais a romper ou reinventar. Isto, segundo Cunha,[10] aconteceu na Jamaica, na origem do rastafari, quando movimentos que tinham vínculos com associações religiosas e igrejas do Sul dos Estados Unidos e do Caribe realizaram uma ruptura radical com toda a ideologia colonial e protestante que durante séculos justificou a escravidão apoiada em interpretações religiosas. Tal ruptura se fez a partir de uma interpretação étnica da Bíblia e da territorialização do mito bíblico. Nos Canudos urbanos de hoje, os rappers falam em Deus, em fé e na Bíblia sem necessariamente pregar uma religião que já existe ou fundar uma outra que desejam que venha a existir.

A psicanalista Maria Rita Kehl[11] constata que os Racionais MCs "usam" Deus para lutar pela sobrevivência, embora em nenhum momento se fale em nome de igreja alguma, e indaga: "Deus é lembrado – mas para quê? Deus é lembrado como referência que 'não deixa o mano aqui desandar', já que todas as outras referências (rádio, jornal, revista e outdoor estão aí para 'transformar um preto tipo A em um neguinho' [...]". Nesse contexto social, diz a mesma autora, "a regressão (do ponto de vista filosófico) a deus faz sentido, num quadro de absurda injustiça social, considerando-se que a outra alternativa é a regressão à barbárie". A fé, portanto, é parte constitutiva do "esforço civilizatório do rap".

De fato, a presença dos grupos de rap modifica o panorama das intervenções sociais no interior das favelas e dos conjuntos habitacionais. Ligados à "periferia", convocando a "favela", esses grupos dão visibilidade a redes sociais preexistentes e constroem outras redes. O rap modifica trajetórias pessoais, alavancando um "sentido para a vida": cria grupos locais e pode ser visto como *locus* de aprendizado para a participação social. Denuncia desigualdades sociais e combate o preconceito racial, inventa novas ocupações, ou seja, "produtores culturais", "oficineiros de hip hop", DJs ligados às comunidades que se reconhecem pelas cidades do mundo. São atores de um momento histórico em que se inventa um novo tipo de profissional militante e/ou militante profissional ligado a atividades artísticas e culturais. São eles que podem contribuir para construir um "espaço público" nas próprias periferias e favelas privatizadas pelo tráfico e submetidas à violência e à corrupção policial.

Hoje são muitas as redes e articulações do "movimento hip hop" no Brasil. A roupa, a postura corporal, a linguagem garantem certas marcas de identidade que unem a todos. Certamente, divisões, correntes, disputas e hierarquias também existem no interior deste movimento. Contudo, é importante salientar que não é mais possível falar das trajetórias dos "jovens de hoje" sem falar também daqueles que se apresentam como "jovens da periferia".

Para concluir

Falar de "juventude brasileira" é falar de processos resultantes de uma conjugação específica entre herança histórica e padrões societários vigentes. Neste cenário, entre os jovens brasileiros de hoje, são os mais pobres os mais atingidos pelos processos de desqualificação geradores de desigualdades sociais. Sabemos, no entanto, que a universalização de direitos e acessos não anularia automaticamente os mecanismos que ancoram preconceitos e discriminações sociais. Desvantagens relativas acentuadas são expressas nas relações etno-raciais e nos atributos de gênero, idade, local de origem ou de moradia e também de orientação sexual. Nesse sentido, a juventude é como um espelho retrovisor que reflete e revela a sociedade de desigualdades e diferenças sociais.

Ainda assim, a condição juvenil – como etapa da vida que se situa entre a proteção socialmente exigida para a infância e a emancipação esperada na vida adulta – tem suas especificidades. Isso porque a experiência geracional é inédita, já que a juventude é vivenciada em diferentes contextos históricos, e a história não se repete. Desta forma, para pensar a condição juvenil contemporânea, devemos que considerar a rapidez e as características das mudanças no mundo de hoje.

Por um lado, houve uma ampliação das agências socializadoras da juventude que extrapolam o âmbito da família e da escola, implicam o aumento do espaço de influência dos meios de comunicação e a presença da Internet. A inovação tecnológica tem aproximado jovens de mundos diferentes. Desiguais e diferenciados por subgrupos etários, pelo nível de escolaridade, por gênero, raça, local de moradia, com acessos diferenciados aos projetos sociais, os jovens de hoje podem ter a mesma quantidade de informações sobre um determinado assunto, sobretudo quando fazem parte de um grupo ou movimento cultural ou esportivo. Grupos dos movimentos hip hop se conectam ao Brasil inteiro, por exemplo. Embora sejam muitos os que não têm computador em casa, os computadores de associações, centros comunitários e ONGs são usados pelos jovens.

Por outro lado, outra rede internacional - a do chamado narcotráfico - também interfere no "estar no mundo" dos jovens de hoje. Para além do fato de um indivíduo consumir ou não consumir, distribuir ou não distribuir drogas ilícitas, como vive nesta geração, ele convive com os efeitos desse "grande negócio lucrativo" e, também, com as conseqüências das políticas de proibição que produzem efeitos perversos nas áreas pobres das cidades, combinando-se com a corrupção e a violência policial. Ou seja, as características do mundo de hoje interferem nas possibilidades e identidades juvenis e no conteúdo dos conflitos e consensos presentes nas relações intergeracionais.

Atualmente, há mais de 34 milhões de jovens brasileiros entre 15 e 24 anos. Pelo peso numérico e pela gravidade dos problemas que a atinge - sobretudo na área do emprego e da violência -, esta juventude deve ser objeto de outras pesquisas necessárias e urgentes. Também é grande a premência de reflexões que desvendem seus pontos de vista e suas experiências criativas, que já vêm ampliando seu campo de possibilidades, modificando trajetórias individuais e, com a arte e a cultura, reinventando vínculos e formas de agregação social. Vale a pena conferir.

O futuro como passado e o passado como futuro: armadilhas do pensamento cínico e política da esperança

– *Luiz Eduardo Soares* –

Irei trabalhar, aqui, com a interface entre sensibilidades e violência, focalizando em especial a problemática das formações subjetivas, da construção cultural, da estética de si e da estilização. Três episódios me motivaram, eles explicam o título deste artigo e serão tratados em conjunto, pois cada qual remete aos demais e à matriz comum que nos cumpre examinar.

Quero falar a respeito do futuro daqueles cujo passado parece irremediavelmente comprometido; a respeito da suposta ingenuidade daqueles que crêem e apostam na possibilidade de mudança; e a respeito do próprio significado desse conceito ou dessa noção de mudança. Para fazê-lo, terei de considerar também o oposto da mudança: a estabilização porventura alcançada, no processo de autoconstituição; e a possibilidade de uma relação permanente entre o *self* e a experiência.

Um depoimento para mim significativo, ouvindo falas de jovens envolvidos no tráfico – e nós pesquisadores estamos sempre procurando ouvir, ao fazer algumas entrevistas ou ter acesso a materiais que sejam mais vivos, mais diretos –, uma fala que me impressionou muito, foi o relato de um menino de 13 anos sobre como e por que havia esquartejado um menino de 11 anos. Este será o segundo tema deste trabalho.

O terceiro tema nasce de um fato que também me marcou bastante: refiro-me a um jogo, uma teatralização, extremamente interessante e ao mesmo tempo chocante, realizada por meninos e meninas, mimetizando uma "boca", um ponto de comércio de drogas numa comunidade. Cada um tinha seu papel, cumpria suas funções específicas na economia particular do tráfico. A brincadeira dramatizava todos os elementos pertinentes da saga cotidiana do tráfico: a traição, o alcagüete, o X-9 ou o vacilão, seu martírio, os tormentos que são ritualmente infligidos e a execução, seguida do lançamento do "corpo" na vala.

Isso me conduziu a uma reflexão sobre a diferença entre os procedimentos da justiça criminal e o "justiçamento" realizado pelo tráfico, envolvendo diferentes processos de subjetivação. Trata-se, entretanto, de uma reflexão ainda em curso.

Vamos, então, ao primeiro ponto, mais diretamente ligado ao título do presente artigo. São muito comuns enunciados do seguinte tipo: "Quanta ingenuidade imaginar que alguém que tem toda uma biografia construída no crime, na violência, no tráfico, possa, do dia para a noite, simplesmente redefinir o rumo de sua vida, repensar sua relação com as práticas sociais, rever valores etc." Qual é o nível de estabilidade de determinada construção de si, ou melhor, quão indissociável é a relação entre esse *self*, que se constrói numa certa experiência (cujo marco é a criminalidade), e a identificação com este universo (criminoso ou violento) de práticas e valores? De modo alternativo, até que ponto seriam acessíveis a esse sujeito opções diferentes e repertórios distintos de autoconstituição e produção de si? Que alternativas oferecem as configurações culturais às quais tem acesso? Qual o grau de adesão de um sujeito à sua identidade, na condição de imagem de si construída e negociada, ao longo de toda uma trajetória, em sua constelação de relações sociais? Haveria possibilidades de mudança? Sempre? Sob que condições? Supô-las seria rematada ingenuidade?

Ocorre a mim, nesse ponto, uma imagem:[1] se víssemos dois carros passando na mesma velocidade e se soubéssemos que ali adiante, a cem metros, há um buraco muito grande que pode de fato vir a produzir um acidente, teríamos duas possibilidades: (a) imaginar que, dada a velocidade, a postura do motorista que mal divisamos, considerada a localização do buraco, sim, há alguma chance de que o motorista desvie, freie, redirecione o carro; há uma outra avaliação, também plausível, ante esta cena imaginária, em que o observador dirá não, o acidente é inevitável. O resultado final do deslocamento desse carro, o capítulo seguinte, o desfecho dessa cena não desautoriza nenhuma das suposições. Um lance de dados não abolirá jamais o acaso. Do ponto de vista teleológico, não é possível reconstituir a verdade do processo, infundindo retrospectivamente necessidade aos eventos que são objeto dessa reconstituição. Em outras palavras: se sabemos o fim da história, nem por isso anula-se a racionalidade, a plausibilidade da opção que o fato final refutará, se houver plausibilidade na descrição da cena que antecipa seu desfecho de um modo otimista.

Claro que se a avaliação positiva for absolutamente inapropriada, se, de fato, não existe chance alguma para a hipótese positiva, nesse caso, sim, seria irracional sustentar tal avaliação. No entanto, se a avaliação positiva é razoável, o desfecho não desautoriza a opção otimista; não desautoriza, portanto, a esperança. E se a esperança não está desautorizada racionalmente, uma vez por todas, inapelável e irredutivelmente, ela se torna, a meu juízo, um imperativo ético e nos deve conectar a um conjunto de práticas e procedimentos, ou a uma política, que a suponha, que a incorpore, até porque as profecias também se autocumprem, e o cálculo sobre o futuro é parte de sua construção. Por conseguinte, em certo sentido, pode-se dizer que é nosso dever acreditar na possibilidade da mudança enquanto ela não for completamente desautorizada pelo desfecho final ou por um conjunto de variáveis que se mostrem insuperáveis.

Com a observação de uma trajetória individual, do ponto de vista da moralidade e de seu vínculo com o "mal", passa-se algo análogo ao exemplo do automóvel ante a iminência do acidente, com uma diferença fundamental: para o indivíduo, a dimensão da liberdade (contraface da imprevisibilidade), que lhe é constitutiva como sujeito humano, traz para a cena uma variável que torna inviável toda antecipação sobre uma futura atitude ou escolha moral. Nesse sentido, qualquer que tenha sido o passado do indivíduo, do ponto de vista moral, seu futuro é incerto e imprevisível – o que nos obriga, se não à esperança na metamorfose, pelo menos à abertura para uma atitude de disponibilidade com relação à hipótese da mudança.

Há uma série de imagens muito interessantes em nossa tradição cultural, em particular em nossas tradições religiosas, que remetem a essa possibilidade de revisão radical da própria biografia – processo que Berger e Luckmann denominam "alternação".[2]

Todavia, a moeda corrente é o cinismo, que parece sugerir, até com certo gozo superior e arrogante, a ingenuidade dos que apostam num desfecho melhor. Caso o desfecho trágico sobrevenha, nem por isso esse discurso cínico se legitima. Pois, como vimos, nenhum fato futuro, enquanto houver vida e liberdade (interior, a qual, não se podendo medir, é aqui apenas o nome da existência subjetiva), é suficiente para anular retrospectivamente a hipótese otimista – que apostava na mudança –, desautorizando racionalmente a esperança.

O que está no fundo do quadro, como referência, é a construção do futuro, a construção de si; e são duas formas de associação entre sujeito e predicado e sujeito e qualidade auto-referida, uma que se encontra na lógica de nossa justiça criminal e outra que se afirma, tacitamente, na prática de "justiçamento" do tráfico.

Começo com uma metáfora que me parece interessante e rica para pensarmos a cultura da violência, lembrando a lição de Jager, em sua magistral *Paidéia*.[3] Hipócrates foi o primeiro a observar que os fluxos do corpo, os movimentos e as circulações dos fluidos internos se submetiam a uma certa regularidade, constituindo, portanto, uma temporalidade sincopada ou um ritmo. Os fluxos se submetem a determinado ritmo, o qual caracteriza certa disciplina ou regularidade, uma dada estrutura.

Anaximandro observava o cosmo com os olhos e a sensibilidade de Hipócrates, em certo sentido inspirado na idéia de que os fluxos são interrompidos segundo intervalos equivalentes e constituem, assim, uma certa temporalidade regular, um ritmo, movimentos sincopados ou uma medida. O célebre ancestral grego da astronomia percebia que há desenhos no céu que estabelecem configurações ou relações constantes entre elementos, que são elas mesmas submetidas a regularidades. Haveria, portanto, uma *ratio*, uma razão, uma regularidade que se verificaria também no espaço, nas relações figurativas, por assim dizer, entre os elementos celestes.

A música exercita a relação entre tempos, impondo algumas regularidades, ainda que modulares, além de elaborar movimentos melódicos que se harmonizam a partir de diferenciações que se reorganizam sucessivamente. São recomposições que se vão sucedendo. Pode-se, na verdade, identificar – aliás, essa é uma identificação trivial e mais do que reconhecida em nossa tradição exegética – na origem de três saberes, ou de três práticas – medicina, astronomia e geometria –, e também na música, a existência de uma estrutura permanente que relaciona elementos distribuídos no espaço e no tempo.

Quando nos referimos a fluxos interrompidos com regularidade, quando mencionamos um certo desenho constante, passamos com facilidade dos campos até aqui designados para a temática da estilização de si, ou da "atitude", para usar a palavra que é a chave nesse caso.

O que é uma "atitude", na cultura, por exemplo, no movimento hip hop? É uma certa modulação de si, dos seus movimentos e dos seus gestos segundo uma certa musicalidade, segundo determinada organização cosmológica ou segundo uma certa forma de ritmar suas posturas. É o físico, o gesto, a postura, a linguagem corporal, a movimentação, a palavra, que se vão compondo em harmonia, ou numa distonia regular. Regular não porque fixa, congelada, condenada à repetição; regular porque submetida a regras que se vão alterando, mas que são reconhecidas e, portanto, podem ser reiteradas ou reproduzidas, orientam a ação. Estamos falando, assim, de um padrão.

A estilização é uma moderação dos apetites, para falar nos termos do último Foucault; é um certo uso de si calcado numa dieta dos prazeres, dos impulsos, das motivações, das disposições subjetivas. Isso tudo faz ainda mais sentido quando nos lembramos de que a violência também remete a estilo e padrão. Se não vejamos: a violência, ao contrário do que sugere o senso comum, não é a explosão, em nós, da natureza passional, selvagem, animal. Não é uma manifestação da irracionalidade que irrompe e transgride linguagens, códigos e cultura. A violência é uma certa modalidade disciplinada de auto-realização, de produção de si e de relacionamento. É uma modalidade de organizar a experiência da sociabilidade, ainda que acabe dissipando as condições mesmas da experiência da sociabilidade. Isso é muito trivial, e os que têm formação em ciências sociais sabem que, no fundo, estou simplesmente dizendo que a violência não é a negatividade, não é o vazio, não é o oposto da cultura, ainda que seja a barbárie. É a barbárie como uma certa configuração cultural, enquanto uma certa modulação da cultura, um certo arranjo de linguagens que ordenam as posturas individuais, físicas, mentais, e as disposições subjetivas.

Quando nos reportamos à violência, estamos falando, portanto, de um estilo, de uma disciplina, e se estamos falando de disciplina, estilo, padrão, cultura e de uma linguagem, temos de pensar os processos de socialização e de reprodução dessas linguagens – afinal, sendo uma formação cultural, deveríamos poder descrevê-la e identificar algumas das suas regras, revelando sua gramática.

Portanto, trata-se de cultura, num caso como no outro. No hip hop e nas formações culturais juvenis, constrói-se uma linguagem da paz, ressignificando, inclusive, os signos da virilidade, geralmente associados ao culto da violência. Na métrica da "atitude", encontra-se o rigor de uma *ratio* com seus significados solidaristas ordenados segundo nova disciplina, regida por princípios em que música e "estrelas" se combinam para sublinhar a adesão à justiça social, como *telos* inspirador. No lado escuro da lua, a violência e seus rigores, exige desconstrução analítica e política. As crianças são socializadas desde cedo em sua perversa disciplina, como vimos na brincadeira já mencionada. Retorno em seguida à questão da violência, ao discutir a prática do justiçamento.

Digressão

Há, aqui, um ponto importante, que me parece relevante compartilhar e que justifica uma digressão. Trata-se de uma descrição simples, caricata até, mas que contextualiza o drama do qual vamos falar: o tráfico no Rio de Janeiro. Eis, então, um relato quase jornalístico do processo, importante especialmente para aqueles que não conhecem essa história muito bem.

Há três componentes importantes para que conheçamos o tráfico como certa organização social e cultural na cidade do Rio de Janeiro, que apresenta determinadas modalidades muito próprias: a geografia social aí envolvida com suas implicações; a postura das instituições do Estado, em particular da polícia; e a transestadualização de certas organizações criminosas. São três aspectos muito importantes que cumprem funções diferentes.

Em primeiro lugar, a geografia social. No Rio de Janeiro, os bairros mais pobres, as comunidades, as favelas se inscrevem, territorialmente, entre os bairros mais ricos ou desenham o relevo que os emolduram. Isso é decisivo para a economia das drogas, porque há duas formas de vender drogas: (a) deslocando os intermediários, que se tornam então personagens errantes em busca do consumidor, sussurrando senhas, camuflados, transitando indistinguíveis na cidade. Exemplos disso são Nova York ou qualquer outra grande metrópole norte-americana e européia. Em São Paulo, também esse modelo é muito comum – o vendedor, na ponta varejista, se desloca em busca do consumidor e o encontra em certos espaços urbanos marcados e a partir de certas senhas, de determinados códigos de comunicação; (b) a segunda forma é a que encontramos no Rio de Janeiro: a sobreposição entre varejo e fixação sedentária, com suas inúmeras e graves conseqüências.

Qual a diferença que o Rio de Janeiro proporciona? O sedentarismo do varejo. O varejo só pode ser sedentário quando há contigüidade territorial entre o mercado consumidor e o espaço que abriga os provedores do produto. Dessa forma, é possível estabelecer um ponto-de-venda, permanentemente radicado em determinado local, e esperar o cliente. O cliente desloca-se com facilidade porque convive com a área na qual se oferece o produto. Isso não significa que não haja também deslocamentos, que não haja intermediários e "aviões" - estamos falando de ênfases e focos. Quando o mercado de vendas é sedentário, ou pode sê-lo, ele exige certas precauções, certas estratégias e formatos organizacionais, todos voltados para a produção e a manutenção do domínio territorial. É indispensável garantir que aquele ponto se fixe, se congele. O domínio territorial depende de proteção contra investidas policiais, de defesa contra incursões de grupos rivais e de domínio político-bélico sobre uma comunidade. Tudo isso exige armamento e leva à imposição de tirania sobre determinada população - tirania que envolve "leis" próprias, um código arbitrário. Quando as armas são a pré-condição para a reprodução econômica, e o são por conta da necessidade de domínio territorial que é fruto desse tipo de sedentarismo, as armas acabam decolando e instalando uma dinâmica que se autonomiza. Elas passam a ser fundamentais. De início, são importantes porque úteis ao exercício do domínio sobre a comunidade e o território. Logo em seguida, as armas funcionam com a lógica da guerra fria, isto é, como elemento de dissuasão de ataques potenciais dos grupos inimigos.

Estamos falando de uma pluralidade de espaços. Se temos, portanto, vários cenários deste tipo, vários domínios territoriais, eles devem se relacionar entre si de uma certa maneira. Como o relacionamento é o da precaução contra incursões temidas, no mercado e no território, é necessário sinalizar para o rival o poder que se tem. Para que não seja necessário usar armas, é preciso tê-las em proporções crescentes. Eis aí a lógica da guerra fria. O investimento em armas se autonomiza, não é mais necessário, isto é, ele não atende mais a exigência alguma da necessidade para a imposição do domínio sobre o território, ou para as práticas de crimes.

É sempre necessário preparar-se para enfrentar o inimigo, sinalizar para o inimigo que se está preparado e inclusive sinalizar a possibilidade de uma intervenção preventiva, para que não haja tentativa alheia de intervenção preventiva. Esta é uma lógica hobbesiana, típica do estado de natureza, a qual, entretanto, é regulada pelo investimento em armas. Isso faz com que o armamento se torne, de fato, um valor excepcionalmente importante. Essa lógica do armamento produz a intensificação da violência, porque cada ato criminoso contra o patrimônio se converte, em potencial, em crime contra a vida. O armamento é uma imobilização de capital, é um investimento, e nós sabemos que há uma capacidade ociosa produtiva na arma, porque a arma é sempre mais suscetível de uso que a energia de trabalho humano, a força de trabalho humano, pode dispor de si mesma. Nós não podemos trabalhar 24 horas, dispor da nossa energia 24 horas por dia, mas a arma está disponível 24 horas, o que gera um excedente de produtividade não utilizado, o qual recomenda, do ponto de vista econômico, da racionalidade econômica, a distribuição e o emprego da arma para fins secundários (relativamente aos motivos que conduziram à sua aquisição) nos momentos em que ela estaria ociosa.

Esse impulso que advém da racionalidade econômica induz à propagação de *leasings*, o que gera um mercado interno de armas e potencializa a sua utilização. Nesse quadro se encerra uma dinâmica que conduz à necessidade do recrutamento permanente, o recrutamento dos jovens. Então, recomponho aqui o circuito e fecho essa digressão, para que saibamos que estamos tratando de um contexto que tem lógicas próprias. Essa digressão me pareceu conveniente para evitar a idéia de que meu foco cultural, o foco na sensibilidade, nos valores, seria capaz de, por si só, explicar todo o processo em todas as suas dimensões. É importante que saibamos que há lógicas econômicas e há dinâmicas específicas, sociológicas inclusive, que remetem a outros processos que deveriam ser objeto de uma análise própria.

De volta à cultura

Para retornar, já nesse contexto ampliado e complexificado, o aspecto que nos importa, descrevo a cena da socialização, à qual me referi anteriormente. Os meninos e as meninas brincam de "boca de fumo", de mercado de drogas, primeiro manipulando, criando as armas e as drogas. As armas são feitas de papel, papelão e pedaços de pau, e as drogas são mimetizadas com pedaços de grama ou terra, que são envolvidos em papel. As crianças fazem exatamente como acontece no mercado das drogas: a cocaína é embrulhada de uma certa maneira, o pacotinho de maconha se faz de uma certa forma, e todo o processo de trabalho é reencenado pelos meninos, com a grama, a terra, os papeizinhos, os papelotes, numa linha de montagem que replica exatamente o que se verifica no tráfico.

Depois, eles e elas, armados, se organizam e se submetem a uma certa disciplina. As funções são todas bem precisas – o aviãozinho, o vapor, o falcão, o gerente, todos estão ali identificados, e o mais poderoso de todos é o chefe. As meninas cumprem papéis, digamos, marginais, elas não estão no centro das operações. Há uma reprodução exata do modelo real, e as crianças repetem a linguagem também usual. Em certo momento, um menino é pego pelos outros, "você é X-9, você é vacilão e vai pra vala". O acusado mimetiza a resistência: "Não, não é verdade, eu não fiz nada". E todos imediatamente o levam para um espaço, um buraco que já fora reservado para esse fim, colocam-no lá e disparam suas armas de brinquedo sobre o menino, que finge morrer. É quando todos se saúdam e repetem: "É isso que acontece com X-9, é isso mesmo, é vacilão, tem que morrer" etc.

Ali está a encenação exata do teatro do tráfico. Nessa dramatização, a traição é central. E chamo a atenção para uma distinção muito interessante: os casos conhecidos de punição no tráfico remetem a procedimentos que nada têm a ver com o inquérito e a interrogação sobre "a verdade", traços que caracterizam a justiça criminal moderna e ocidental que é a nossa. A nossa justiça indaga, interroga o vínculo entre o sujeito e a ação, e aprofunda sua observação indagando a subjetividade, as motivações. Ela analisa os contextos para identificar alguns gradientes, que são atenuantes ou agravantes. O que está em questão é a identificação da culpa, que moraliza o processo, à medida que distribui responsabilidades. A relação fundamental é a do ser humano individual, do sujeito, com a lei. Todo o inquérito se apóia na busca da "verdade", restabelecendo as relações entre um sujeito e um predicado, um sujeito e uma ação, num contexto determinado, em que a subjetividade é um campo explorado, reconhecido como fundamental para o próprio exercício do inquérito, da interrogação que se faz.

A pena reafirma e conecta, de um modo reificado, permanente, indelével, irreversível, uma relação; conecta sujeito e predicado; portanto, restabelece e fixa uma relação. Por que isso é tão importante? Nas conversas com sujeitos que pagam penas, parece ser preocupação constante em seus discursos, em suas práticas simbólicas, justamente a interrogação, a relativização, o questionamento sobre o laço sintático que a prisão congela e reifica, cristaliza e inclusive materializa. O cárcere conecta para sempre o sujeito a uma determinada ação, à medida que aquele sujeito não é senão o autor do ato criminoso. Foi esse delito que conduziu o indivíduo à situação de encarceramento, e essa situação, sendo irremovível, estática – e a estaticidade está ali representada e materializada na realidade da vida cotidiana e na arquitetura que a encerra –, fixa também a relação do sujeito consigo mesmo, pelo viés negativo, pela mediação do ato e da qualidade que o vínculo reificado com o ato confere ao sujeito.

Muitos sujeitos que cumprem pena se interrogam: "Mas será que eu, hoje, sou o mesmo que cometeu aquele crime? Eu não me reconheço naquele ato, não me identifico com o que fiz naquele momento específico de meu passado. Não me vejo como sujeito daquela ação. Certamente fui eu, foi esse corpo, foi essa massa de ossos e carne, foi esse sujeito empírico que cometeu aquele ato. Mas eu não tenho mais relação alguma com aquela sensibilidade, com aquele sentimento, com aquele conjunto de movimentos e gestos que conduziu a ação, esta ação que é, afinal, objeto da intervenção penal. Será que sou para sempre aquele que fui? Não posso redefinir minha identidade?"

Para sempre e enquanto a pena existir, pelo menos – na nossa sociedade essa pena se prolonga, depois, na vida em liberdade, pela estigmatização –, esse laço será reafirmado: ele está fixado. A grande vontade que se observa, entre tantos indivíduos que cumprem pena, é de ter a oportunidade de redefinir o vínculo entre sujeito e predicado, para que haja possibilidade de uma reinvenção de si. De outro lado estão aqueles que reconhecem a prática do ato criminoso pelo qual estão pagando na prisão, se reconhecem naquela prática e a incluem num rosário de práticas que inclusive serão reproduzidas adiante, sem nenhum problema. Nesse caso, não há a relativização da qual estou falando. Mas em muitos outros, quando esses atos são objeto de todo um distanciamento crítico e reflexivo, há uma resistência à reificação desse laço que a pena restitui e a sociedade cruelmente pereniza. A pena moraliza e produz uma relação de subjetivação do sujeito, como portador de culpa, pela mediação desse ato. A pena focaliza a relação sujeito-lei e sujeito-predicado, e a congela.

No caso do justiçamento realizado no âmbito do tráfico, a pena é um dado, o julgamento é um dado, já está dado; ele não é fruto de um exercício ou de um inquérito sobre a verdade. Ali, o problema não é identificar culpas, responsabilidades, contextos atenuantes ou agravantes, modulações subjetivas. Ali, o fundamental é reiterar, é reforçar laços sociais que estão em risco diante de uma traição. E essa traição pode não ter existido, o problema não é esse. O sujeito pode não ser culpado do ponto de vista da justiça criminal, que é a nossa. Isso não tem importância. O fundamental, nesse caso, é que um certo poder se reitera, se atualiza, um laço se reconstitui, esse laço que tinha sido supostamente ferido por uma suposta traição. O que se produz é, de imediato, uma relação, não entre um sujeito e uma ação, não entre um sujeito e um predicado, mas entre um sujeito e uma qualificação, um sujeito e um adjetivo.

É "traíra", é "vacilão", é "X-9". Isso é suficiente para caracterizar uma situação.

Há, portanto, dois tipos diferentes de formações subjetivas e de práticas que estão em jogo e que devem ser objeto de nossa investigação. As práticas do justiçamento visam, sobretudo, à performance.

A lealdade é uma prática que pode ser rompida, e esse rompimento deve levar à morte, à imposição de tormentos, à tortura, ou a uma forma bem dramática de punição que seja visível, espetacular, e que, na sua visibilidade, reencene o restabelecimento de certa ordem hierárquica, de determinado poder e de relações que devem permanecer estáveis. O aspecto a enfatizar aí, pois, não é um mergulho na profundidade individual de uma subjetividade, mas a recomposição de uma gramática do comportamento. A performance é que está em questão.

Estas são lógicas distintas (o que não significa, em absoluto, que sejam moralmente equivalentes ou que eu pretenda "justificar" a barbárie). É interessante observar que não resta culpa naquele que aplica o tormento. O discurso daquele menino - e de outros vários - que não traz qualquer marca da culpa, da hesitação ética, de uma reflexão sobre as ambivalências da verdade. Há simplesmente o relato de uma tarefa que se cumpriu e que é necessária à reprodução de uma certa ordem, de práticas e relações. Isso não se dá necessariamente por causa da insensibilidade humana, porque esses mesmos discursos, mais adiante, nos levam à comoção, mostram uma sensibilidade refinada, revelam a disposição de viver solidariedade, de viver o amor, o ódio, inclusive a culpa, em outros contextos. Mas, nesse caso em particular, há uma certa compreensão de que se cumpre um papel restaurador, reparador de uma ordem necessária.

O justiçamento perpetrado pelo tráfico não se justifica no reconhecimento de uma culpa efetiva, de uma motivação real, vale repetir, de uma relação verdadeira entre o sujeito e a regra. Fundamenta-se, simplesmente, na necessidade prospectiva de produzir a lealdade, de reiterar uma certa ordem. Nesse sentido, ele é performático.

Essas reflexões podem nos conduzir a um debate enriquecedor sobre as modalidades de construção da sensibilidade, as modalidades de construção de campos de experiência distintos, com suas regras próprias e seus valores, em sua positividade cultural. Talvez devam nos remeter àquela questão que levantei no início. De todo modo, o que está em questão é a relação sujeito-predicado, ou a relação sujeito-adjetivação-estigmatização-qualificação.

Essas relações, na verdade, significam restrição imposta à liberdade dos indivíduos para viver a reconstrução de si; para vivenciar com seus estilos, suas formas próprias, suas estéticas específicas, a reinvenção de si mesmo. Pela justiça penal, congelamos uma relação sujeito-ação, estabelecendo nexos rígidos e uma certa sintaxe ossificada. O tráfico, com sua modalidade despótica e arbitrária de penalização e rigor performático, impõe para sempre uma conexão que aniquila o próprio indivíduo, destruindo-lhe a vida.

A comparação com o justiçamento grosseiro e aviltante serve para demonstrar as vantagens de nossa justiça. Por outro lado, ajuda a relativizar sua sabedoria, à medida que, graças aos deslocamentos críticos que a recontextualização favorece, se evidencia sua tirania sintática, cujas marcas existenciais são cruéis e indeléveis, paralisando a circulação de significados e repertórios, possibilidades e experiências de si.

Todavia, seria ingênuo crer na possibilidade inversa, que sacrificaria a responsabilização moral e legal dos indivíduos, em nome da esperança de que mudem para melhor. Uma "política da esperança", com os pés no chão da racionalidade, teria de combinar a aposta na mudança individual com o reconhecimento de que formas de responsabilização, ainda que necessárias, podem ser revistas e flexibilizadas. Mas isso é certamente muito pouco e condena a expressão pretensiosa "política da esperança" a um verdadeiro anticlímax reformista e gradualista, excessivamente comprometido com o realismo do qual sua dicção grandiloqüente e retórica sugeria distanciar-se.

Pensar, por isso mesmo, é menos e mais que uma política, por mais ambiciosa que seja, pois corresponde a um exercício paradoxal: esticar a corda do possível, sabendo-se constrangido, entretanto, por seu laço inescapável.

III. Novas Gramáticas Afetivas

"Zoar" e "ficar": novos termos da sociabilidade jovem

– Maria Isabel Mendes de Almeida –

Nosso objetivo, neste trabalho, é refletir sobre novas cartografias subjetivas, formas de sociabilidade e afetividade contemporâneas encontradas junto a setores jovens dos grandes centros urbanos de nossa sociedade. Esta reflexão ancora-se em resultados de uma pesquisa realizada ao longo de dois anos entre jovens dos setores médios do Rio de Janeiro que alteraram o perfil do lazer noturno e transformaram a noite em uma categoria fundamentalmente espacial.

A ancoragem central de nosso argumento está voltada para os movimentos contemporâneos de reescritura do espaço, assim como das formações subjetivas a ele associadas.

Novas modalidades de processamento e arquitetura dos regimes de afeto e sociabilidade despontam entre os jovens, provocando remanejamentos cruciais nas economias internas desses agentes. A velocidade e efemeridade intensas das novas formas de experiência social e afetiva, tal como evidenciadas pelas práticas do "zoar" e do "ficar", serão aqui discutidas como emblemáticas de novas configurações do mundo subjetivo.

As experiências travadas com os jovens ao longo do universo da "night" carioca permitiram-nos não somente observar novos regimes de experiência espacial capazes de "implodir" as territorialidades canônicas, em sua métrica dimensional e homogênea, como também possibilitou-nos acompanhar fluxos subjetivos diferenciados. É fundamentalmente em torno desses fluxos subjetivos que o recorte deste texto se estabelecerá.

Tal recorte torna indispensável a menção mais ampla a um conjunto de abordagens teóricas que vêm se debruçando sobre as complexas alterações sofridas nas formas pelas quais compreendemos e atribuímos sentido à dimensão da subjetividade. Optamos aqui por concentrar essas abordagens em torno de um eixo de ligação analítica e conceitual: o movimento de deslize operado da lógica da identidade para a lógica de identificação nas modalidades de compreensão das novas configurações subjetivas.

O conceito, ou a categoria, de identidade é indissociável dos processos de constituição da figura moderna de sujeito. Restringimo-nos aqui apenas a listar, como características centrais dessa abordagem, a idéia de sujeito centrado, coeso, uno e indivisível, cuja lógica de organização e funcionamento é balizada pela nítida demarcação entre os planos interno e externo da existência. Este seria o sujeito capaz de expressar a metafísica do dentro/fora, compreendida no interior da lógica de uma estética da expressão, como nos diz Jameson.[1] São igualmente caras a este modelo de sujeito as noções de autocrítica, privacidade, interioridade, reflexão, introspecção, resguardo da intimidade etc.

Não cabe aqui tratar dos infinitos desdobramentos deste debate, que traz em seu cerne o questionamento de um modelo de sujeito que parece encontrar, na contemporaneidade, evidentes sinais de esgotamento como instrumento conceitual-chave para a apreensão de novas e recentes manifestações da subjetividade. Não estaria este "indivíduo" perdendo espaço significativo na "tribuna de questões" que atualmente apontam para novas gramáticas subjetivas que vêm questionando o próprio significado do autoconhecimento? E a noção de mundo interno? Teria este, hoje, o mesmo sentido, a mesma profundidade, importância e legitimidade para sujeitos cuja escala de urgência e prioridades revela uma dimensão de pragmatismo, necessidade de "competência" e eficiência, cada dia mais distantes do âmbito do cultivo estético/reflexivo de si?

Neste sentido, a quase onipresença atual da categoria de "competência" no novo cenário cultural da pós-modernidade (sobretudo entre os contingentes jovens da população) parece privilegiar e atribuir maciça ênfase às idéias de ação, vivência, ato e fato em suas múltiplas modalidades de articulação com a própria categoria do mercado. Este último parece inscrever-se na exata "contramão" do padrão crítico em que costumava ser representado no contexto do alto modernismo.[2] Com esta formulação, não pretendemos afirmar que novas gramáticas subjetivas estejam por força se tornando mais produtivas no sentido de uma lógica inescapavelmente racionalista e instrumental. Cabe apenas assinalar o fato de que, no interjogo das novas relações tempo/espaço com o plano da subjetividade, é possível atribuir certa disfuncionalidade ao reino das atitudes humanas que se destacam pela valorização excessiva da esfera do mundo interno dos indivíduos, e do indiscutível valor da dimensão do autoconhecimento (existencial, vertical e reflexivo).

Os diversos diagnósticos contemporâneos que vêm se formulando a partir da reflexão sobre o movimento de passagem de identidade para identificação podem ser acompanhados por meio de um conjunto de propostas teóricas que serão aqui sinteticamente elencadas.

A lógica da identificação apóia-se na idéia de um *self* múltiplo que se expressa por inúmeras motivações gregárias e é vivida fundamentalmente como um processo, no qual o fato comunicacional é causa e efeito de um "pluralismo pessoal".[3] Gestos e movimentos corporais, o uso emblemático de adornos e adereços corporais, tatuagens, tipos de roupas, formas de olhar, interjeições verbais, acenos, emissões coletivas de sons, afasias, modos de dançar – estas são formas de expressão de uma estética comunicacional que é corporal e situada.[4] Como enfatiza Michel Maffesoli, "poder-se-ia dizer, em termos quase que de física natural e social, que o corpo engendra comunicação, porque está presente, ocupa espaço, é visto, favorece o tátil. É, portanto, o horizonte da comunicação que serve de pano de fundo à exacerbação da aparência".[5] Formas de comunicação situacionais e corporais constituem exemplificações de novas textualidades subsumidas pelo processo de identificação.

Kevin Hetherington em seu *Expressions of Identity* destaca a dimensão expressiva da experiência como mais uma variável crucial para o reexame das políticas de identidade vigentes na sociedade contemporânea. Em poucas palavras, é possível dizer que o desafio da reflexão de Hetherington reside na tentativa de explodir termos denotativos tais como: "novos movimentos sociais, com sua herança hegeliana, e, a partir daí, olhar para a multiplicidade de 'fragmentos', 'restos', 'sobras' que permanecem dessa explosão". Tal "explosão denotativa" é operada a partir da ênfase atribuída por este autor à idéia de complexidade topológica: "O espaço dessas posições de identidades expressivas (que possuem muitas vezes um caráter performático) e o que elas significam não é euclidiano, liso e homogêneo, mas enrugado, quebradiço e incerto".[6]

A formação da identidade como um processo de identificação é um movimento espacialmente situado, em que o jogo de interações, as estruturas produtoras de situações e suas complexidades topológicas criam o espaço e suas novas configurações subjetivas. A inovação proposta por esta abordagem busca, então, perseguir e compreender como formas de identificação coletiva são estabelecidas por meio de combinatórias entre identidade e identificação. O eixo do argumento deste autor, portanto, é o de que a única coisa que caracteriza os diversos conjuntos de "movimentos", agrupamentos e estilos de vida "é o seu caráter expressivo ou afetivo. O relacionamento entre identidade e identificação é conotado principalmente por seu caráter afetivo".[7]

Os avanços tecnológicos contemporâneos, quando observados, sobretudo no âmbito da mídia eletrônica, vêm dando origem a processos de aceleração, pulverização e mistura de experiências que atingem os sujeitos de modo complexo e, muitas vezes, desestabilizador. Tais avanços tecnológicos podem ser entendidos como espécies de alavancas para remanejamentos e alterações das formações subjetivas contemporâneas subsumidas pelo cenário mais amplo da globalização econômica. De acordo com a psicanalista Suely Rolnik, "paisagens subjetivas" se complexificam, em circunstâncias de transformação e densificação das identidades.[8] Esta complexificação repousa, paradoxalmente, sobre uma tensão: ao mesmo tempo em que referências identitárias locais e fixas persistem, identidades globais flexíveis e móveis começam a produzir efeitos desestabilizadores e inquietantes. O diagrama interpretativo proposto por Rolnik para as novas paisagens subjetivas contemporâneas apóia-se na idéia-chave de "processos de singularização"[9] ou criação existencial.

Esses processos são constitutivos e simultaneamente produtores dos novos cenários de diversidade das experiências subjetivas e apontam para um significativo processo de transição em curso: configurações identitárias hegemônicas, arbitrárias e históricas – fruto de processos de objetificação baseados na estruturação da experiência psíquica em torno da separação entre interior e exterior – deixam de se apresentar como referências ou como elementos marcadores centrais nestas contingentes e movediças paisagens subjetivas. A ênfase depositada na idéia de "criação existencial" abre espaço para a investigação de configurações de subjetividades que se caracterizam exatamente por sua natureza parcial e contingente. Mais uma vez, destaca-se aqui a importância da dimensão de processualidade, mutabilidade e imprecisão de contornos, implicada na composição destas novas cartografias subjetivas.

Uma concepção "transversalista" da subjetividade – assim Félix Guattari10 também nos propõe abordar subjetividades contemporâneas desterritorializadas, que não mais podem ser compreendidas a partir de seu caráter hegemônico e unidirecional. Conseqüentemente, a intenção deste autor é procurar compreender a dimensão da subjetividade, atentando, primordialmente, para os seus regimes de produção, a partir de instâncias individuais, coletivas e institucionais. Chama a atenção aqui, portanto, o distanciamento de sua proposta das abordagens que tomam como foco de investigação da subjetividade uma perspectiva monádica e coesa, indissociável de sua ênfase na individuação. A abordagem transversalista, ao contrário, reside na natureza polissêmica, transindividual, polifônica e heterogenética da subjetividade. Isso significa dizer que ela não conhece instâncias dominantes de determinação que guiem as outras instâncias segundo uma causalidade unívoca e se faz individual ou coletiva em contextos sociais e semiológicos específicos.[11]

O crucial papel da mídia eletrônica em sua interação dinâmica com as massivas correntes migratórias converte-se, na perspectiva transnacional de Arjun Appadurai, em mais uma fonte de inteligibilidade e interpretação dos novos contextos de instabilidade na produção de subjetividades contemporâneas. Mídia e migração, por conseguinte, são entendidas como traços diacríticos da modernidade e vão incidir, de modo radical, sobre o registro da imaginação, como fonte de experimentação com o *self making*. Mais que isto, o diagnóstico de Appadurai enfatiza o papel crucial da mídia eletrônica na condição de fornecedora dos meios para o *self-imagining* como um projeto social cotidiano, em que a imaginação extrapola os espaços expressivos da arte, do mito e do ritual. A imaginação, portanto, passa a não mais estar circunscrita a campos regionalizados de legitimação, como os da expressividade, passando a fazer parte de um projeto social cotidiano, incorporando-se ao exercício mental das pessoas comuns. Destaca-se aqui a condição decisiva das alterações nos modos preexistentes de comunicação e conduta em direção a novas fontes e novas disciplinas para a construção de *selves* e de mundos imaginados.[12]

"Topographies of the self" fornece importantes subsídios para uma reflexão sobre a variabilidade da relação entre a linguagem, os sentimentos e as topografias do *self* em diferentes sociedades. Chama a atenção, para os nossos objetivos, neste trabalho, a metáfora topográfica captada em sua dimensão e propriedade espacial como forma de inteligibilidade dos novos agenciamentos e configurações da subjetividade. Os processos de singularização ou de criação existencial, tal como entendidos no diagnóstico de Rolnik, nutrem a diversidade das experiências subjetivas em torno de configurações parciais e contingentes que Appadurai chamou de "topografias alternativas do *self*". Entre essas modalidades topográficas, existem práticas reguladas de improvisação que este autor se dedicou a estudar, e cuja lógica de manifestação é subjacente a suas manifestações públicas.[13]

Essa abordagem envolve uma crítica ao modo dicotômico e ocidental pelo qual a temática das emoções tem sido abordada, especialmente no que diz respeito à oposição entre "estados internos e "formas externas".[14] Nesse sentido, encontramo-nos diante de conclusões extraídas de investigação etnográfica realizada pelo autor, demonstrando que as emoções são formas públicas discursivas cuja eficácia se baseia na experiência corporificada, sem que isso implique qualquer substrato biológico universal. Trata-se aqui de exemplificações de "topografias alternativas do *self*", em que a paisagem emocional não está construída sobre sentimentos internos, biográficos ou idiossincráticos no sentido ocidental. Ela é construída, ao contrário, pelos efeitos emocionais criados pela negociação pública das palavras e dos gestos.[15]

Finalmente, o foco da contribuição de Massimo Canevacci[16] sobre as novas perspectivas nomádicas como distintas do nomadismo étnico inscreve-se como mais uma reflexão relevante para a exemplificação do deslize das formações identitárias para a lógica da identificação. Essas novas perspectivas nomádicas têm lugar no contexto dos processos globais, complexos, plurais e sincréticos da contemporaneidade. A descontinuidade verificada entre esses novos nomadismos e as formas tradicionais não excluiria apropriações transversais, sincretismos opostos, estranhas conexões, diálogos dissonantes.[17] A nova forma de metrópole não fixa espacialmente sua identidade a partir de limites materiais precisos e caracteriza-se, antes, "por um mutante fluxo comunicativo":[18] fluxos descentralizados, conflituosos, móveis e híbridos desconcertam as identidades e os panoramas metropolitanos.

Nossos informantes reconfiguram espacialidades na metrópole, ou seja, habitam a trajetória sem tomar necessariamente como rota de chegada os pontos definidos em um trajeto. O caráter criativo, insólito e improvisado das incursões realizadas pelos jovens ao longo da noite na cidade torna-se fonte valiosa de problematização do conceito ocidental de identidade "nos seus significados jurídicos, filosóficos e antropológicos".[19] Referimo-nos aqui a modalidades alternativas de abordagem e utilização dos espaços metropolitanos que nos permitem inferir acerca de processos de dissolução de identidades integradas, estáveis e coesas. Em outras palavras, formas de "nomadismo psíquico ... parecem despontar em meio a frenéticas recombinações travadas no interior da forma-metrópole contemporânea que deve ser compreendida de modo pluralístico, descentralizado e conflitual".[20]

Fluxos subjetivos – "zoar": diversão e gravitação

O ato de "zoar", em sua apreensão semiológica, expressa a capacidade de fazer grande ruído, emitir som forte e confuso ou equivalente a zumbir, produzir ruído semelhante ao dos insetos. Permanece nesta definição a propriedade ruidosa inscrita nas novas economias internas dos fluxos subjetivos. Ruidosa em sua dimensão incessante de deslocamento e circulação, barulhenta em sua busca despercebida e contingente da fruição ocasional, da criação e da invenção, a "zoação" confere significados a interjeições, mimetismos, "performatividades" da ação, uma semiótica gestual.

Associação de intensidade e movimento, o "zoar" é uma experiência somente captável em fluxo, cuja organização é rizomática, verificável em sua trepidação, em sua vibração, em seu arremesso contínuo. Além de acionar a dimensão numérica das aglomerações,[21] o "zoar" inscreve-se como condição essencialmente motora, de fricção tátil entre corpos em circulação. É gravitação de humores e intenções, é ocasião, contingência e segmentaridade. "Zoar" é intervir no espaço, sempre inescapavelmente em grupo; não existe "zoação" solitária, pois atravessam-se em conjunto os pontos da "night", submetendo-os ao imperativo da sociabilidade.

A dinâmica do "zoar" também pode ser acompanhada em trânsito. É possível "zoar" nos interstícios, nas zonas de passagem entre dois lugares, mais exatamente no caminho. É o que nos faz ver Bernardo, ao narrar sua experiência com o "zoar". Através dela, também nos damos conta da extensão do raio espacial da noite e das suas infinitas possibilidades de ocupação e criação imaginativa. Ao ser perguntado sobre como foi a "night", na última vez em que saiu com os amigos, ele citou o nome de uma boate em Niterói e acrescentou que o lugar não foi bom, foi mais ou menos. Perguntamos por que não tinha sido tão bom, e ele assim nos respondeu:

> Porque, tipo assim, foi maneiro pela zoação, assim, a galera já foi tomando várias no carro, saqualé? *Zoando* no caminho, masm *pô*, chegando lá, a situação tava mais ou menos. Ah, sei lá, *brother*, foi maneiro, eu achei maneiro.

Como podemos deduzir, o "zoar" não possui, necessariamente, direção e objetos precisos para sua efetivação. Todavia, não foram poucos os depoimentos que apontaram certos alvos prediletos em relação aos quais a prática do "zoar" parece se estabelecer com maior freqüência e intensidade. Esses alvos, por sua vez, são variáveis e contingentes, quase sempre submetidos à lógica da imaginação e da criação existencial que atravessa as novas configurações subjetivas. Amanda afirma que é possível "zoar" em qualquer lugar. Mas em seu depoimento pode-se acompanhar o concurso de alguns alvos que são mais freqüentemente acionados: "*Zoar* é dançar, *zoar* os *caras*, *zoar* as roupas das mulheres, e fazer essas paradas. Ficar rindo".

Fontes imprevisíveis e inesperadas de sociabilidade, experimentação e "ensaísmo" extraem da "centelha" grupal, da "busca obsedante do estar junto", o mais largo espectro de diversão, prazer e satisfação. Inúmeras são as referências a diversões que surgem do "nada", do acaso, do próprio tédio, da estagnação, da atmosfera estática e que, subitamente, adquirem a consistência e a intensidade de um "turbilhão" de prazeres seriados. Uma boate vazia, desanimada, "caída" é um campo propício para a "zoação", como nos diz Paulo: "Boate é legal se eu vou com a minha *galera*, entendeu? *Pra* gente fazer o ambiente. Aí qualquer lugar é lugar".

Os contextos em que tem lugar a "zoação" são múltiplos e variados. Entre eles, podemos citar como estratégicos os cinemas e os shopping centers. As salas de bate-papo na Internet inscrevem-se como mais um contexto para a "zoação". O fato de ser possível intercambiar identidades sexuais e "sacanear os outros" no âmbito desses espaços aparece, para Patrick, como mais uma justificativa para "zoação" e diversão:

> Eu, quando entro em sala de bate-papo, assim eu sempre entro como menina para ficar sacaneando. Aí, pô, fico dando altos moles para o cara lá, o cara fica todo bobo, só para ficar sacaneando. ... está todo mundo fazendo isso, é muito mais engraçado. É muito mais divertido, entendeu? Você vê que o cara está todo ligado em você, assim, sabe? Crente que você é uma mulher, da Zona Sul, que é gata... está *zoando* com ele.

Todos esses elementos parecem brotar de uma espécie de "descarga" oriunda da trama e arregimentação grupal, que modula o regime dos prazeres, desenha e redesenha no espaço um *dégradé* de fruições extraídas, paradoxalmente, de restos e resíduos das circunstâncias que caracterizam um "não-lugar". Um organizador de eventos ligado ao circuito da "night" percebe o poder de atração exercido pela aglomeração: "É o número que atrai as pessoas, né? A opção que você tem de pessoas, de conhecer, de ver."

O "zoar de" não faz sentido fora do "zoar com". Existe um efeito disparador no "zoar", espécie de torniquete incessante em sua própria "criação existencial", em sua condição de pura conexão, em detrimento da significação e importância dos objetos conectáveis.

Uma bola de futebol de madrugada, o espaço de um hortomercado e a falta do que fazer é condição suficiente para a vigência da "zoação" entre a "galera" de amigos de Diego:

> Várias vezes a gente não *tá* a fim de sair, ou não tem night, ou *geral tá* com namorada, ou *geral tá* sem dinheiro. A nossa night era juntar uma *galera*, pegar uma bola e ir de madrugada jogar bola lá na Cobal do Leblon. Isso já era a maior *zoação*. A gente chegava meia-noite, *geral* de bermudão, *assim*, na madrugada. Vai pra lá jogar bola. Pelo

> simples fato de durante a semana toda você ficar reprimido, por mais que você não ache. Tem horário e tem que se comportar, e tem que não sei o quê. Chega fim de semana e é aquela parada, tipo válvula de escape, pra poder agüentar mais outra semana, é basicamente isso. Aquela música do Lulu Santos com o Cidade Negra, "Sábado à noite", cara, é aquilo mesmo! Pelo simples fato de você colocar uma roupa pra se distrair, esperou a semana inteira, sei lá. Você vai de bobeira, sem fazer nada, eu já tô tranqüilo.

Não é possível a "zoação" solitária. Como vimos, ela assume inevitavelmente a dimensão grupal para se realizar. Uma vez que esta dimensão se manifeste, é possível associar ao "zoar" uma perspectiva de intransitividade. Ainda que existam objetos ou alvos para a "zoação", ela não só é capaz de prescindir deles, mas também de retraduzi-los em função das múltiplas combinatórias oriundas do improviso e das conexões arbitrárias de sentido.

O "ficar": afeto e performance

"O primeiro beijo é sempre o último." Assim nos define Mariana, com alguma dose de nostalgia, a instalação de uma nova métrica afetiva e gestual que atravessa as práticas do "ficar" entre os jovens ao longo da "night". "Ficar" é essencialmente beijar. Beijar em série, beijar muito, reconfigurando temporalidades antes submetidas ao crivo da cadência amorosa e sentimental. O primeiro beijo descontextualiza-se, desatrela-se de seus referentes frente ao que conhecemos como o ritual do namoro, à medida que a ele se confere uma propriedade fundamentalmente instantânea e recorrente, registro incontinênti do tátil. Pulverização das etapas que outrora caracterizavam a marca singular e única do enamoramento, ou do prelúdio de uma trajetória sentimental.

Percebemos, na declaração de Mariana, a presença de algo desconcertante e que nos obriga, de certo modo, a reconsiderar dimensões espaço-temporais incluídas nas novas performances afetivas. Instala-se, aqui, no perímetro do mesmo beijo, a condição intensa e simultânea de princípio e fim. O testemunho da jovem inscreve-se no contexto mais amplo das configurações nomádicas contemporâneas, quando a prática do "ficar" entre os jovens é captada em sua dimensão de instantaneidade, em seu traçado efêmero e seriado, em sua intensidade volátil. "Hoje em dia a azaração rola solta. As pessoas se olham na rua e: 'Oi, *pô*, vem cá'. É tudo muito solto..." Aqueles que "ficam" no *setting* da "night" encontram no beijo sua manifestação emblemática. Este não é o beijo que aguarda e tempera a seqüência linear e gradual dos amores à primeira vista. Não é o beijo sobre o qual guardamos na memória o registro de uma primeira vez, uma noite sem dormir, a temperatura elevada, a extensão e a longevidade da lembrança. Do ponto de vista das composições do desejo, referimo-nos aqui às gramáticas sentimentais que orquestravam as relações do namoro a partir de seqüências lineares, de uma "economia de forças" e de seus deslocamentos paulatinos e graduais situados em torno de toda uma "gravidade" sentimental.

Nos regimes que compõem as novas semióticas afetivas em torno do "ficar", o beijo assume a condição de performance, de intransitividade, fisicalidade, arma corporal, descarga rápida da emoção. Princípio e fim. Ubiqüidade do ato.

Os espaços dedicados ao lazer noturno da cidade, como as discotecas e boates, são ocupados por jovens que, em sua maioria, para lá se dirigem com a intenção de "ficar". Esta prática é acionada, fundamentalmente, por encontros velozes e fugazes de jovens que têm no beijo sua expressividade mais radical. Além do ato de beijar definir a condição essencial do "ficar", importa aqui assinalar que ambos se desenvolvem no ritmo, intensidade e velocidade análogos à condição de um irrefreável *zapping*: corpos atravessam o espaço de forma seriada, produzindo a maior acumulação possível de imagens de alto impacto por unidade de tempo e, paradoxalmente, baixa quantidade de informação por unidade de tempo.[22]

Tais semióticas afetivas são definidas pelo pragmatismo e pela interatividade, impulso, fruição, arremesso irrefletido, simultaneidades. O "ficar" compõe-se e decompõe-se com a rapidez e leveza de módulos infláveis. Como o dedilhar do controle remoto, ele nos envia a múltiplas oportunidades e experimentações sempre levitantes. O "ficar" possui a modulação do "ficando" em sua declinação transitória, em seus slogans fragmentários e frouxos que evocam a leveza "mais leve que o ar" do descompromisso. "Se rolar, rolou, se colar, colou, senão parte-se para outra."

Submetido a uma espécie de colonização do "zoar", ou seja, encontrando-se sob sua tutela e sob seus regimes de significação, o "ficar" é circunstância emblemática das novas configurações subjetivas e práticas espaciais a ela correspondentes. "*Zoar* é você chegar com um monte de amigo seu e um ficar *pegando* mais mulher que o outro." Ele possui como *setting* dominante as boates, situadas no universo da "night". Estas últimas são ocupadas por hordas humanas, aglomerações indistintas, cujo eixo tênue de colagem é a vibração do olhar, olhar *in acto*, tangível, material. "Boate deve ser o quê? *Pegação...*"

Os espaços das boates, onde proliferam as práticas do "ficar", além de serem submetidos à ressignificação permanente de seus sentidos, são também reveladores de uma nova dinâmica passional que merece ser aqui explorada.

Em visita a uma das boates mais populares da Zona Sul do Rio de Janeiro, surpreendeu-nos observar imensas aglomerações de meninos diante da porta do banheiro feminino. Este era um "ponto estratégico" para os arremessos e "chegadas" iniciais dos meninos às meninas. À medida que saem do banheiro, elas focalizam o olhar no horizonte, esgueiram-se pelas áreas livres que encontram à sua frente, procurando romper a espécie de muralha humana que se ergue diante delas. Muitas não conseguem escapar. Essa forma de abordagem procura lidar com um campo de referência que podemos chamar de estático ou ancorado – a porta dos banheiros. No entanto, a modalidade de abordagem mais freqüente entre os sexos no interior das boates é aquela que se processa em movimento, em gravitação, formando uma espécie de serpente indistinta de braços e cabelos que se sucedem freneticamente. Meninos puxam cabelos e detêm os braços das meninas, bloqueiam sua mobilidade impondo seus corpos como barreiras, não as deixam passar. Elas, muitas vezes, riem da brincadeira, gostam do assédio, mas, ainda assim, tendem a não parar. Circulação ininterrupta dos regimes de afeto, projeção, velocidade, ação livre, uma semiótica do gesto passional.

A natureza situada, curta e aproximada dos olhares flagra dois corpos que diminuem, por momentos, o ritmo da circulação. Eles se beijam, os olhos estão abertos, os amigos aplaudem. Ela reencontra uma amiga e ambas saem de mãos dadas, rindo. Grupos de meninos assistem e comemoram. A comemoração se expressa com muito riso e muita "zoação". Um rapaz segreda no ouvido do amigo: "Hoje eu vou beijar muito!"

A pista de dança está praticamente vazia. Pode-se observar a movimentação de corpos em distintas direções. Meninos e meninas, em um primeiro momento, agrupam-se em separado. A pista de dança converte-se temporariamente em arena de corpos que se recrutam para "ficar". Olhares começam a adquirir a consistência da perscruta, do exame indelével dos corpos, eles ocupam a cena e a preenchem. Pulsão háptica e não óptica, pois nessas economias afetivas não se vê de longe, não se vê em perspectiva, não se detém a totalidade. São espaços hápticos, de visão aproximada, que se caracterizam pela variação contínua de suas orientações, referências, junções. São espaços locais de pura conexão.[23] Aqui, o olho, em sua dimensão situada e parcial, conecta e drena todos os movimentos, estratégias de aproximação e captação do outro. No regime do "ficar", o olhar possui propriedades de economia da ação e da iniciativa. Ele re-espacializa a seqüência subsumida nos tradicionais rituais da corte ou do namoro entre jovens, à medida que tudo pode se esgotar em sua órbita, prescindindo-se, portanto, da gradação de atos que vão do olhar à sedução, à aproximação e à instauração da conversa.

Está instalada a guerra. É a partir desse registro que vemos soar do megafone de um dos animadores da boate o primeiro comando do embate: "Vamos beijar na boca, galera. Botar a noite pra cima!"

A noite esquenta, todos parecem compartilhar da gigantesca pulsação do lugar, manifestam visualmente uma energia que se intensifica de maneira vertiginosa. Jovens em pares – as meninas encostadas e os meninos em frente a cada uma delas – formam um *continuum* ao longo da extensão de uma imensa parede e beijam-se sob olhares e observações vindos de outro grupo de jovens. A atmosfera performática é absoluta. O tom de disputa começa a se espalhar e a produzir efeitos. Beijos se serializam, assumindo a condição de *score* em um imenso torneio. Quem "pegou" mais? Com quantas ficou? Quantos beijos eu dei? No âmbito dessas interrogações, a regência numérica adquire índices avassaladores, em que a prática do "ficar" configura-se como condição de disputa entre os jovens.

É possível acompanhar séries de pequenos eventos que compreendem, em sua tênue extensão, a seguinte seqüência: o olhar como "projétil" inicial, materializando-se na contigüidade espacial dos corpos, na performance estética do beijo, no afastamento subseqüente dos corpos e na recolocação do olhar situado e parcial no espaço. Retoma-se o circuito, que incorpora o mesmo par em novas interações que se conectam a outros grupos, outras redes de olhares, gesticulações e capturas. Realocam-se o *setting* e os pares na dinâmica do próprio circuito, permutam-se e recombinam-se formas de interação sempre contingentes e descontínuas, que se esgotam em si mesmas. "O *ficar* é uma *ficada*."

Naquela noite, pudemos testemunhar o compasso preciso de subjetividades articuladas em cadeias de sinceridades sucessivas, que só têm como único objetivo, a longo prazo, o perdurar do corpo social.[24] Condicionadas pela brincadeira e pela competição que caracterizam o "zoar", essas práticas se definem pela serialização e atingem números impressionantes. "Ir pra night é pegar mulher. Fazer a guerra. 'Pô, *pegou* quantas, e tal?' '*Peguei* 15, *peguei* 20'". O "ficar" desdobra-se em fluxos performáticos sempre segmentários, atravessados por intervalos tópicos, curtos, não-lineares.

Na absoluta frouxidão do compromisso e do desengajamento, a prática do "ficar" funda sua marca episódica naquilo que é essencialmente situacional. Paulo e Marcus – dois jovens com os quais travamos contato na boate – encostam suas mãos na altura dos pulsos, vibrando e expressando sinais de nítida aprovação. O gesto lembra um cumprimento típico entre jovens de um mesmo time de vôlei, por exemplo, quando acertam uma jogada, e estão muito próximos da vitória de seu time. Neste caso, um deles acaba de beijar uma cobiçada menina e é aclamado por isso. A menina em questão afasta-se da cena, praticamente cedendo lugar a uma amiga que é o próximo alvo para o beijo de Marcus ou Paulo. Esta cadeia não tem fim. Não importa nos determos no objeto em questão, no foco ou na singularidade de cada episódio. Importa, sim, a manutenção da corrente grupal, da trajetória e permutabilidade táteis, da longevidade do corpo social em interação.

Dois corpos podem se aproximar de modo segmentado e fraturado, ou seja, impulsionados por cortes espaciais imaginariamente operados na altura do olhar. Instala-se, aqui, o eixo contrastante entre as perspectivas do sentimento e do afeto. A prática do ficar, sintomaticamente definida como "guerra", é descarga, puro ato, que se esgota na performatividade da ação. "É uma *guerra*. Chama *guerra*, assim, de todo mundo *atirando* em todo mundo. As mulheres são os alvos, só que hoje em dia elas *atiram* tanto quanto os homens."

O uísque *versus* a água – esta última associada diretamente ao consumo do ecstasy – converte-se em recursos metafóricos capazes de exprimir circunstâncias de sedentarismo e nomadismo, que atravessam as gramáticas respectivas do sentimento e do afeto. O uísque parece sedentarizar o encontro sentimental e amoroso, permitindo que se pense a respeito do sentido de sua forma e de seus desenvolvimentos no tempo e no espaço. O "ficar", como "arma afetiva" por excelência, remonta às batidas pulsantes e indiferenciadas da *tecno music*, quando ecstasy e água, em sua combinatória espasmódica e pontual, não permitem que se capte nada além do "móvel" em si mesmo.

A prática do ficar não deixa de ser atravessada por processos de diferenciação entre os gêneros. Os meninos, por exemplo, se deixam tomar, mais que as meninas, pelo desafio numérico dessa prática. Para eles, a "essência" do ficar é dada pela regência competitiva e pela idéia do desafio travado entre meninos. A consciência de que a "night" é pura "pegação" é muito mais intensa e freqüente entre os meninos do que entre as meninas. Como nos diz Fabiano, "a mulher sempre tem a expectativa de encontrar algo mais na boate, e o cara, não...".

Quando os rapazes "pegam muitas mulheres", eles são reconhecidos e se "promovem" no grupo. Para as meninas, eles se "queimam". No entanto, em uma radiografia mais apurada dessas relações, também é possível se encontrarem alusões, por parte de meninos e meninas, a termos como "galinhas" ou "piranhas" para aquelas que se excedem na prática da "azaração". Certos lugares possuem a prerrogativa da liberação total. Outros não. Alguns deles acenam com o perigo da "queimação". Deve-se atentar para o esquadrinhamento estratégico entre métrica espacial e arroubos afetivos, como nos esclarece Diego: "Depende também do lugar, se ele *pegar* várias numa reuniãozinha, ele *se queima*. Se ele pegar menos de cinco numa Terê Fantasy,[25] ele é um merda. Lá as mulheres vão pra *pegar* uns dez caras, malucos vão pra *pegar* umas trinta".

A diferenciação entre os gêneros também se faz presente no modo pelo qual meninos e meninas encaram as distinções e as preferências entre o namorar e o "ficar". Para Flávia, por exemplo, existe algo positivo na perspectiva experimental propiciada pelo "ficar" em relação ao namoro. É o que podemos depreender de sua longa narrativa sobre o que se pode definir como uma verdadeira "codificação" dos atos que vão do "ficar" ao namorar. Ressalta-se aqui, igualmente, uma preocupação com a métrica dos detalhes e descrições em filigranas que quase não são verificadas no contexto masculino de considerações sobre esse mesmo tema:

> Tem *ficar*, *ficar ficando e namorar*... Três estágios. Primeiro, quando você *fica* com uma pessoa, ela não tem obrigação de nada, ela não

> tem obrigação de te ligar, ela não tem obrigação de não ficar com outra pessoa, ela não te deve nada, ela não te deve fidelidade, ela não te deve nada. Eu acho que ela te deve respeito, no mínimo, mas nem todo mundo é assim. Quando você *fica ficando* é quando você *fica* várias vezes seguidas com uma mesma pessoa, então você já tem alguma coisa, mas você ainda não tem... a pessoa não tem aquela obrigação com você. E *namorar é namorar*, você tem um compromisso com aquela pessoa.

A aspiração pela busca do par na "night" é praticamente inexistente quando se trata do sexo masculino. O descompromisso é o seu eixo central: "A night agora, saqualé? Geral vai pra noite, mas pra *ficar* com quantas mais puder, *saqualé*? Acho que *nego* não vai pra *ficar* só com uma, se tiver chance de *ficar* com mais, saqualé?"

A maior parte de nossos informantes do sexo masculino deixa claro que "night" e namoro são categorias nitidamente excludentes. A importância do número, das curvas quantitativas crescentes, torna impossível qualquer fixação ou ancoragem em torno desse compromisso. Logo a seguir, Marcelo nos endossa essa idéia falando sobre sua concepção de "ficar":

> *Ficar, pô, ficar ficou*, você nunca mais vê aquela mulher na vida. Namorar, você, *pô*, você tem um compromisso. *Ficar* você não tá tendo compromisso nenhum. A não ser que depois você troque telefone com a garota e comece a ter um relacionamento com a garota, mas raramente isso acontece. Até mesmo porque a gente não quer.

Apesar dessas distintas modalidades da aproximação, diferenciadas pelos gêneros, uma regra é inescapavelmente comum a ambas: a circulação permanente. Meninos e meninas, quando querem "ficar" com alguém, não podem parar. Eles têm de andar, de estar em movimento todo o tempo, "rodando", "rodando". Não ficam no mesmo lugar esperando que alguém se aproxime. Eles procuram alguém para "ficar".

> Geral, *rodando*. Quando você *chega* numa mulher, ela já sabe o que você quer, entendeu? *Cara*, por que ficar gastando tempo, né? É

meio assim: você gostou de mim, eu também gostei, vamos *ficar*, sa-
qualé? É aquela parada, eu pergunto o nome, nem escuto o nome. Se escutar, esqueci. Então, fica assim, *ficar* só por *ficar*, sacou?

Os nomadismos metropolitanos contemporâneos são capazes de encontrar sua fiel correspondência no conjunto de mecanismos que caracterizam a prática do ficar. Na radiografia subjetiva implicada nesta prática, está presente a polifonia de elementos que vêm caracterizando a volatilidade e a seriação das novas composições afetivas, os novos registros assumidos pelo olhar situado e háptico como forma de captação e agenciamento do outro, a "sucessão de sinceridades" que permeia as novas economias de contato entre os jovens. Tanto o situacionismo generalizado, caracterizador das novas composições do desejo e dos registros passionais, quanto a regência tátil das novas formas de abordagem entre os jovens reconfiguram espacialidades e temporalidades psíquicas.

Deleuze e Guattari definiram o nômade como o desterritorializado por excelência, porque habita a trajetória e se reterritorializa na própria desterritorialização. Deve-se considerar, portanto, que essa desterritorialização, em especial no caso das formas contemporâneas de nomadismo, constrói-se a partir de territórios já existentes. Desse modo, "mesmo a cidade mais estriada, secreta, espaços lisos .... Evidentemente, os espaços lisos não são por si só libertadores. Mas é neles que ... a vida reconstitui seus desafios, afronta novos obstáculos, inventa novos andamentos, modifica os adversários. Jamais acreditar que um espaço liso basta para nos salvar".[26] Sem dúvida, a linha passional que vem redesenhando as paisagens subjetivas contemporâneas atinge uma desterritorialização absoluta, mas que "se expressa no buraco negro da consciência e da paixão".[27]

Corpos voláteis: estética, amor e amizade no universo gay

– *Fernanda Eugenio* –

O objetivo deste artigo é capturar tanto quanto possível as estratégias identitárias acionadas no interior dos contornos imprecisos e permeáveis do que poderíamos chamar de cena "moderna" carioca, espaço-tempo que se constrói fortemente em torno das musicalidades eletrônicas, bem como das drogas sintéticas e de uma moda empenhada em borrar as fronteiras de gênero. Embora apareça no encontro de certos indicadores sociológicos - a noite, a Zona Sul carioca (região mais abastada da cidade), um poder aquisitivo de camadas médias e médias-altas, um *ethos* jovem, a faixa etária dos *vinte-e-alguma-coisa*[1] -, a "cena" não pode ser compreendida meramente através deles, dada a ênfase no efêmero e no idiossincrático que a caracteriza. Traduz-se, de modo mais contundente, em uma "cosmética de si", para a qual a adesão a uma estética que combina moda, música e comportamento - o "MMC do mundinho", nas palavras da "nativa" Erika Palomino[2]- funciona como catalisador e vetor identitário.

Falo de uma maneira de "estar" fundamentalmente urbana, mergulho encarnado em uma particular representação do "ser jovem", aquela que faz deste momento do ciclo de vida o *locus* privilegiado para uma "transgressão tolerada,"[3] associando-o a um certo hedonismo autorizado. A poética e o dizer-se desses sujeitos exprimem-se em uma estética irrequieta, colorida e andrógina, que aponta para uma relação específica com o corpo e com os espaços, cristalizada em toda uma "montação" de si, bem traduzida no termo nativo "carão".* Trata-se de uma estética que aparece como um "arranjo de fenômenos"[4] ou de "índices de agência":[5] o esforço da "montação" *aponta para* relações de outro modo inefáveis, tornando-as "visíveis". Todo um conjunto de interações e trocas é, assim, *metonimizado* nesta estética particular.

A "cena" seria herdeira de uma cultura *club* dos anos 1990[6], cujos desdobramentos estaríamos acompanhando agora, entre *raves*, festas privadas e espaços como o 00 (lê-se "Zero Zero"), na Gávea, o Dama de Ferro, em Ipanema, a Fosfobox, em Copacabana, todas estas casas noturnas nas quais o som predominante é o eletrônico e nas quais celebra-se a figura do *dj artista*.[7] Por um lado, a "cena" é fluida o bastante para "aportar" randomicamente nos mais diversos espaços, desde que contemplados com um quê decadente-kitsch-sujo (como é o caso das festas realizadas em lendários "inferninhos" da cidade), ou no seu exato contrário, um quê *clean*-futurista (que marca a decoração bem cuidada de muitas destas casas).

Por outro lado, a "cena" é também material o suficiente para ser experimentada como lugar de "adensamentos corpóreos" - fábrica de uma "hiperpresença" acessada na confluência de estímulos múltiplos (música, bebidas, drogas, decoração arrojada dos

---

* Os termos "montação" e "carão" exprimem todo um trabalho ao qual o corpo é submetido. O primeiro é tomado de empréstimo ao universo dos transformistas e dos travestis, um empréstimo feito já pelos *clubbers* dos anos 1990 retratados por Palomino, sublinhando a proximidade dos dois universos (homossexual e "moderno"), que, segundo a autora, estiveram entrelaçados desde o começo da cultura *club* brasileira. O segundo, "carão", refere-se à postura facial e corporal recomendada na cena: corpos empertigados e olhares tão incisivos quanto evasivos. Rostos superlativos, se possível sublinhados ainda mais por uma maquiagem pesada, que destaca os olhos, usada muitas vezes também pelos rapazes. O "carão" é algo como uma "pose", mas permeado por lúdica ironia. Para designar o mesmo conjunto de atitudes, muitos referem-se a si mesmos e aos demais como *posers* (exibidos, "posudos"), e riem juntos ao evocar o que chamam de "*poser pride*" (orgulho *poser*). Outros termos relacionados são *glam* (referência curta para *glamour*) e *hype* (para designar o que está "na moda").

espaços e dos corpos, trocas de carícias etc.). Inclui, assim, tudo o que há de "moderno": as grifes "certas", os cortes de cabelo navalhados e assimétricos, as tatuagens e os piercings, a câmera digital para registrar e rever em ato a fruição, as drogas sintéticas, as bebidas energéticas (tipo Red Bull) ou as *ice* (misturas industrializadas de vodca e limão), e uma forte incitação romântica à experimentação homossexual - não qualquer uma, mas aquela que encarna a exacerbação dos valores de autonomia e individualidade, imagem máxima do "sujeito desentranhado".[8]

A mancha semântica do "moderno", logo se percebe, tem forte vocação para ser englobante. O termo aparece tanto quanto pausas e risos na fala dos informantes, e é evocado para adjetivar positivamente lugares, roupas e acessórios, músicas, pessoas.[9] Se é "moderno", é bom, é interessante, livre de preconceitos, e é fashion. E isso porque está impregnado do imaginário que ronda dois de nossos mais tematizados "mitos", aqui valorizados positivamente: o da juventude e o da homossexualidade. O eventual entrelaçamento de ambos não é gratuito, e encontra explicação possível no paralelismo das representações históricas do homossexual e do jovem: ambos tiveram uma primeira imagem efeminada e pueril, depois substituída por outra, predominantemente viril.[10]

A recusa de definições estanques para uma sexualidade vivida, a qual, em discurso, é negada como fonte de identidade e elaboração, encontra seu contraponto no interesse pelos sons eletrônicos e na freqüência sistemática do circuito noturno dos clubes e festas, ambos funcionando como fortes manchas de cristalização. É sob esta rubrica que as falas tornam-se contundentes e que os próprios integrantes da cena afirmam alguma sorte de pertencimento ou certeza. Esta identidade deliberadamente trabalhada no registro discursivo da fluidez nutre-se do inescapável paradoxo de que a celebrada sexualidade "livre", que é quase em uníssono afirmada como "não tendo nada a dizer sobre mim", funciona na prática como uma espécie de poderoso "ralo" - tudo escoa para ela, que acaba operando como sistema classificatório das pessoas na noite, ainda que seja para decretá-las como ambíguas, o que tende a conferir-lhes um charme adicional.

A "cena moderna" faz-se zona fronteiriça, lugar de sujeitos que constroem suas representações de si mesmos recorrendo menos à vida sexual que levam e mais à adesão estética às musicalidades como modo de vida, a orientar todo um encarnado trabalho de incremento corporal. Este envolve o uso das tecnologias (câmeras fotográficas digitais, Internet e telefonia celular) como extensões corporais ativas, instâncias de tráfego informativo e de composição de si; o consumo de substâncias sintéticas (com destaque para o ecstasy) como forma de promover um "adensamento da presença";[11] além do recurso à *body modification* (tatuagens, piercings, *play* piercings, alargadores de orelha, escarificações, *burnings* etc.); e a uma moda dedicada a fabricar o *glam* ou o *hype* – que abusa de tecidos de alta tecnologia, de cores vibrantes ou pastéis em composição com o preto, de acessórios metálicos, de cortes assimétricos roupas e cabelos, das misturas do tipo *hi-low* (peças caras ou assinadas, usadas com sandálias Havaianas, por exemplo) ou *novo-velho* (mescla de roupas novas com artigos garimpados em brechós).

Os "modernos" por vezes dizem-se gays, por vezes dizem-se "heteros", por vezes dizem permitir-se as duas experiências alternadamente. Com muita freqüência rejeitam essas nomenclaturas como inexpressivas para si, mas, ao acompanhar suas conversas na noite, percebe-se o quanto elas persistem e são acionadas para tentar classificar o outro. Movem-se neste *continuum* de possíveis com proclamada destreza e volatilidade, transformando seus corpos em uma celebração hedonista do "ser jovem".

Isolando suas experiências erótico-afetivas na zona segura de uma individualização radical, estes sujeitos suspendem a montagem de uma coerência definitiva para suas "ilusões biográficas".[12] Deixam-se atravessar, sem aderir de todo, por aquilo que vem sendo descrito como "metro" – metrogays ou metrossexuais, dois conceitos "fashion-mercadológicos"[13] diferentes, que se aproximam em sua predileção pela ponte, pelo entremeio, pela explícita tentativa de confeccionar e de viver esta zona borrada. Ambos convergem, ainda, em seu caráter irremediavelmente urbano e cosmopolita, presente mesmo na denominação "metro", referência econômica a "metropolitano".

Por metrogays entenderíamos aqueles que se definem como gays, mas que "adotam uma outra postura de vida em que orientação sexual não serve como cartão de visitas e nem é usada como uma forma de se impor às pessoas".[14] Tendo "se cansado da mesmice do gueto", estas "aves migratórias" são encontradas "nos restaurantes da moda, nos *lounges* badalados", em "... todos esses lugares [que] têm sempre muito estilo", "nos points antenados de São Paulo ou do Rio de Janeiro".

Os metrossexuais, por sua vez, independentemente de se definirem como heterossexuais convictos (na versão mais "midiática" do termo, que o aplica apenas aos homens), investem no borrar das fronteiras de gênero por meio da composição de um visual andrógino e do prazer em adotar os recursos cosméticos disponíveis no mercado - homens adeptos de saias, unhas pintadas, maquiagens, tratamentos *anti-age* e mesmo cirurgias plásticas, em alguns casos; mulheres que recorrem a peças clássicas do guarda-roupa masculino (como gravatas e paletós) realocadas em composições inusitadas, ou investem nos cabelos curtíssimos ou raspados. O uso do termo gera muita polêmica; poucos são os que o adotam na "cena" - rejeitá-lo é quase de bom-tom, como maneira de dizer-se "autêntico" e negar qualquer filiação a expressões fabricadas pela pena de jornalistas. Entretanto, como uma espécie de "sintoma" de um mesmo espírito de época, o surgimento deste tipo de discussão nos suplementos de moda dos jornais e revistas do país é consoante o tipo de projeto que é posto em prática na "cena".[15]

> E de uma costela gay nasceu o homem moderno. Entre outras coisas, 2003 será marcado pelo ano do aparecimento do termo "metrossexual", designação fashion-mercadológica para um homem das grandes cidades que gasta mais de 30% de seu salário com cosméticos e roupas, freqüenta manicures, aprecia um bom vinho, ado-

ra um shopping, é (para resumir) mais que simpatizante da cultura gay. Mas não se engane: é um sujeito bem macho. ("Metrossexual, o novo 'homem moderno' invade a cultura pop", *Folha de S.Paulo*, 30 dez 2003.)

Ambos, metrogays e metrossexuais, diferenciam-se quanto ao enfoque maior de seu "projeto-borrar" – borrar as demarcações do "gueto", em um caso; borrar as limitações estéticas de gênero, no outro. Esbarram com muita freqüência, porém, nos mesmos espaços do circuito "moderno" de lazer das grandes metrópoles, e isto porque compartilham um discurso de vanguarda semelhante, que tem na "informação" e na "atitude" valores capitais.

As adesões identitárias dos sujeitos que compõem a "cena" moderna carioca não se fixam no que foi descrito como metrogay nem como metrossexual, mas encontram ecos em ambos. De imediato, a proximidade com estes "rótulos" bastante recentes se verifica no ar cosmopolita que imprimem ao seu estar no mundo, no papel central do espaço urbano para sua movimentação, no acionar constante do caráter metropolitano e *up-to-date* na composição de seus discursos sobre si. Estamos, no entanto, em um terreno movediço, e tentar delimitar com clareza o perfil dos que habitam e compõem a chamada cena "moderna" carioca é um projeto de antemão irrealizável, já que a característica mais manifesta desse espaço mutante é sua *permeabilidade*. Assim, o que se pode dizer é apenas que esta "cena" se atualiza a cada noite; suas fronteiras estão em constante negociação. Nem todos os "modernos" são gays, metrogays, metrossexuais, *bi-curious*.[16] E a recíproca tampouco é obrigatoriamente verdadeira. Estamos no lugar das intercessões, arena de circulação de tipos diversos que promovem suas poéticas de si recorrendo às mais variadas combinações de imagens e discursos.[17]

Este caráter persistentemente escorregadio que os conceitos, rótulos e nomenclaturas assumem no espaço-tempo da 'cena' diz, em si mesmo, muito sobre ela. As identificações que aí se forjam entre os sujeitos aparecem mais na "jogação" de cada noite ao som das batidas eletrônicas que em uma "verdade sobre o sexo".[18] O permanente trabalho envolvido na cosmética de si acionada por estes sujeitos ocupa o lugar de confluência de identidade que não mais é posto na conta da sexualidade: são identificados no *glam*, ou no gosto por um determinado estilo de música eletrônica, ou ainda no freqüentar de um mesmo circuito de lojas, clubes, bares, restaurantes e festas.

Entretanto, a própria estratégia de não-reificação identitária adotada pelos personagens da "cena" funciona como operador de identidade. A sistemática recusa em dotar a sexualidade de "lugar da verdade" converte-se em uma nova e outra verdade. Tal percurso para a construção social da pessoa se pretende transversal às possibilidades da negação e afirmação de verdades sobre si, operando por meio de camadas de consumo sucessivas e relacionais. Compreender como este importante segmento social – urbano, jovem, "modernizante" e "formador de opinião" – elabora identidade justamente por intermédio do recurso à não-elaboração pode ajudar a compreender uma das possíveis reordenações em curso na sociedade brasileira no que toca à manifestação do estigma do desejo homoerótico. E isso porque este fenômeno parece apontar para um deslocamento na delicada aporia que costuma envolver as reivindicações neste terreno: a de que a liberdade sexual pública vem sendo conquistada à custa do reforço sistemático das grades classificatórias do comportamento privado (o que se observa com clareza nas diversas modalidades de discursos "militantes"). Os "modernos" de que pretendo tratar aqui, ao contrário, parecem assentar o livre exercício de sua sexualidade justamente em um discurso que privilegia as classificações imprecisas, ambíguas e "líquidas" de suas vidas íntimas.

A montagem discursiva do "moderno": trajetória de imagens e dizeres

A associação entre homossexualidade e liberdade de espírito – como representação e/ou como estratégia identitária – encontra ecos diversos na trajetória da cultura ocidental moderna. Desenhada por Balzac para encarnar "o papel de outro do conformismo burguês", a imagem do homossexual oitocentista, vinculando anticonvencionalismo sexual e rebeldia moral, seria seguidamente apropriada na construção de um dos mais persistentes clichês a alimentar a vasta galeria dos tipos homoeroticamente inclinados. Este ser "fora de série", excepcional em todos os sentidos da palavra, foi alternadamente celebrado e reprovado, mas sempre pelos mesmos motivos, a saber, por seu caráter pretensamente extraordinário e contestador, pela "aura libertária" com que foi envolvido – primeiro por Balzac, mas também por Gide, Proust e muitos outros artistas e pensadores que ao mesmo tempo deixaram-se contagiar pelo – e ajudaram a forjar o – poderoso fascínio despertado por essa imagem.[19]

Consideradas inocentes ou viciosas, "naturais" e, portanto, inescapáveis, ou "escolhidas" e, portanto, deliberadamente "perversas", de um modo ou de outro, as representações do desejo homoerótico foram construídas como contraponto à – ou mesmo na negação da moral – família burguesa. Daí seus valores, suas imagens e auto-imagens, bem como todo o emaranhado de falas dissonantes que as pontuam; daí todo este rico e complexo conjunto ter operado (e ainda operar fortemente) como uma espécie de versão das mais radicais e com os limites do "desentranhamento"[20] dos sujeitos em relação à densa teia de atribuições e exigências de aquisições na qual a moderna família burguesa os envolve, em sua saturação de afetos, segredos e cuidados.

O gay, como aquele que sabe viver, se divertir, fazer bom uso de sua liberdade, explorar sem amarras seu corpo e seu sexo (um sexo que poderia ser vivido em sua plenitude, sem a "ameaça" de filhos a espreitar), e que está sempre informado e "em dia" – o gay como uma pessoa eleita, mais feliz que os "normais" e enquadrados "heteros" –, é apenas um dos tipos de uma rica e complexa galeria, é claro. Tipo, entretanto, que compõe a auto-imagem sustentada como forte frente discursiva por uma parcela bastante considerável dos próprios gays, além de encontrar com freqüência cada vez maior uma recepção positiva por parte das camadas médias urbanas de "perfil moderno", orientadas por três princípios éticos – psicologicidade, igualdade e mudança – que se refletem na "valorização da singularidade e liberdade individuais, na afirmação da homossexualidade como estilo de vida e no abandono da coabitação como regra".[21]

O interesse pelos estilos homossexuais de vida, diz Pollak,[22] e sua transformação em uma espécie de modelo, se deveria a um duplo movimento de autonomização relativa e de racionalização da sexualidade, a que uma liberalização dos costumes teria dado lugar, ao desvincular interesse sexual e procriação e ao converter as práticas sexuais em alvo de cálculos racionais, estabelecendo as dinâmicas de uma contabilidade do prazer. Esses processos tiveram influência decisiva para que uma certa imagem da homossexualidade se tornasse ícone para um estilo de vida hedonista moderno,[23] "turbinado" pelo potencial de uma *imaginação* alargada e orientado pelo binômio prazer e liberdade,[24] bem como por uma gramática da intensidade,[25] na qual os valores hegemônicos da extensão são preteridos em nome da vivência ativa dos diversos recursos para a sensibilização dos corpos.[26]

Como fenômeno correlato, o par homossexual, unido por sua vontade apenas (já que acontece fora das esferas institucionalizadas) e financeiramente independente entre si, tornou-se representação máxima do casal igualitário, modelo ideal de relacionamento afetivo que se espalha como valor nas camadas médias urbanas.[27] O modelo igualitário de relacionamento afetivo como valor[28] também responde pelo declínio entre os sujeitos psicologizados das camadas médias urbanas de uma apresentação de si que remeta ao modelo hierárquico ativo/passivo.[29] Uma "publicização dos estilos de vida alternativos associados à sexualidade"[30] ocorre cada vez mais como conseqüência dos movimentos dessa ideologia igualitária, que incluem a contestação das diferenças de gênero como determinantes das relações conjugais, a defesa do livre exercício da sexualidade para ambos os sexos, independentemente dos contornos de uma relação estável, e a proliferação dos mais variados arranjos conjugais, bem como uma plena aceitação do divórcio e da "produção independente".[31]

Todo esse movimento proporcionado pela propagação de uma ideologia igualitária alia-se ainda a um outro, que Ariès[32] identifica como uma espécie de "panssexualidade da nossa época", deixando de estar contida na procriação (sexualidade legítima) ou na perversidade (sexualidade condenada), a sexualidade passou a estar em tudo, não tendo mais campo próprio e contaminando todas as esferas "não-sexuais".

Esta sexualidade esparramada e estendida na hedonista "sacralização do orgasmo", entretanto, têm uma contrapartida aparentemente contraditória, de concentração, posto que é uma sexualidade decantada: "separada do amor romântico no sentido antigo, e desembaraçada das contaminações sentimentais que antigamente a aproximavam da amizade." Justamente por isto a homossexualidade é convertida em modelo; por ser "estranha pela própria natureza à procriação" e também por ter sido construída em oposição às tradições e instituições. Nas palavras de Ariès, torna-se, assim, a homossexualidade, uma espécie de "sexualidade piloto", na mesma linha do que poderíamos entender tomando-a como caso-limite de um processo de desentranhamento dos sujeitos.[33] Deve-se registrar que essa imagem do homossexual como individualista radical não é a única apresentação de si a que recorrem sujeitos homoeroticamente inclinados. Uma alternativa que caminha na direção oposta é a do engajamento em projetos de família, como tive a oportunidade de analisar em outra oportunidade.[34]

O "papel de vanguarda" atribuído a uma certa homossexualidade é, assim, o que responde pelo fenômeno de elogio à experimentação homossexual desatrelada de configurações identitárias estanques, que compõe o "estar no mundo" dos jovens que transitam pela "cena moderna" do Rio de Janeiro. "É porque parece dar respostas práticas a um questionamento mais amplo que o meio homossexual vem sendo atualmente cortejado e solicitado pelos que criam e divulgam as modas culturais", explica-nos Pollak.[35] Daí tomarem-se de empréstimo aos gays sua estética, seus hábitos e gostos, bem como uma tácita promessa de liberdade, leveza e trânsito - traduzida em um esquema cujas "estruturas permitem uma gestão da vida afetiva e social fora das pressões de relações estáveis e duráveis".[36] Tudo isso parece estar sendo difusamente amalgamado ao estilo de vida urbano e jovem "moderno", diluindo balizadores óbvios e misturando discursos.

Os corpos voláteis e a ética do instante: cosméticas afetivas e estéticas da performance

Se é possível encontrar, no eixo da continuidade, um lastro para essa identidade que privilegia o fluxo, "herdeira da idealização romântica do homossexual *outsider*", cuja "refinada sensibilidade" apontaria para "a majestade de um destino reservado aos *happy few*" - imagem tão bem delineada por Proust, a tornar sublime o infame[37] -, também é possível tomá-la como uma das muitas expressões de uma configuração recente, a "identidade somática" ou "bioidentidade". Resultante da "interação do capital com as biotecnologias e a medicina", a biossociabilidade seria uma "forma de sociabilidade apolítica", orientada e organizada não mais pelos critérios tradicionais de formações grupais (raça, classe, estamento, orientação política etc.), mas em torno de critérios corporais: médicos, estéticos e higiênicos.[38]

Ao contrário das identidades engendradas sob o signo do biopoder clássico,[39] na biossociabilidade contemporânea a sexualidade não teria papel taxativo e determinante no dizer-se do sujeito,[40] talvez como parte do que Bezerra Jr. descreve como "ocaso da interioridade".[41] O *locus* privilegiado de problematização moral teria se deslocado da sexualidade para o corpo, nesses sujeitos cujos arranjos identitátrios errantes e intercambiáveis apontam para uma subjetividade encarnada, vivida e sentida no corpo e através dele, e construída em ato, no momento mesmo de cada interação.

Nesse sentido é que seria possível compreender a volatilidade das apresentações de si dos que se colocam como "modernos":

corpos tornados "artefatos da presença",[42] corpos mutantes para os quais nem a anatomia nem o humor são destinos; ao contrário, corpos plásticos, emblemas de um *self* que não se considera definitivo – e que tampouco se considera *self* caso não se exteriorize seguidamente em "proclamações momentâneas de si".[43] Corpos trabalhados e adornados segundo uma estética "viril"[44] ocupada em borrar as fronteiras de gênero; corpos dedicados a uma fruição das afetividades e do erotismo politicamente desengajada, alimentada pela ideologia frouxa e não formulada do *just for fun*; corpos que recusam estereótipos, congelamentos ou qualquer espécie de identidade estanque, jogando intermitentemente entre o "ser" e o "estar".[45]

Toda essa lista de encarnados investimentos é vivida como seqüência ritmada de estímulos – constante apenas na frenética inconstância de suas não-fixações – em uma busca ativa pela sensibilização. Busca que se pauta no interminável, com a ênfase posta no começar, no abrir de novas frentes para a sensorialidade, e não em lhes proporcionar desfechos – em uma ação característica dos sujeitos das sociedades de controle, nas quais a perpétua metaestabilidade dá o tom.[46] Corpos regidos pela modulação e pelo movimento como imperativo; corpos nômades que operam simultaneamente como agentes e pacientes de todo um encarnado trabalho de si. Corpos competentes e incrementados, que se desdobram e distribuem[47] *habilidosamente* no mundo – e aqui me refiro à maneira como Ingold trabalha a noção de *skill* : situacional e completamente "embebido em ação", o aprendizado das *skills* é um trajeto idiossincrático de acúmulo de saber no corpo e de desenvolvimento de um estado de ininterrupta atenção ou alerta do corpo sobre si próprio, que, longe de converter o praticante experiente em um autômato, permite-lhe "estar mais ali do que jamais esteve".[48]

O engajamento dos corpos no instante, assim se poderiam traduzir os beijos trocados alternadamente com meninos e meninas na "jogação" das festas, ou os abraços do tipo "almôndegas" (pensando-as como *meatballs* compreende-se facilmente o porquê da escolha deste nome para o amontoado de fragmentos de corpos que se forma e se dispersa ao som das batidas eletrônicas). A postura corporal sob o efeito das substâncias químicas; a maneira de andar, de olhar e de dançar, regidas pelo ver-e-ser-visto, situadas no registro material da *sedução*,[49] não mais subjugadas pela vigilância filigranar, onipresente e imaterial do modelo *panopticon*.[50]

Todo o arsenal decorativo com que se produz o "visu" (referência econômica a "visual") do corpo "montado" - as roupas e os acessórios, os piercings em tatuagens -, tudo isso se converte em *índice* para um estar no mundo característico de uma geração. De algum modo, esta "cena" que persigo e que vejo em instantâneos diversos de (re)configurações mutantes é atravessada pelo denominador comum de um *ethos* geracional jovem, com a aporia inevitável que ele carrega: dotado ao mesmo tempo de características tributárias de uma configuração social e histórica específica e de características da "juventude" como representação de uma etapa do ciclo de vida.

A juventude como representação: fatia do tempo biográfico na qual se admite como legítima a inconsistência das coerências, das certezas e das definições, tijolos de um porvir em montagem. Esta imagem da juventude como espaço autorizado das experimentações tem no "primado do estar" como discurso imperativo sua "atualização" geracional mais recente. E isso porque as diversas "juventudes" que habitam as metrópoles contemporâneas, a despeito de seus arranjos identitários os mais variáveis, e independentemente de uma orientação homo, bi ou heterossexual, têm sido afetadas, modo geral, por uma homossexualização das condutas[51] que teria instrumentalizado as abordagens, relaxado as expectativas de compromisso e aumentado as de rotatividade, o que pode ser conferido na instituição caracteristicamente urbana do "ficar".[52]

Embora a vivência do "ficar" seja diferenciada para meninos e meninas - posto que para os primeiros apresenta-se como reforço de um comportamento já deles esperados, ao passo que para elas seria algo a princípio contraditório com seu papel de gênero -, ainda assim ela tem operado uma reconfiguração bastante notável, instituindo tanto quanto possível o acesso (muitas vezes convertido em mandamento) de ambos os sexos a experimentações erótico-afetivas fora dos contornos de relações estáveis.

O panorama de fundo de minhas questões, assim, é um processo mais amplo de elogio discursivo ao fluxo e à exteriorização que vêm caracterizando as culturas jovens contemporâneas, em particular quando a "juventude" se vê alargada para além de uma faixa etária determinada, transmutada em valor e objetivo a ser perseguido, passando assim a abrigar ao mesmo tempo os mandatos da intensidade e do cálculo envolvido na formulação das bioidentidades.[53] A palavra de ordem deixa em grande medida de ser a auto-reflexão e o cultivo da interioridade – quando esta se converte em "um esforço constante de exteriorização", e o corpo se torna "alter ego do self", fazendo com que seja "preciso projetar-se para fora de si para tornar-se si mesmo".[54]

Esse "debruçar sobre si", que fez do corpo – com toda a plasticidade que lhe é conferida – seu vetor, imprimiu ao cultivo das subjetividades um caráter *embodied*.[55] Identidade que se faz e desfaz em relações de relações; identidade que *aparece* através de uma estética-*fenômeno*.[56] E isso porque a cinética do "estar no mundo"[57] se faz justamente de uma permanente e idiossincrática realização de possíveis.

De como se *colocar* na cena: consumo e "montação" dos corpos

Nesse movimento de recusa em atribuir à sexualidade vivida o poder de determinar identidades pelas quais é necessário responder, desenha-se uma rejeição sistemática aos modelos anteriores, que outrora teriam orientado as apresentações de si homossexuais, o "tipo efeminado" e o "tipo pedófilo".[58] Em seu lugar, o tipo eleito é "uma imagem machista, esportiva, superviril", aliada à indefinição dos traços "adolescentes". Este tipo "unissex", por sinal, "se tornou comum a toda uma faixa etária, sem distinção, aliás, de sexualidade". E, "coisa curiosa, o modelo único é viril".

> A adoção por toda a juventude de um modelo físico de origem sem dúvida homossexual talvez explique sua curiosidade muitas vezes simpática para com a homossexualidade, da qual ela toma emprestadas algumas características, cuja presença ela busca nos locais de reunião, de encontros, de prazer. O "homo" tornou-se uma das personagens da nova comédia.[59]

Esta "moda unissex" nada tem de prosaica ou inócua. Por seu intermédio é possível compreender por que "o enfraquecimento da proibição da homossexualidade é uma das características evidentes da situação moral de nossas sociedades ocidentais", uma vez que ela (esta moda que privilegia a intercessão) aponta para uma "mudança na representação dos sexos, não apenas de suas funções, de seus papéis em nível profissional e familiar, mas de suas imagens simbólicas".[60]

Com efeito, trata-se aqui de uma reivindicação da ordem da imagem. Por um lado, para que esta, na condição de *invólucro,* possa ser mutante, híbrida, ambígua - que ela possa comportar os trânsitos, exprimi-los, funcionar como *índice* que aponte para eles. Por outro lado, que esta (conquanto) superfície moldável, montável e destacável seja investida, ela mesma, do caráter de agência, operando também como o próprio sentido, em vez de apenas representá-lo. É nesta duplicidade possível que reside a idéia do corpo "montado" - expressão tomada de empréstimo aos travestis e transformistas que, como personagens do insólito, habitaram a extinta "cena club" e hoje habitam a "cena moderna".

Os que mais bem sabem "se colocar"[61] na "cena" - e o termo nativo "colocado" enfatiza a importância atribuída à relação corpo/espaço - são os que transitam com maior destreza pelas diversas camadas de *skill*, aprendidas e inscritas no corpo, que envolvem este modo de "estar" pautado segundo um imperativo contínuo de exteriorização. É uma coleção de *próteses* - roupas, *body modifications*, drogas, músicas, espaços. No acionar combinado de todas elas, que envolve toda uma *expertise* de consumo, emerge o "discurso do não-pertencimento" como pertencimento. Delicado agenciamento de sensibilizações de muitas ordens, essa identidade "montada" na superfície lisa dos corpos revela-se *frente destacável* – como a dos celulares usados por esses mesmos jovens, ou como as frases nas camisetas que circulam nas festas: "sei lá, mil coisas"; "não quero poucos e bons; quero muitos e ótimos"; "*glam doll*"; "gaste tudo em fliperama"; "*purposeless t-shirt*"; "é tudo mentira"; "*no me molesten, estoy bailando*"; "você pra mim é problema seu"; "só estou aqui pelo dinheiro".

Intermitente e polifônico, este "dizer-se" – que se inscreve em um contemporâneo registro da "celebridade"[62] – desenha sua coerência (artificial como todas) e legitimidade estética na contradefinição de "outros", dos quais o "moderno" se destaca como diferente: ele que não é "careta" (o heterossexual "enquadrado" nos moldes da família, ou aquele que não consome drogas); ele que não é "playboy" (aquele que teria apenas o dinheiro, mas não o "estilo" nem a "atitude"); ele que não é "ploc" (a imagem *over* do "moderno", aquele que "pre-ci-sa estar in" e que "parece que comprou a arara inteira das lojas multimarcas, tipo a Index"); ele que sabe explicar melhor "quem não é" do que "quem é".

Definindo-se pela indefinição, o "moderno" elege como valores a itinerância e a velocidade. Daí o gosto pelas tecnologias digitais e pela Internet, e a inclusão dos espaços ditos "virtuais" com equivalente destaque no circuito de lugares a se freqüentar – ênfase para o fotolog,[63] um certo diário com fotos, aberto à visitação dos amigos. Esse diário tem se convertido no suporte eleito por esses sujeitos para seus projetos de intenção biográfica e de arquivamento de si, além de operar como meio privilegiado para a obtenção de informações acerca do que (e de quem) é hype, para a divulgação dos registros (fotos digitais) das *baladas*[64] e para o reconhecimento da rede de amizades (os amigos e os novos amigos passam a se referir uns aos outros pelos *nicknames* criados no universo dos *flogs*).

Espécie de coluna social com forte carga interativa e autoral – posto que produzida pelas próprias pessoas que a protagonizam –, o fotolog conquistou os adeptos da "cena moderna" por viabilizar a reprodução (ilustrada por fotos das mais recentes "jogações" do circuito de amigos e amigos de amigos no espaço virtual, funcionando como uma *ampliação da superfície de contato* de cada sujeito com seus pares e com o mundo. Maquete imaterial da geografia da noite, eis o espaço dos fotologs – e agora, mais recentemente, do Orkut, site no qual a proposta é interligar os amigos, reproduzindo a rede e mesmo contribuindo para aumentá-la e dar-lhe visibilidade.[65] Ambos, fotolog e Orkut, não se explicam – e aqui concordo com Vianna[66] – por um diagnóstico de "falta de comunidade na vida real". Ao contrário, o que se observa aí é uma "fartura ou abundância de comunidades, várias diferentes (e muitas vezes inconciliáveis) ao mesmo tempo".

Serviços como o fotolog e o Orkut, assim como o uso de ferramentas para mensagens instantâneas na Internet, como o MSN e o ICQ, não devem ser lidos como sintomas de um mundo que a velocidade da comunicação e as tecnologias digitais teriam tornado "pequeno". Ligar-se em rede e "estreitar" o mundo é uma escolha, algo como uma *camada adicional* de sociabilidade disponível somente para alguns, e que também somente para alguns faz sentido acionar.

A importância destes suportes "virtuais" cheios de imagens pode ser medida pela presença maciça, nos clubes, dos flashes de câmeras digitais espocando freneticamente na pista. Toda uma reorganização da fruição da noite acontece em torno desse novo elemento que tem se convertido em acessório fundamental para as "jogações". Toda uma postura corporal é também forjada na relação com a câmera. Do mesmo modo, também se verifica uma transformação no gosto – a "boa foto" não é a foto bem enquadrada e nítida, mas aquela com borrões de luz que figuram como *vibe*[67] materializada; aquela que comporta e exibe a aleatoriedade do movimento; a carregada de *ocasionalismo*, clicada pelo braço estendido de um dos amigos, diante do qual todos os outros se amontoam com seus "carões" estampados no rosto. O gosto elege a foto borrada, com feixes de luz, enquadramentos inusitados, pessoas cortadas, pedaços de corpos, movimentos. O gosto recusa congelamentos, nitidez, definição. A "boa foto" é a que mimetiza a fluidez identitária pleiteada pelos que nela figuram.

Com efeito, os "borrões de adesão grupal" destes personagens se darão pela preferência por determinados sons eletrônicos – *techno*, *house*, *deep house* e aquele que vem se convertendo no mais recente *hype*, o eletro, um som "sujo", com toques de funk, que se faz acompanhar por uma estética que mistura referências aos anos 1980, ao punk rock e ao kitsch – e pela predileção por certas substâncias, notadamente o ecstasy, mas também a onipresente maconha (por sua versatilidade, a "calça jeans" das drogas, segundo Wisnick[68]), a cocaína (a droga por excelência do "carão") e outras composições sintéticas, como o GHB, o *special key* e versões de LSD carregadas de anfetaminas.

No interior das linhas difusas que ligam os que se identificam com essa combinação de música e substâncias, encontramos sujeitos que trafegam, sem se fixar de todo, pelos possíveis da hetero, da homo e da bissexualidade. Sujeitos que, independentemente de se relacionarem com pessoas do mesmo sexo, às vezes, sempre ou nunca, se colocam diante desse possível com receptividade, envolvendo-o numa aura de simpatia. A simpatia é aqui compreendida como *simpatia de corpos*, espécie de "liga", ao mesmo tempo densa e imaterial, que faz "ferver" a pista, promove a sintonia fina entre os sujeitos em festa e funciona como canal para as diversas e simultâneas camadas interativas nas quais estes transitam.

Regidos por uma "ética do instante" e pelo bem-estar como valor maior[69] – que pode ser medido no incisivo refrão do eletro da cantora-performer *Peaches*, "fuck the pain away" (em tradução livre, algo como "esqueça, que se foda a dor") –, os sujeitos da "cena" agrupam-se em torno de identidades somáticas, cujo *invólucro* é montado em ato, aberto a um refazer-se constante, regido pelo forte privilégio discursivo do *ocasional*.

"Tous les jours de fête! / Oui, c'est excentrique/ Je dis Vive la fête!/ Pour être héroique", brada o eletro francês da dupla Vive la Fête.[70] Os corpos voláteis desdobram-se na pista, incrementados por múltiplas camadas de próteses e estímulos. Os integrantes da "cena" adotam um comportamento mediador[71] que permite agenciar múltiplos pertencimentos, inscrevendo-os em uma proposta discursiva assentada na idéia de "estetização da existência". Desta desprende-se um argumento caracteristicamente cosmopolita: o de que aquilo que consomem diz mais sobre "quem são" do que aqueles com quem se relacionam erótico-afetivamente. Ou, em outra versão: seus relacionamentos, como o que consomem, são constantemente afetados por um gosto flutuante, itinerante, sobre o qual incide um mandamento de contínua atualização. Elogio da manobra e da agência, o ser "moderno" rejeita congelamentos identitários de qualquer ordem, em particular os derivados de enunciações em torno de uma "verdade sobre o sexo".

"Sempre em obras", define-se, sucinto e risonho, um dos integrantes da "cena".

Juventude e sentimentos de vazio: idolatria e relações amorosas

– *Maria Claudia Coelho* –

A presença de fortes sentimentos de vazio na experiência do sujeito contemporâneo é hoje tema recorrente na literatura das áreas humanas e sociais. Nos trabalhos de inspiração socioantropológica, o tema do vazio é discutido em articulação com a questão do narcisismo contemporâneo, condição psíquica considerada predominante e explicada por referência à desvalorização do mundo público e à instabilidade da vida na atualidade – tal como é discutido nos trabalhos clássicos de Richard Sennett e Christopher Lasch.[1] Na literatura de orientação psicanalítica, o tema do vazio é pensado com referência à questão da identidade e das identificações, consideradas frágeis e dificultadas pelas condições do mundo de hoje.

Este trabalho propõe-se a examinar o fenômeno da idolatria em segmentos jovens sob o ponto de vista do pertencimento a fãs-clubes. Tomo como fonte de dados um conjunto de nove entrevistas realizadas com fãs (sete delas junto a jovens participantes de uma feira de fãs-clubes, ocorrida no Rio de Janeiro, em 1996), dentre as quais priorizo um subconjunto de quatro entrevistas (três mulheres e um homem) pertencentes a um mesmo fã-clube (de uma cantora pop brasileira). As idades dos entrevistados variam entre 14 e 19 anos. Suas áreas de moradia espalham-se pelo Rio de Janeiro, havendo moradores das zonas Sul e Norte, bem como de bairros dos subúrbios e mesmo de municípios vizinhos.[2]

O trabalho está dividido em quatro partes. Na primeira, exponho a caracterização do sentimento de vazio tal como discutido por Carmem Da Poian.[3] Em seguida, exponho algumas idéias elaboradas por Zygmunt Bauman[4] acerca do lugar e da forma das comunidades no mundo contemporâneo, com ênfase na noção de "comunidade estética". Na terceira, analiso os depoimentos colhidos junto aos fãs, procurando pensar o pertencimento a fãs-clubes como uma maneira de satisfazer o "anseio pela comunidade" discutido por Bauman. Na quarta parte, retomo algumas questões já discutidas em outros trabalhos a respeito da dinâmica psíquica envolvida na relação de idolatria, com base nas noções freudianas de "identificação" e "idealização", e procuro explorar as formas de articulação entre as relações de idolatria e as relações amorosas. Nas considerações finais, busco alinhavar algumas considerações sobre a idolatria como forma de lidar com os sentimentos de vazio, constituindo, assim, um caminho possível para o narcisismo do sujeito contemporâneo.

A natureza do vazio contemporâneo

Para Carmem Da Poian, o vazio é parte inerente da experiência humana, podendo ser responsável, simultaneamente, pelo "movimento vital" ou por uma paralisia. Reside aí a peculiaridade do discurso psicanalítico sobre o vazio, entendido como uma "falta inevitável". Tomado por sentimentos de vazio, o ego apresenta-se frágil e incapaz de desejar, "flutuando sem identidade ou identificações".[5] Segundo esta visão, o vazio é inerente à estrutura do sujeito, sendo contudo agravado pelas circunstâncias da vida no mundo contemporâneo.

Carmem Da Poian aponta como principal característica do vazio contemporâneo a questão da impossibilidade de construção de identificações sólidas e de uma identidade permanente. Em suas palavras:

> O estoque identificatório de que o sujeito atual dispõe é quase nenhum. Os padrões identitários não são mais marcados, as referências se perderam e a depressão, tomada por muitos como sintoma maior de nosso tempo, tem, sem dúvida, muito a ver com este vazio de identidade e de identificações. Sociedade em que o indivíduo e sua autonomia valem mais do que a comunidade que o abriga e o patrimônio cultural herdado. Sociedade sem herança, indivíduos órfãos de ideais e de verdades simbólicas que correm simplesmente atrás da sedução das imagens que lhes são propostas de inúmeros modos. Na falta de identificações, tentam arrumar uma identidade que lhes permita viver os instantes, identidades adotadas sem firmeza alguma, pois o mundo de hoje exige volatilidade, mudanças, trocas, descartabilidade.[6]

O problema é ainda agravado, na visão da autora, pelo fato de que os discursos que permeiam essa sociedade não apontam as condições da existência individual, mas o próprio indivíduo como responsável por sua experiência de vazio, aprofundando assim o abismo entre a vida social e a experiência individual – o que por sua vez aumentaria seu sofrimento psíquico.

A experiência do sujeito contemporâneo seria então marcada pela necessidade de lidar ao mesmo tempo com o desamparo básico – constitutivo da condição humana – e sua intensificação, provocada por aquela "insuficiência do estoque identificatório". O narcisismo contemporâneo surge aí como uma defesa possível para o sujeito diante desse quadro, facultando-lhe a construção de identidades que, embora frágeis e passageiras, permitiriam sua sobrevivência.[7] A identidade surge, assim, como uma forma de preenchimento do vazio: "Somente a ilusão de uma identidade pode eventualmente preencher o vazio. Por mais ilusório que seja, o sentimento de identidade é um dado essencial para a vida de um sujeito confrontado com a ameaça da morte psíquica".[8] É, ainda segundo Carmem Da Poian, o "narcisismo regenerador" de que fala Jurandir Freire Costa, um narcisismo como "estratégia de sobrevivência".

Zygmunt Bauman e o lugar da comunidade no mundo atual

▪ *O paradoxo da comunidade: liberdade x segurança*

Em seu estudo sobre a comunidade, Bauman adota como ponto de partida a identificação de um sentimento nostálgico com relação à comunidade no mundo contemporâneo. A comunidade, com suas promessas de aconchego, segurança, confiança e segurança, parece um refúgio contra a implacabilidade do mundo de hoje, sendo capaz de evocar "tudo aquilo de que sentimos falta e de que precisamos para viver seguros e confiantes".[9] Entretanto, na própria noção de comunidade encontra-se um paradoxo: como conciliar a segurança proporcionada ao indivíduo com a liberdade ao mesmo tempo almejada? Este paradoxo funciona como fio condutor que orienta as reflexões de Bauman ao longo de seu estudo e é entendido como algo inerente à condição humana.

> Dados os atributos desagradáveis com que a liberdade sem segurança é sobrecarregada, tanto quanto a segurança sem liberdade, parece que nunca deixaremos de sonhar com a comunidade, mas também jamais encontraremos em qualquer comunidade autoproclamada os prazeres que imaginamos em nossos sonhos. A tensão entre a segurança e a liberdade, e, portanto, entre a comunidade e a individualidade, provavelmente nunca será resolvida e assim continuará por muito tempo; não achar a solução correta e ficar frustrado com a solução adotada não nos levará a abandonar a busca - mas a continuar tentando. Sendo humanos, não podemos realizar a esperança, nem deixar de tê-la.[10]

O ponto central de seu estudo são a possibilidade e a forma assumida pela comunidade hoje. Para Bauman, as transformações nas formas de comunicação (em especial o transporte mecânico e a informática), agilizando o contato com os de fora da comunidade, teriam provocado um abalo em seu interior. Hoje, ela é uma conquista, extraída em meio a inúmeras outras possibilidades. Essa sua nova *démarche* inviabilizaria algumas de suas características tradicionais tais como descritas por Tönnies e Redfield, em especial o "acordo natural e evidente", que estaria contaminado pela "memória das lutas passadas".

A comunidade de hoje, fragilizada por este caráter negociado, encontraria na identidade sua substituta. Bauman define a identidade como aquilo que torna o sujeito diferente e singular. Nesse sentido, sua busca seria algo que dividiria e separaria. Em tal processo, surgiria o anseio pela comunidade, entendida como um recurso contra "a vulnerabilidade das identidades individuais e a precariedade da solitária construção da identidade".[11]

Bauman examina ainda, à luz dessa preocupação com o lugar da comunidade no mundo atual, a emergência de um novo tipo social, a quem – acompanhando a expressão de Robert Reich, chama de "os bem-sucedidos". Este tipo social seria marcado por uma atitude *cool*, termo utilizado para se referir à "'fuga ao sentimento', fuga da 'confusão da verdadeira intimidade, para o mundo do sexo fácil, do divórcio casual, de relações não possessivas'".[12] Essa atitude *cool* seria acompanhada por uma forma de distanciamento, uma espécie de "extraterritorialidade", definida como uma busca da solidão não perturbada por quem é visto como diferente. O mundo dos bem-sucedidos não comporta a comunidade. Como diz Bauman:

> Acima de tudo, a "bolha" em que a elite cosmopolita global dos negócios e da indústria cultural passa a maior parte de sua vida é – repito – uma zona livre de comunidade. É um lugar onde uma reunião, entendida como mesmice (ou, mais precisamente, uma insignificância de idiossincrasias) de indivíduos encontrados por acaso e "necessariamente irrelevantes", e uma individualidade, entendida como a facilidade não-problemática com que as parcerias são celebradas e abandonadas, são exercidas dia a dia em lugar de todas as outras práticas socialmente compartilhadas. A "secessão dos bem-sucedidos" é, antes e acima de tudo, uma fuga da comunidade.[13]

Entretanto, essas elites não podem prescindir inteiramente da comunidade. Vivendo em uma sociedade de risco (na consagrada expressão de Ulrich Beck), estas elites sonham com uma forma de comunidade capaz de dar sustentação a suas identidades. O traço básico da comunidade sonhada seria a *mesmice*: uma comunidade de iguais na qual a recorrência das escolhas daria sustentação e firmeza ao modo como são individualmente experimentadas. A comunidade sonhada teria como traços ideais: a facilidade de construção e destruição; a flexibilidade e revogabilidade dos vínculos construídos; e a não-exigência de exclusividade, permitindo a existência de escolhas adicionais diferentes. Este é o modelo da *comunidade estética*, que encontraria sua antítese na *comunidade ética*, cujos traços fundamentais seriam exatamente a longa duração, a fraternidade e o comprometimento.

▪ *A idolatria: comunidades estéticas*

A comunidade estética apresenta um paradoxo, versão reelaborada do paradoxo segurança/liberdade que permeia todas as versões das comunidades humanas: como conciliar a natureza revogável de seus vínculos com a necessidade de oferecer a tranqüilidade e a segurança com as quais atraiu seus integrantes? Para Bauman, o "cimento" desta comunidade é a paixão, tanto mais essencial quanto "menos críveis" forem as crenças que unem seus integrantes.

O *locus* contemporâneo privilegiado para a formação dessas comunidades estéticas – em seu papel de sustentação das identidades voláteis contemporâneas – é justamente a indústria do entretenimento, em particular na sua função de construção de celebridades. Bauman define assim tais comunidades estéticas formadas em torno das celebridades:

> Graças à imensa capacidade advinda da tecnologia eletrônica, podem ser criados espetáculos que ofereçam uma oportunidade de participação e um foco compartilhado de atenção a uma multidão indeterminada de espectadores fisicamente remotos. Devido à massividade mesma da audiência e à intensidade da atenção, o indivíduo se acha plena e verdadeiramente 'na presença de uma força que é superior a ele e diante da qual ele se curva'; realiza-se a condição

posta por Durkheim para a capacidade tranqüilizadora da orientação moral dada e imposta pela sociedade. A orientação opera nestes dias mais pela estética do que pela ética. Seu principal veículo não é mais a autoridade ética dos líderes com suas visões, ou dos pregadores morais com suas homilias, mas o exemplo das 'celebridades à vista' (celebridades porque estão à vista); sua arma principal não está na sanção nem em seu poder, difuso mas bruto, de imposição. Como todos os objetos de experiência estética, a orientação insinuada pela indústria do entretenimento atua pela sedução. Não há sanções contra os que saem da linha e se recusam a prestar atenção – a não ser o horror de perder uma experiência que os outros (tantos outros!) prezam e de que desfrutam.[14]

As celebridades – e as comunidades que em torno dela se formam – produzem um conjunto de efeitos sobre as massas. São tomadas como exemplos, como modelos. Suas confissões produzem no público uma sensação pela qual anseiam: a sensação de pertencimento, de serem membros de uma "comunidade de solitários", provocada pela escuta das biografias com as quais se identificam.

Para Bauman, os ídolos provocam um efeito reconfortante em seus adeptos. Ao contrário de outros autores, contudo, que enxergam nos ídolos pontos de referência sólidos, capazes de criar uma ilusão de estabilidade, Bauman vê o conforto propiciado pelos ídolos como de natureza exatamente oposta. Para ele, os ídolos devem ser efêmeros, apresentar o padrão de "impacto máximo e obsolescência instantânea" (segundo a expressão de George Steiner), para com isso "sugerir que a não-permanência e a *instabilidade* não são desastres completos, e podem acabar premiadas na loteria da felicidade".[15]

Este seria o "pequeno milagre" dos ídolos: permitir que a comunidade seja experimentada sem que ela exista de fato, oferecendo neste movimento, o sentimento de pertencer sem o ônus dos vínculos indissolúveis. Em suas palavras: "O truque das comunidades estéticas em torno de ídolos é transformar a 'comunidade' – adversária temida da liberdade de escolha – numa manifestação e confirmação (genuína ou ilusória) da autonomia individual".[16]

A comunidade estética institucionalizada: os fãs-clubes

O quadro montado por Bauman acerca do lugar da comunidade no mundo contemporâneo pode ser articulado à discussão sobre o vazio anteriormente esboçada. Como vimos, o vazio contemporâneo pode ser explicado pela fragilidade do "estoque identificatório" de que o sujeito dispõe; a comunidade, por sua vez, enfraquecida pelo anseio da liberdade, encontra na identidade sua substituta idealizada. O indivíduo, inseguro em sua identidade precária e volátil, buscaria então uma forma de comunidade capaz de lhe propiciar uma base mais sólida, sem contudo se comprometer com formas de pertencimento caracterizadas por vínculos indissolúveis: a "comunidade de sonhos".

Penso que os fãs-clubes podem ser entendidos como uma tentativa que os indivíduos fazem de dar mais solidez a essas "comunidades estéticas" que se formam em torno das celebridades, buscando deste modo consolidar o conforto subjetivo a que visa este pertencimento. Gostaria de examinar alguns aspectos dos depoimentos colhidos junto a integrantes de fãs-clubes que ajudam a elucidar a natureza da experiência de pertencimento a esses grupos.

O primeiro aspecto que chama a atenção é o modo como os próprios fãs-clubes funcionam: fichas de inscrição, carteirinhas de associado, jornaizinhos etc. O pertencimento a tais grupos é formalizado por um conjunto de estratégias que buscam explicitá-lo. É como se a experiência em si da sedução pela celebridade não fosse suficiente para fornecer a esses sujeitos um sentido de identidade, a qual buscam então consolidar por meio das estratégias de formalização.

Há uma distinção feita pelos entrevistados que reforça essa pista: a diferença entre os fãs-clubes "oficiais" e os "não-oficiais". Em termos de funcionamento cotidiano, a principal diferença está no fato de que os fãs-clubes oficiais são "registrados" junto às firmas de produção dos artistas, estando por isso em contato permanente com seus assessores e recebendo, entre outras coisas, informações sobre a agenda profissional do artista, material de divulgação autografado etc. Ser "registrado" costuma também garantir algum acesso (pelo menos aos associados mais atuantes) ao artista: uma carta eventual, um contato breve no camarim após algum show etc. Mas talvez a importância maior da distinção apareça com maior clareza no depoimento de uma fã, explicando o que é um fã-clube "oficial":

> É que o X Produções (nome da firma de produção do artista) tem consciência de que ele existe, entendeu? Porque tem vários fãs-clubes que não são registrados, e então é como se não existissem pra eles. E pra gente, não. A gente ligou pra eles várias vezes e nós somos registrados. A X tem consciência de que o fã-clube existe, entendeu?
>
> (Patrícia, 15 anos)

O ponto central parece ser a importância atribuída ao fato de que o artista "tem consciência de que o fã-clube existe". Esta parece ser a versão "institucionalizada" de um desejo explicitado no depoimento de outro fã, que, falando de sua emoção ao receber pela primeira vez uma carta de seu ídolo, afirma:

> Eu acho que fã ... fã é a gente gostar da pessoa e além de tudo a gente acompanhar a pessoa, a gente ir a show, não perder nada. Sai um disco, como eu ... eu fiquei na porta da loja esperando a loja abrir pra comprar o primeiro disco. Entendeu? Ter pôster, ter tudo. Eu acho que fã, além de gostar, ir atrás dela, ter um contato com ela, ser correspondido ... porque é muito doloroso estar com a pessoa, e a pessoa nem saber que a gente existe. [Como foi a sensação ao receber a primeira carta?] Quando eu abri e vi a letra dela, comecei a ficar desesperado. Aí fui pro quarto e botei música dela. Aí ela tava agradecendo na carta. Aí, quando vi o autógrafo dela, comecei a chorar. Foi muito legal. Foi muito legal. Acho que é muito compensador você ser reconhecido pelo seu artista. ... ela me chamou pelo nome. Entendeu? Acho que é muito compensador isso.
>
> (Leonardo, 14 anos)

Ser "reconhecido" pelo artista parece ser assim uma forma de assegurar-se da própria identidade. Outra maneira pela qual a participação no fã-clube parece atender a este anseio está na importância do *pertencimento* em si, tal como atesta este outro depoimento:

> Olha, o que me motivou a fazer isso (montar o fã-clube), porque aí eu ia a show da X e ficava ali na frente, só que não fazia parte de nada. ... Olha, o nosso fã-clube... A gente tem várias promoções, a gente tem jornal, a gente tem uma carteirinha que foi autografada por ela, e vai seguindo assim... Chegam as cartas, e a gente manda, e o pessoal fica todo mundo em grupo, para quando faz show todo mundo se juntar e ficar uma coisa bem legal, entendeu? (Valéria, 16 anos)

O pertencimento a um fã-clube parece ainda atuar de uma terceira maneira na consolidação da identidade do fã: por meio do contato contínuo e intenso com pessoas que compartilham esse mesmo interesse, dedicando-se a trocar idéias e experiências regularmente e com intensidade. Os depoimentos dos quatro entrevistados pertencentes ao mesmo fã-clube são unânimes ao explicar desta forma o prazer da filiação:

> Nós tentamos fazer uma reunião para juntar todo mundo, porque às vezes muitas pessoas não podem ir. A gente tenta fazer uma reunião por mês. Aí a gente debate o que aconteceu nesse mês com a X, o que que pode fazer, o que que no outro mês vai acontecer, a gente mostra material e troca material um com o outro. [Me dá um exemplo de coisas que vocês gostam de discutir sobre ela.] Quando a gente fala com ela no camarim, a gente gosta de contar os mínimos detalhes que acontecem lá. Desde uma piscada de olho dela até ela dar um abraço, falar com você... Isso é que geralmente a gente discute. ... Nós temos uma superamizade, a gente tenta sempre estar de bem com o outro, entendeu? Pra poder... Porque na verdade a gente tá ali reunido pra... a gente tá falando da mesma pessoa. Então a gente tenta ficar cada vez mais unido pra que tudo corra bem.
> (Valéria)

> [Mudou alguma coisa em relação ao fato de você ser fã da X a partir do momento em que você entrou para o fã-clube?] Acho que passei a gostar mais ainda, entendeu? Porque a gente passa a conviver muito mais. Você, com o fã-clube, passa a conviver muito mais através da

> troca de idéias, sabe? Acho que você passa a gostar mais ainda da pessoa. (*Patrícia*)

> Legal num fã-clube é porque todo mundo fala da mesma coisa e gosta da mesma coisa. Coisa mais difícil que tem é quando você tem opiniões diferentes das pessoas. Você gosta de uma coisa e a outra discorda do que você gosta então como... fora a amizade.
>
> (*Laura, 18 anos*)

> [Nas reuniões do fã-clube, o que vocês fazem lá?] A gente basicamente troca vídeos, troca fotos, é 24 horas de X. A gente fala de X. o dia inteiro, a gente mostra nossas fotos, leva nossos álbuns. Troca... leva vídeos, a gente fica assistindo, conversando, todo mundo vai com camisa, vai com tudo... Eu acho legal a reunião, até porque a gente conhece mais gente, mais gente que tem o mesmo gosto que a gente. Muito legal, a gente praticamente fala de X o dia inteiro.
>
> (*Leonardo*)

O convívio com pessoas que compartilham da experiência torna-se ainda mais importante se lembrarmos que outra recorrência nos depoimentos é a percepção da reprovação da condição de fã por parte de seu círculo mais próximo de relações (família e amigos). Os entrevistados relatam que seus parentes e amigos muitas vezes reprovam o fascínio que sentem pelo ídolo, chamando-os de "malucos", "palhaços" e "exagerados", por se ocuparem tanto de alguém que "sequer sabe de sua existência". É nesse sentido que podemos entender a importância de "ser chamado pelo nome", ou de pertencer a um fã-clube "oficial", cuja existência o ídolo "reconhece".

O pertencimento a um fã-clube pode então funcionar como uma forma de reiteração de uma identidade construída pela identificação com uma figura pública. O fã-clube seria assim uma espécie de "comunidade estética" institucionalizada, que buscaria, por meio dessas pequenas formalizações – fichas, carteirinhas, jornais –, compensar a fragilidade e volatilidade dos vínculos que caracterizam esse tipo de comunidade. Assim, o pertencimento a essas comunidades atuaria no sentido de propiciar ao indivíduo um sentimento ilusório de segurança e solidariedade – o "círculo de aconchego" mencionado por Bauman, utilizando a expressão de G. Rosenberg –, sendo então um caminho possível para se lidar com os sentimentos de vazio causados pelas dificuldades identificatórias que marcam a experiência do sujeito contemporâneo.

Relações de idolatria e relações amorosas

▪ *Idolatria, enamoramento e identificação*

Os mecanismos psíquicos envolvidos no exercício da condição de fã podem ser mais bem compreendidos à luz da discussão freudiana sobre a identificação e a idealização.[17] Em *Psicologia de grupo e análise do ego*, Freud explora a dinâmica psíquica das formações primárias de grupo. Partindo da concepção de que a identificação seria "a mais remota expressão de um laço emocional", postula a existência de dois tipos básicos de vínculos emocionais: a identificação – baseada no *ser* – e a escolha de objeto – baseada no *ter*.

Para Freud, contudo, o ego não é uno, apresentando mais de uma instância. Freud postula a existência de uma "clivagem do ego", o que ensejaria a formação do "ideal do ego", instância responsável pelas funções de auto-observação, consciência moral e censura dos sonhos. É esta distinção entre o ego e o ideal do ego que lhe permite nuançar mais sua concepção do fenômeno da identificação, propondo a distinção entre a identificação – em que o objeto é colocado no lugar do ego – e a idealização – em que é colocado no lugar do ideal do ego.

Para Freud, a idealização é a marca da fascinação. Grupos primários deste tipo combinariam então um laço identificatório – dos integrantes entre si – com um laço idealizado – de cada um deles com o líder (o ídolo).

A análise dos depoimentos mostra que os fãs apontam, invariavelmente, como razões para o fascínio que sentem por seu ídolo, coisas que o ídolo *é*. Este é sempre descrito como "lindo", "perfeito", "humilde" etc. Do ponto de vista de uma visão sociológica do carisma - de acordo com Max Weber -, estaríamos diante do protótipo da relação carismática, em que o carisma é visto como algo *atribuído* pelo seguidor ao líder.

Esta é, contudo, a visão distanciada do analista. Do ponto de vista de quem *vivencia* a relação carismática, não há nada que o seguidor-fã "atribua" ao líder-ídolo; muito pelo contrário, o fã apenas "reage" às qualidades excepcionais que o ídolo apresenta por si mesmo.

Esta é a essência do fenômeno que Freud descreveu como a "supervalorização sexual", típica do estado de enamoramento. Nele, o objeto amado é imune a qualquer reparo, e o sujeito enamorado aparecendo destituído de sua capacidade crítica em relação a ele. Isso ocorre porque, neste fenômeno, o objeto amado desempenha a função de um "sucedâneo" para algum "inatingido ideal do ego", e o amor aparece então como uma tentativa de satisfação do narcisismo.

Este seria o modelo da relação de idolatria sob uma perspectiva diádica. Pensado, contudo, de um ponto de vista grupal - de que o fã-clube seria o protótipo -, teríamos um modelo de formação de grupo que se pode tomar como uma definição psicanalítica de fã-clube: "Um grupo primário desse tipo é um certo número de indivíduos que colocaram um só e mesmo objeto no lugar de seu ideal do ego, e, conseqüentemente, se identificaram uns com os outros em seu ego".[18]

▪ *O recurso ao discurso amoroso: uma retradução*

Pertencer a um fã-clube, contudo, é uma forma possível de exercitar a relação de idolatria. Há outras, como por exemplo o envio de cartas, com freqüência redigidas sob a égide de um discurso amoroso. Gostaria de traçar aqui algumas breves considerações acerca do efeito provocado, na experiência do fã, pelo ato de falar de amor a seu ídolo.

Em um conjunto de cartas de fãs analisadas em outra oportunidade,[19] identifiquei a recorrência, por parte dos fãs, do recurso ao discurso amoroso para falar daquilo que sentiam pelo ídolo. Naquele trabalho, procurei discutir a inadequação que me parecia haver nessa escolha: se o modelo ideal da relação amorosa era baseado em exclusividade e reciprocidade, por que falar de amor para o ídolo, se isto é exatamente o que a relação de idolatria não pode ser – exclusiva e recíproca?

A hipótese que propus então baseava-se em uma articulação entre as idéias de três autores: Marcel Mauss, Charles Lindholm e Edgar Morin. A primeira delas é a concepção de Mauss[20] de que a expressão dos sentimentos obedece a uma linguagem. Discutindo a tensão entre o obrigatório e o espontâneo na expressão dos sentimentos, Mauss afirma a natureza socialmente codificada dos sentimentos, enfatizando o fato de que o sujeito, ao expressar para os outros o que sente, no mesmo movimento expressa-o para si mesmo.

A segunda idéia é elaborada por Lindholm[21] em seu estudo sobre o carisma. O autor compara as experiências amorosa e carismática, afirmando que ambas atendem a um mesmo desejo fundamental do ser humano, qual seja, um desejo fusional. Entretanto, estas experiências são objeto de valorações sociais distintas, nas quais a relação amorosa é encarada como positiva e desejável, e a relação carismática como negativa e patológica.

A terceira idéia é a visão de Edgar Morin[22] acerca da indústria cultural como fornecedora de modelos para a interpretação da experiência. Para Morin, a indústria cultural seria uma das instâncias produtoras de discursos segundo os quais o indivíduo modela sua experiência.

Creio que podemos entender por que o fã fala de amor para seu ídolo à luz destas três idéias. Confrontado com uma imagem da própria experiência como patológica e suscetível a inúmeras críticas (oferecida, entre outras formas, pelas narrativas fílmicas acerca do fã, invariavelmente retratado como doentio e condenado a um final trágico), o fã recorreria a uma experiência vizinha e da mesma natureza – o amor –, porém socialmente valorizada, para falar daquilo que sente. Neste movimento, retraduziria – para os outros e para si – seus sentimentos, reivindicando assim uma imagem mais favorável de si.

Considerações finais

A experiência da idolatria pode desempenhar, conforme vimos, algumas funções na vivência subjetiva do sujeito contemporâneo. Na sua versão da criação/participação em fãs-clubes, o ser fã pode representar uma tentativa de consolidação de identidades vividas como frágeis e provisórias, por meio do aplacamento do "anseio pela comunidade" de que fala Bauman. Em sua versão mais solitária – o envio de cartas –, a condição de fã pode significar uma tradução da experiência carismática nos termos mais favoráveis da experiência amorosa.

Ambas as versões da experiência de idolatria encontram-se articuladas à temática das possibilidades identificatórias oferecidas ao sujeito no mundo contemporâneo. Vivendo em um universo esvaziado de seu "estoque identificatório", o indivíduo de hoje teria dificuldades na construção de identidades sólidas e estáveis, o que ocasionaria a recorrência de sentimentos de vazio e de falta de sentido do mundo, típicos da condição narcísica. A idolatria – a construção de uma identificação com uma figura pública – seria então um caminho possível para o narcisismo contemporâneo, tanto em sua versão "institucionalizada" (pela busca do reforço das identidades) quanto em sua versão "solo" (pela experiência fusional idealizada no recurso ao discurso amoroso).

EPÍLOGO

Juventudes, projetos e trajetórias na sociedade contemporânea

– *Gilberto Velho* –

Colocar juventude no plural expressa a posição de que é necessário qualificá-la, percebendo-a como uma categoria complexa e heterogênea, na busca de evitar simplificações e esquematismos. Certamente para os cientistas sociais em geral, e em particular para antropólogos, o *etnocentrismo* é o risco maior a ser combatido, mas está longe de ser consensual o que realmente seria etno ou sociocentrismo. Porque a dificuldade de compreender experiências e interpretações de diferentes grupos e culturas não se dá apenas quando pensamos em sociedades da Oceania, África, Ásia ou mesmo em grupos indígenas sul-americanos e brasileiros.

O desenvolvimento da antropologia das sociedades complexas, com destaque para a produção brasileira, teve e tem como um dos seus principais focos de análise justamente a diversidade interna dessas sociedades em termos de *ethos*, estilos de vida, visões de mundo e, em geral, modos de construção social da realidade. No caso de nossa temática, por exemplo, é importante estar atento às possíveis semelhanças e diferenças entre jovens freqüentadores do Posto 9, em Ipanema,[1] e jovens freqüentadores de um terreiro de candomblé, em Salvador ou na Baixada Fluminense do Rio de Janeiro. Mais interessante ainda é identificar jovens do Posto 9 que vão ocasionalmente ou mesmo freqüentam terreiros de candomblé ou de umbanda e que, em aparência, tenham um estilo de vida muito distante das pessoas que de hábito são consideradas como mais "típicas" fiéis dessas religiões.

Este é um dos aspectos importantes no desenvolvimento dessa linha de pesquisa. Trata-se de mapear e analisar os *multipertencimentos* de indivíduos e grupos característicos, embora não exclusivos, da vida na sociedade moderno-contemporânea. Ou seja, a construção das identidades é um processo que decorre no tempo, é dinâmico, transforma-se e se dá em múltiplos contextos socioculturais e níveis de realidade. Essas experiências, no entanto, não são indiferenciadas. Elas têm pesos, valores e significados específicos que precisam ser analisados tendo como referência básica os pontos de vista e visões de mundo das categorias sociais consideradas.

Voltamos à problemática clássica do significado da ação social sob o ponto de vista dos atores analisados. Portanto, um esforço essencial e contínuo é procurar ir além dos estereótipos existentes – aliás, inevitáveis em qualquer processo de interação social. Vale a pena insistir, seguindo Schutz,[2] na importância do trânsito que os indivíduos realizam permanentemente entre mundos socioculturais e províncias de significados. Esse movimento que é incessante e, de certo modo, mais intenso nas metrópoles da sociedade moderno-contemporânea, implica mudanças de foco e tipos de *attention à la vie*, nos termos de Bergson. Assim, é um dos desafios cruciais dos pesquisadores conseguir desenvolver trabalhos e investigações que permitam perceber esses significados, sua dinâmica e possíveis transformações ao longo do tempo.

Os jovens, obviamente, não constituem tribos ou segmentos isolados, apesar de algumas metáforas. A noção de *geração* implica necessariamente o estudo de relações entre categorias sociológicas que têm nas faixas e delimitações etárias uma referência básica. É por esse processo de interação social que podemos procurar entender definições de situação como classificações e atribuições de papéis, formação de expectativas de comportamento e modos de apresentação de indivíduos e grupos no cotidiano. É essa permanente e complexa negociação da realidade que envolve variáveis dos mais diversos tipos – econômicas, políticas, de organização social e simbólicas – que vai estabelecer fronteiras e classificações etário-geracionais. Estas, portanto, não são inevitáveis nem universais, apresentando modalidades próprias em função de variáveis histórico-culturais.

Assim, há várias maneiras de "ser jovem", como também de "ser velho", sem esquecer que essas próprias classificações não são dadas, e sim fenômenos socioculturais. No caso de nossa sociedade, apenas para exemplificar, basta pensar nas nebulosas fronteiras entre infância e adolescência, adolescência e juventude, juventude e maturidade, maturidade e velhice. Todas essas categorias e sua duração são discutíveis e sujeitas a constantes revisões, redefinições e reinterpretações. Portanto, antropólogos e historiadores, sobretudo, têm se preocupado em *desnaturalizar* tais representações de idade, tendo como uma de suas referências o trabalho clássico de Phillipe Ariès,[3] que gerou tantos desdobramentos.

A sociedade brasileira apresenta características próprias para a análise da problemática das gerações e, em particular, do universo jovem. Já – e de modo pioneiro – Gilberto Freyre, em *Sobrados e mocambos* (1936), chamava a atenção para a dimensão de construção das fronteiras etárias. Nas suas observações sobre a ascensão do bacharel, por exemplo, Freyre alertou para o processo de transformação da família patriarcal e de suas relações internas e externas em suas dimensões econômicas, políticas e simbólicas.

Diversos trabalhos de antropólogos brasileiros contemporâneos têm lidado com o *campo de possibilidades* em que os jovens se movem e nos quais elaboram seus projetos e desenvolvem suas trajetórias sociais. Sem dúvida, dando continuidade, embora às vezes sem o saber, às reflexões de Gilberto Freyre, um dos temas centrais é a relação com a família. A socialização e as relações com familiares e o universo de parentesco em geral são cruciais no processo de construção identitária. A continuidade, a reprodução, os conflitos e impasses são algumas das discussões principais dessa ampla problemática. A partir daí, multiplicam-se questões e caminhos de pesquisa. A inserção no sistema escolar, sexualidade e gênero, namoro e amizade, transgressões e desvio, sociabilidade, esporte, profissionalização, entre tantos outros, apontam para a riqueza, diversidade e complexidade da construção social da(s) juventude(s).

Tenho centrado minha atenção, dentro da análise sobre ideologias individualistas, em algumas questões que considero a chave para a discussão sobre as características da sociedade moderno-contemporânea. Entre elas destaco a importância da noção de *projeto*, a partir da problemática mais ampla de indivíduo e sociedade. Estão em jogo questões antropológicas e filosóficas associadas ao tema da liberdade individual e de suas limitações e relativização. Entendendo-se *projeto* como *conduta organizada para atingir finalidades específicas*, segundo Schutz,[4] torna-se interessante relacionar essa conduta com a já citada questão dos *multipertencimentos*. Certamente o desenvolvimento e a ênfase em *projetos* devem ser compreendidos dentro do âmbito das ideologias individualistas, embora esses não sejam exclusivos de sociedades em que o individualismo predomine. Em sociedades ou em contextos sociais nos quais operam mecanismos e valores hierárquicos, a construção e o desenvolvimento de *projetos individuais* se dão de forma diferente de situações em que valores individualistas claramente preponderam.

A família e o parentesco constituem um domínio em que a hierarquia é, por definição, estruturante. As relações entre parentes e gerações são marcadas por regras através das quais os indivíduos são englobados em unidades maiores, estabelecendo precedências e limites, construindo e disciplinando sentimentos e afetos. No entanto, na sociedade moderno-contemporânea, a difusão de valores individualistas gera contradições, pois a ênfase no valor-indivíduo contrapõe-se à hierarquia familiar tradicional. Assim, a família nuclear moderno-contemporânea vive o paradoxo de produzir indivíduos ao mesmo tempo que mantém, mesmo que precariamente, uma dimensão de englobamento.

Essa problemática foi bastante discutida, inclusive pelo movimento da antipsiquiatria dos anos 1960 e 1970, com autores como Laing, Cooper, Esterson etc.[5] Trata-se de uma clássica situação de contradição em que valores individualistas, ligados ao sucesso e à realização pessoal, convivem com normas e expectativas de submissão e conformismo diante de valores familiares holísticos. Daí a dimensão dramática desse processo, produzindo freqüentemente situações de impasse, acusações e crise.[6] Sabemos também que a própria família nuclear é expressão do individualismo, mas que, por outro lado, não se encontra isolada, mesmo nas sociedades mais individualistas. Isso fica mais claro em casos como o brasileiro, nos quais redes de parentesco, avós, tios, primos, cunhados etc. ocupam parte considerável do universo de relações sociais de indivíduos dos mais variados meios, classes, estratos e segmentos sociais. Assim, a elaboração de projetos individuais e as trajetórias, propriamente ditas, se dão num mundo complexo, tanto em termos de pertencimentos e papéis sociais como, sobretudo, de crenças, valores e referências simbólicas.

Como compreendermos a presença de jovens do Posto 9 em terreiros de umbanda e candomblé na periferia do Rio de Janeiro? Em princípio, eles vêm de famílias e estudam em escolas e em universidades em que as religiões afro-brasileiras têm pouca ou nenhuma presença e importância. De um modo geral, seus pais são católicos ou não têm maior adesão religiosa. É possível logo admitir que se trata de um movimento de afirmação de identidade geracional, em contraposição aos pais, como em outros casos históricos.

Mas, por outro lado, pode-se também perceber uma continuidade, com transformações, da contracultura dos anos 1960 e 1970, época da juventude dos seus pais. Alguns destes usaram drogas com maior freqüência no interior de um quadro de contestação e crítica de costumes, em que também as relações entre gêneros sofreram significativas alterações diante dos valores tradicionais dominantes até aquela época.[7] Havia também um forte componente político na visão de mundo e estilo de vida de parte significativa dos jovens de camadas médias em função do regime militar. Mesmo que só uma minoria tenha se engajado diretamente na luta pela democracia, existia um repertório sociocultural em que as referências políticas eram recorrentes. A música popular, o teatro, o cinema, as artes em geral e a imprensa, apesar da censura, traziam à baila direta ou indiretamente a problemática da política nacional e internacional, como a Guerra do Vietnã. O ano de 1968 no Brasil e no mundo, as passeatas, manifestações, a luta pela anistia e pelas eleições diretas são alguns dos elementos dessa inquietação sociopolítica.

O fim do regime militar e a reconstrução, ainda que problemática e polêmica, da democracia tenderam a alterar as motivações e prioridades dos segmentos jovens. Mas a campanha pelo *impeachment* de Collor, com o movimento dos "cara-pintadas", sem dúvida expressa ainda uma forte vontade de participação política. De algum modo, o cotidiano muda de tom, e outros tipos de questões vão se colocando. Não são necessariamente temas inéditos, mas que ganham novos pesos e espaços em função das transformações ocorridas.

Por sua vez, o mercado de trabalho se complexifica e torna-se cada vez mais competitivo, com novas ocupações e mudanças nas expectativas de estabilidade e segurança. A vertente contracultural dos anos 1960 e 1970 tem, certamente, herdeiros contemporâneos que valorizam estilos de vida alternativos. O fenômeno internacional da *New Age,* com suas diferentes combinações de religiosidade e estilos de vida alternativos, com certeza teve repercussões no Brasil.[8] A música, nas mais diversas manifestações, produz e multiplica diferentes tipos de público e de aficionados. O funk, o forró, o hip hop, o samba tradicional e o chorinho estimulam interações interclasses e interétnicas inéditas pela sua extensão e profundidade.

Também o desenvolvimento da técnica introduz e difunde novas formas de comunicação e sociabilidade, como as ligadas ao mundo da informática. Redes de sociabilidade, namoros, novos tipos de interação aproximam pessoas que podem estar distantes geográfica e socialmente. Os esportes, por outro lado, associados à preocupação com a saúde e a um *ethos* que tem na estética corporal um forte valor, ampliam cada vez mais sua presença na vida social da juventude. As mulheres, em particular, praticam muito mais esporte do que nas gerações anteriores. O vôlei, o basquete, o surfe, o futebol feminino, as ginásticas, a capoeira, entre outros, mobilizam jovens de múltiplos segmentos sociais. A sociabilidade das praias permanece central associada a outras formas de lazer como shows, boates, gafieiras etc.

Há progressivas mudanças nas relações entre os gêneros, dando prosseguimento a processos mais antigos, em que a maior liberdade sexual e o crescente espaço conquistado pelas mulheres são marcos fundamentais. Novas formas de interação e de namoro como o *ficar* são, de algum modo, desdobramentos das contestações e críticas feitas pela geração dos pais ao controle social "repressivo" exercido tradicionalmente. Os trabalhos de Rezende, Fiuza e Coelho no final dos anos 1980 já identificavam alguns desses processos.[9] O recém-publicado livro de Maria Isabel Mendes de Almeida e Kátia Tracy, *Noites nômades*, é sem dúvida, contribuição importante para a compreensão do que denominam de "culturas jovens contemporâneas".[10]

A conjunção de esporte, música e novas formas de sociabilidade tem permitido, como já foi sugerido, maior contato entre pessoas de origens e meios sociais bastante diferentes. Um exemplo rico é o fenômeno da capoeira, que se tem difundido, sobretudo nas últimas décadas, por todo o país e pelo mundo.[11] Internamente à sociedade brasileira, a capoeira tem sido um instrumento importante de valorização das camadas populares, em particular, da tradição de origem africana. Os mestres de capoeira são, em sua maioria, negros e mulatos, e exercem a condição de mestres numa hierarquia na qual aparecem como aprendizes, entre outros, jovens filhos de camadas médias e elites. Trata-se de uma situação antropologicamente rica para perceber mudanças nos valores e tipos de interação social. Não só desenvolvem-se amizades entre discípulos e mestres, mas entre os próprios discípulos, que cruzam as fronteiras de classe e grupo de status. Especificamente, atravessa-se a fronteira étnica com amizades, namoros e casamentos bastante improváveis em gerações anteriores.

Pode-se falar, com algum cuidado, em um processo de democratização que vai além da capoeira. Sem dúvida, há um crescente – embora ainda pequeno – segmento jovem oriundo das camadas populares que, por meio da educação, sobretudo, passa a freqüentar lugares e atividades de que as gerações anteriores estavam quase excluídas. A música popular, como se viu, é uma dessas alavancas. Por outro lado, há uma maior curiosidade pela cultura popular e por suas "raízes", seja como movimento de descoberta por parte de jovens de camadas médias, seja como processo de autoconhecimento dos jovens de origem popular.[12]

A presença de jovens do Posto 9 em terreiros deve ser compreendida nesse contexto. Alguns deles são capoeiristas que, com essa atividade lúdico-esportiva, conheceram freqüentadores de terreiros. Dentro desse processo de troca cultural, vários deles, capoeiristas ou não, mas todos membros de uma rede de camadas médias, não só passaram a visitar o terreiro, como também a participar dos rituais na condição de fiéis, recebendo e incorporando entidades. Tocam instrumentos, dançam, consultam-se, participando intensamente da vida dos terreiros.

Estou falando de uma pequena fração da juventude de classe média carioca da Zona Sul. Em gerações anteriores, já se podia constatar a presença de camadas médias em religiões de transe e possessão. Isso era evidente no universo do kardecismo e aparecia em diversos segmentos freqüentadores da umbanda.[13] Mas, no caso em pauta, trata-se de um setor das camadas médias superiores da Zona Sul do Rio de Janeiro na fronteira com as elites. Considero que se trata de um fenômeno interessante para explorar as mudanças que vêm ocorrendo na sociedade brasileira, em especial no que se refere ao nível dos valores e de *ethos*.

A vida nas grandes cidades vem sendo marcada por um assustador aumento da violência intra e interclasses. Sem dúvida, esse é um dos problemas mais graves que atingem a sociedade brasileira, associado à desigualdade e à dificuldade de comunicação e diálogo entre diferentes segmentos sociais. Trata-se de uma crise social e cultural. Por isso mesmo é importante acompanhar situações e casos de interação social construtiva e pacífica, com todas as suas ambigüidades e contradições, para pensarmos nos rumos e nas perspectivas dessa sociedade. As juventudes, com sua heterogeneidade e dinamismo, com novos tipos de projetos e trajetórias devem ser acompanhadas com cuidado e atenção. Essas combinações e sincretismos, de algum modo originais, certamente podem nos ajudar a pensar melhor sobre problemas teóricos e concretos da vida social.

Notas

Prefácio – Buscas de si: expressividade e identidade juvenis

(p.7-21)

1. Socializações que são estudadas no quadro das teorias das "gerações" ou da "reprodução classista". Para um balanço destas teorias, ver Pais. *Culturas juvenis.*

2. Ver Deleuze, *Milles plateaux.*

3. Ver Roberts, *Youth and Employment;* e Furlong e Cartmelm, *Young People and Social Change.*

4. Ver Pais, *Ganchos, tachos e biscates.*

5. Ver Levinson, *Sexualité et mémoire.*

6. Coupland, *Geração X,* p.42.

7. Ver Luhmann, "The Future Cannot Begin".

8. Assim era designado o cabo que, na África do Sul, dava acesso ao oceano Índico e que, logo que ultrapassado, recebeu o nome de "cabo da Boa Esperança", dada a crença de que sua transposição permitiria a descoberta do caminho marítimo para a Índia.

9. Sobre a natureza transgressiva dos cotidianos juvenis, ver Lupton, *Risk;* Cohen e Taylor, *Escape Attempts.*

10. Ver Pais et al., *Conduta de risco, práticas culturais.*

11. A expressão é de Duclos, "Puissance et faiblaisse".

12. Ver Calabrese, *La era neobarroca.*

13. Ver Willis, *Common Culture.*

14. Ver Pais, *Culturas juvenis.*

15. Ver Rey-Flaud, *Comment Freud invente le fétichisme.*

16. Maffesoli, *L'Instant éternel.*

17. Calvo, *Nacidos para cambiar, p.114-115.*

18. Dubar, Claude. *La crise de identités.*

19. Sobre a distinção entre realização *pessoal* e realização *individual*, ver Maffesoli, "Sagesses tragiques".

20. Ver Dubar, op.cit.

21. Ver Turner, Bryan. *The Body and Society...*

22. Ver Entwistle, Joanne. "Fashion and the Fleshy Body:.."
23. Calvo, Enrique Gil, idem, p.114-15
24. Diferente é a situação dos jovens que usam as novas tecnologias de comunicação com outros propósitos: por exemplo, para aprofundar sociabilidades geradas fora do mundo dessas novas tecnologias. Em Portugal, entre os estudantes do ensino secundário que possuem computador em casa é freqüente prolongarem a comunicação com os colegas da escola através de canais do IRC. Isto, evidentemente, para já não falar dos celulares.
25. Ver Tönnies, Ferdinand, *Comunidad y Asociación.*
26. Ver Damasio, Antonio, *O Erro de Descartes...*

I – Corpo e Imagem nas Culturas Jovens

O discurso sobre o sexo: diferenças de gênero na juventude carioca

(p.25-41)

1. Ver Goldenberg, *A arte de pesquisar.*
2. Agradeço ao antropólogo Marcelo Silva Ramos e às bolsistas de iniciação científica Marisol Valle, Mariana Massena, Olívia von der Weid e Viviane Dias pelo cuidadoso trabalho de organização das respostas aos questionários.
3. Ver Goldenberg, *A outra.*
4. Ver Goldenberg, "O macho em crise".
5. Ver Goldenberg, *Nu e vestido.*
6. "Enquanto nas mulheres a obsessão pelo corpo ideal é construída em torno da magreza e costuma se traduzir em distúrbios alimentares como anorexia ou bulimia, entre os homens predomina o padrão estético do quanto mais forte melhor. Ou seja, as mulheres acham sempre que estão gordas demais e eles, excessivamente fracos" (*Veja*, 6 set 2000).
7. Ver Trevisan, *Seis balas num buraco só.* O autor analisa a "inflação fálica", que faz com que os homens tenham de afirmar sua virilidade por meio da quantidade de parceiras, pela infidelidade "endêmica", pelo donjuanismo e pela extrema preocupação com o tamanho do órgão genital. Para o autor, este pesado fardo do "ideal de masculinidade" acaba sendo, na verdade, o responsável pela fragilização masculina, inclusive do ponto de vista da saúde. A expectativa de vida dos homens é bem inferior à das mulheres (elas vivem cerca de sete anos a mais que eles); os homens sofrem bem mais de toxicomania que as mulheres; o índice de suicídio é muito maior entre homens; ainda sofrem muito mais mortes violentas no trânsito; também é a maioria dos brasileiros que estão na prisão. Trevisan discute a crise do macho brasileiro e seus símbolos de masculinidade: homens preocupados com potência e desempenho sexual, a fuga do contato e da intimidade, o medo de ser considerado corno ou, pior ainda, homossexual.

8. Em 2004, dois jovens brasileiros morreram por usar anabolizantes bovinos. Um deles injetou mandralona, anabolizante usado ilegalmente na engorda rápida de gado. "Policiais prenderam quatro jovens em Goiânia, na quinta-feira, com 74 frascos de anabolizantes – alguns deles para uso animal. O material, fabricado na Argentina, seria vendido em academias de ginástica para praticantes de musculação. O preço do frasco varia entre R$ 30 e R$ 40. A fiscalização foi reforçada após a morte de um jovem goiano que usou anabolizante bovino para ganhar massa muscular" (Regional online, 11 set 2004).

9. "Jovem, potente e com Viagra na cabeça. Além da camisinha no bolso, alguns homens também portam Viagra. Querem mais: mais ereção, mais sexo, mais orgasmos. O Brasil é o segundo país no consumo da pílula do prazer. Os Estados Unidos são o primeiro. O surgimento dessa droga, em março de 1998, desencadeou uma revolução na vida sexual de homens impotentes e atraiu, de quebra, uma legião masculina interessada apenas em se divertir mais na cama. Eles fazem uso recreativo do remédio: não precisam, mas tomam. Querem se superar, impressionar suas parceiras, transar não duas, mas cinco vezes seguidas. No Brasil, ele é vendido sem receita médica" (*Nova*, mai 2000).

10. *O Globo* (20 mar 2005) diz que os remédios para produzir ereção prometem virar mais uma droga da "cultura da pílula mágica", já que jovens e adultos adotaram o remédio para incrementar a performance na cama. "O risco dos anabolizantes sexuais, consumo de pílulas de ereção por jovens em busca de maior desempenho sexual triplicou e ameaça torná-los dependentes da 'nova droga'. O endocrinologista Hélio Ventura confirma que as pílulas de ereção tornaram-se a nova droga social da juventude carioca. – Virou símbolo de status tomar uma pílula. Para os médicos, os jovens negam o uso de anabolizantes e orgulham-se do Viagra festivo... O crescimento do uso de pílulas para fins recreativos por jovens que não precisam do medicamento assusta especialistas americanos por camuflar distúrbios emocionais que podem levar a uma dependência psicológica de massa. Prognósticos de especialistas publicados no *Journal of Impotence Research* indicam que o consumo vai aumentar cada vez mais."

11. "O segmento de remédios contra a disfunção erétil deve movimentar no Brasil cerca de US$ 85 milhões neste ano. Marcos Nour, diretor de marketing da Pfizer [fabricante do Viagra], assegura que este é o maior mercado da indústria farmacêutica no país. 'Era de esperar que o setor ficasse dividido, mas o que aconteceu foi que ele cresceu, afirma Nour. Tanto é que a previsão da empresa é vender 12,5 milhões de comprimidos em 2003, contra os 11,4 milhões de 2002.' A capacidade de crescimento é celebrada pelas companhias. 'É um potencial imenso. Do público-alvo, apenas 10% estão em tratamento'" (*IstoÉ*, 26 nov 2003).

12. Badinter, *XY* sobre a identidade masculina.

13. Ver Goffman, *Estigma*.

14. "A tristeza do macho. Os homens sofrem tanto de depressão quanto as mulheres, mas para eles é mais difícil admitir a angústia. 9,7 milhões. Estima-se que seja esse o contingente de homens com depressão no Brasil. Mas a maioria nem sabe disso. Quatro vezes mais. Ocorrem quatro tentativas de suicídio entre homens para cada uma entre as mulheres. Só na terceira crise. A mulher vai ao médi-

co nos primeiros sintomas de depressão. Na maioria das vezes, o homem só procura o consultório após a terceira crise" (*Veja*, 26 nov 2003).

15. Pope, Phillips, e Olivardia, *O complexo de Adônis*.

16. Bourdieu, *A dominação masculina*.

17. Em uma enquete no site uol teen sexo (www1.uol.com.br/sexoteen), os dados revelam que meninos e meninas têm idades muito semelhantes na iniciação sexual. Sete mil seiscentos e cinqüenta e oito meninos e 5.182 meninas responderam à pergunta: "Quantos anos você tinha quando transou pela primeira vez?" Vinte e três por cento dos meninos e 21% das meninas disseram "ainda sou virgem"; 13% dos meninos e 16% das meninas assinalaram "mais de 18 anos"; 9% dos meninos e 11% das meninas aos 15 anos; 9% dos meninos e 11% das meninas aos 16 anos; 9% dos meninos e 9% das meninas aos 17 anos; 9% dos meninos e 8% das meninas aos 18 anos; 7% dos meninos e 7% das meninas aos 14 anos; 6% dos meninos e 4% das meninas com menos de 12 anos; 5% dos meninos e 3% das meninas aos 13 anos; 3% dos meninos e 3% das meninas aos 12 anos; e 2% dos meninos e 2% das meninas responderam que "só vou transar depois do casamento".

18. Abdo, *O descobrimento sexual do Brasil*. Em pesquisa com 7.103 homens e mulheres em todo o país, a autora constatou que a idade média da primeira relação sexual varia conforme a geração e o sexo. Aquelas que têm hoje entre 18 e 25 anos iniciaram a vida sexual aos 17 anos. Para eles, foi entre 14 e 15 anos. As mulheres que estão acima dos 60 anos começaram a fazer sexo com penetração após os 22 anos. Os homens, aos 16 anos e quatro meses, em média. Na mesma pesquisa, a autora registrou que o número médio de parceiros(as) que tiveram "significado especial", ao longo da vida dos(as) brasileiros(as) foi de 2,8 parceiros, para as mulheres, e 4,2 parceiras para os homens.

19. Dos 74 homens entre 17 e 24 anos pesquisados, constatou-se que apenas três se declararam virgens. A idade em que afirmam ter perdido a virgindade varia entre 13 e 23 anos, sendo que o maior número de respostas se concentra na idade de 16 anos (20 respostas). A segunda idade mais citada como momento da primeira relação sexual é de 15 anos (14 respostas). Em terceiro lugar aparece a idade de 17 anos (com 13 respostas). Em seguida está a idade de 14 anos (8 respostas). Outras idades citadas são 13 e 18 anos (três respostas cada); 19 anos (duas respostas). As idades de 20, 21 e 23 anos foram citadas uma vez cada. Dois pesquisados não responderam à questão. Entre as 184 mulheres pesquisadas, 31 se declararam virgens, o que chama a atenção pela diferença em relação às respostas masculinas. A idade em que as jovens afirmam ter deixado de ser virgens varia entre 12 e 22 anos. A idade mais citada foi 16 anos (27 respostas), o que coincide com a idade mais citada pelos jovens. As outras idades mais citadas foram 17 e 18 anos (23 respostas cada uma); 15 e 19 anos (15 respostas cada uma); 14 anos (13 respostas); e 20 anos (nove respostas). Foram citadas também as idades de 21 anos (quatro vezes) e de 12, 13 e 22 anos (uma vez cada). Vinte mulheres não responderam à questão.

20. Ver Fry e McRae, *O que é homossexualidade*.

21. Ver Becker, *Outsiders*.

22. Entre as 46 respostas masculinas precisas, nove homens declararam ter tido uma única parceira, 22 disseram ter tido de duas a cinco parceiras, 11 pesquisados

afirmaram ter tido de seis a dez parceiras sexuais e três pesquisados, de 11 a 20 parceiras. Verifica-se que o homem que respondeu ter tido 12 parceiras acrescentou o seguinte comentário: "Só com 12", sugerindo que ele considera o número baixo. Apenas um homem respondeu ter tido mais de 20 parceiras. Três homens se declararam virgens, e quatro não responderam à questão. Das 125 respostas femininas precisas, 41 mulheres afirmaram ter tido um único parceiro, 57 tiveram entre dois a cinco parceiros, 19 mulheres responderam ter tido de seis a dez parceiros e seis mulheres disseram de 11 a 20 parceiros. Duas mulheres revelaram ter tido mais de 20 parceiros. A pesquisada que declarou o maior número revelou ter tido 27 parceiros. Trinta e uma mulheres se declararam virgens e 24 não responderam à questão.

23. Em uma enquete no site uol (www1.uol.com.br/sexoteen), os dados revelam respostas de 5.092 meninos e 2.900 meninas para a questão: "Com quantos(as) garotos(as) você já transou? Quarenta e quatro por cento dos meninos e 41% das meninas assinalaram: "Ainda sou virgem"; 15% dos meninos e 9% das meninas "perdi a conta"; 23% dos meninos e 14% das meninas "só com a(o) atual namorada(o)"; 10% dos meninos e 7% das meninas "com mais de cinco garotas(os)"; 9% dos meninos e 10% das meninas "com duas garotas(os)"; e 8% dos meninos e 10% das meninas "entre três e cinco garotas(os)".

24. Ver Goldenberg, 1991; e "O macho em crise".

25. Ver Kimmel, "A produção simultânea de masculinidades".

26. Ver Goldenberg, 1991.

27. Esta idéia de uma "essência" masculina mais infiel que a feminina faz parte do imaginário social, mas também está presente em inúmeros estudos "científicos", como os registrados no livro *Guerra de esperma*, que tentam provar que a infidelidade masculina está ancorada em uma suposta "natureza biológica", que faz com que os homens tentem distribuir ao máximo seus espermas para garantir a reprodução do maior número de filhos – e, portanto, de seus genes. "O homem possui células espermáticas em abundância. A fim de realizar a grande tarefa evolucionária – a transmissão de genes –, o mais vantajoso para ele é distribuir seu esperma de forma 'eqüitativa', ou seja, pelo maior número de mulheres" (Viver – mente & cérebro, *Scientific American*, mar 2005).

28. Ver Goldenberg, 1991.

29. A expressão é de Mauss, "As técnicas corporais".

30. Ver Simmel, *Cultura feminina*; Roberto DaMatta, *Carnavais, malandros e heróis*; Lipovetsky, *A terceira mulher*; Mirian Goldenberg, "O macho em crise".

31. Ver Goffman, op.cit.

32. O livro *Retratos da juventude brasileira*, de Helena Abramo e Pedro Paulo Martoni Branco, analisa uma pesquisa realizada com 3.501 jovens de 15 a 24 anos. A amostra representa os 34,1 milhões de jovens residentes no território nacional, correspondentes a 20,1% do total da população brasileira. Os pesquisados afirmaram que preferem ser homens (58%) a ser mulheres (32%) no Brasil atual. Os aspectos mais valorizados de "ser homem" são: liberdade (34%) em relação à circulação, aos horários, à sexualidade e ao namoro, mais oportunidades de trabalho e vida profissional (15%) e menor vivência de preconceito (13%), destacando-se aqui

a maior liberdade moral dos rapazes em comparação ao maior controle social experimentado pelas moças.

33. Ver Velho, *Individualismo e cultura*.

34. Ver Goldenberg, *De perto ningüém é normal*.

35. De acordo com dados do Instituto Brasileiro de Geografia Estatística (IBGE), no ano de 2003, a proporção de mulheres que deram entrada no pedido de separação judicial (72%) foi substancialmente superior a de homens (28%). Dos requerentes de ações de divórcio, 53,4% são mulheres e 46,6% são homens (www.ibge.gov.br, 21 dez 2004).

36. Aebischer, "Tagarelice", p.175. A autora mostra um conjunto de pesquisas que "confirmam a idéia de que as mulheres falam por falar, e não para dizer coisas essenciais. Que elas privilegiam a forma em detrimento do conteúdo. De acordo com esses estudos, a eloqüência do estilo nada acrescenta ao conteúdo e só diz respeito a coisas sem importância. Sem que seja mencionado explicitamente, tais pesquisas têm sua inspiração numa representação que associa as mulheres a uma fala deficiente: falar como uma mulher significa falar muito, mais que o necessário, mas sem convicção, sem força e sem chance de ser levada a sério".

37. Ver Goldenberg, op.cit.

38. Ver Lipovetsky, op.cit.

39. Ver Laqueur, *Inventando o sexo*.

40. Ibid., p.16.

41. Coloco aqui de forma extremamente resumida os argumentos discutidos e exemplificados em detalhes por Laqueur. O autor foi fundamental para a interpretação dos dados da minha pesquisa no sentido de enfatizar a diferença entre o discurso sobre o sexo e os comportamentos sexuais masculinos e femininos.

42. "As meninas falam mais cedo e com maior correção gramatical. Aos 12 anos de idade, por exemplo, são bem melhores em escrita e empregam muito mais palavras em oratória. Isso está diretamente relacionado com o estrogênio (grupo de hormônios sexuais que estimulam caracteres femininos). Quando os níveis de estrogênio se elevam – no meio do círculo menstrual –, as mulheres ficam ainda melhores em descobrir a palavra exata de modo correto e mais rapidamente... O cérebro feminino é mais bem equipado para lidar com a linguagem. ... Num estudo com 22 sociedades em todo o planeta, a conclusão foi unânime: as mulheres falam mais" (Helen Fisher, *IstoÉ*, 10 mar 1999). "Viva a diversidade: o cérebro do homem é maior que o da mulher, mas o dela é mais complexo. Os homens têm em média 16% de neurônios a mais que as mulheres. São 23 bilhões contra 19 bilhões. O cérebro feminino faz mais sinapses e tem maior densidade de neurônios em certas áreas, o que pode explicar diferenças cerebrais sutis em áreas que processem linguagem, emoções, informações e cognição. Os homens têm mais facilidade para realizar cálculos matemáticos e se orientar no espaço. Já as mulheres reconhecem nas outras pessoas aspectos emocionais, têm melhor desempenho na linguagem verbal e na execução de tarefas detalhadas e pré-planejadas" (*IstoÉ*, 23 mar 2005). "As meninas aprendem a ler mais rápido que os meninos. Saem-se melhor em gramática e vocabulário. Têm maior facilidade em decifrar exatamente o que o professor quer. Prestam mais atenção nas aulas. Têm melhor desempenho em tes-

tes orais e escritos que nos testes de múltipla escolha. São mais habilidosas na execução de tarefas minuciosas, que exigem maior atenção" (*Veja*, 9 jun 2004). O psiquiatra Alfredo Castro Neto diz que "as mulheres falam mais e se expressam melhor que os homens. O cérebro delas já vem estruturado para usar a fala como principal forma de expressão" (*O Globo*, 18 ago 2002).

43. "Mais arrojada, nova geração de mulheres corteja os homens, reclama de sua performance, mas ainda espera o príncipe encantado. Surge uma nova classificação da atitude feminina: são as andróginas" (*IstoÉ*, 25 ago 2004).

44. "A androgenia está de volta: acabou a farra, adeus mulherão e cabelão. Vem aí o visual garoto. Gravata, look militar, visual David Bowie, dúvida no ar: garoto ou garota? Na brincadeira do masculino/feminino, tudo se mistura, gravata e cinta-liga, salto e alfaiataria. Vale tudo, até homens com falsos peitos, criados por um artista plástico, e mulher com pênis, confeccionado em tecido" (*O Globo*, 20 jan 2001). "Terno, gravata e batom: a androgenia é o pretexto para usar a roupa dos homens. De preferência, de um modo ambiguamente feminino" (*Jornal do Brasil*, 13 mai 2001).

45. Ver Costa, Jurandir Freire, "O referente da identidade".

46. Ver Pollak, Michel, "*Le témoignage*".

47. No total de questionários, foram 835 mulheres e 444 homens. Se contarmos apenas os jovens pesquisados, foram 184 mulheres e 74 homens.

Das utopias sociais às utopias corporais: identidades somáticas e marcas corporais

(p.42-58)

1. Brandt, e Rozin (orgs.), *Morality and Health*.

2. A literatura acerca do tópico é imensa. Ver, entre outros: Crawford, "Healthism and the Medicalization"; Conrad, "Médicalisation et contrôle"; Petersen, "Risk, Governance"; Bunton, "Popular Health, Advanced Liberalism"; Aïach, "Les voies de la médicalisation"; Faure, "La médicalisation vue par"; Druhle e Climent, "Enjeux et formes de la médicalisation"; Morris, *The culture of pain*; Greco, "Psychosomatic Subjects and the 'Duty to Be Well'".

3. Ver Giddens, *A transformação da intimidade*; e Nettleton, "Governing the Risky Self".

4. Ver Castiel, *A medida do possível*.

5. Ver Foucault, *Les anormaux*.

6. Ver Courtine, "Os stakhanovistas do narcisismo".

7. Ver Featherstone, "The Body in Consumer Culture"; Clarke et al., "Technosciences et nouvelle biomédicalisation"; Bunton, op.cit.

8. Courtine, op. cit., p.85.

9. Ver Le Breton, *L'adieu au corps*; Andrieu, *La nouvelle philosophie du corps*; Lupton, *Medicine as Culture*.

10. Ver Valantasis, "Constructions of Power in Asceticism".

11. Jurandir Freire Costa (comunicação pessoal) tem chamado a atenção para esses elementos da subjetividade somática.

12. Ver Sennett, *A corrosão do caráter.*

13. Ver Myers, "Nonmainstream Body Modification". Os piercings genitais oferecem uma imensidão de possibilidades, podendo ser colocados nos lábios vaginais ou no clitóris, no caso do piercing feminino, e nos testículos, na glande, entre o escroto e o ânus, no do piercing masculino. Este último recebe uma variedade de nomes segundo a localização: *Prince Albert, ampallang, dydoe, Apadravya, hafada, guiche.* O termo *Branding* designa uma marca a fogo de uma figura ou desenho desejado. *Burning* são queimaduras com cigarro ou outros instrumentos como barras de incenso etc. *Cutting* ou *scarification* são cortes ou cicatrizes que marcam diferentes tipos de desenho. Os implantes metálicos ou de silicone sólido colocados entre o músculo e a epiderme podem ser modelados à vontade na forma de estrelas, chifres etc.

14. Citado por Sweetman, "Anchoring the (Postmodern) Self?", p.53. Ver também Turner, "The Possibility of Primitiveness".

15. Favazza, *Bodies under Siege,* p.288-323.

16. Pitts, "Body Modification, Self-Mutilation and Agency", p.299. Ver também Favazza, op.cit., e Myers, op.cit.

17. Ibid., p.296. Uma coluna do *Washington Post* (22 ago 1998) coloca as modificações corporais entre os "métodos de arruinar a própria vida": "Há o álcool, evidentemente, mas também a maconha, o haxixe, a heroína, a cocaína e o LSD; anfetaminas e metanfetaminas, barbitúricos e cola de avião, tranqüilizador animal e ecstasy. Há os meios estéticos de autodestruição (*self-harm*): tatuagem, piercing corporal, scarification, anorexia, bulimia. Há a vida marginal: gangues, armas, crimes, prisão." A coluna é assinada por Kelly.

18. Andrieu, *Le semaphore, naissance du sujet,* p.200.

19. Myers, op.cit.

20. Polhemus e Proctor *apud* Sweetman, op.cit., p.63; Le Breton, *Signes d'identité,* p.105.

21. Le Breton, op. cit., p.21. Ver também Andrieu, *La nouvelle philosophie du corps.*

22. Ver Calligaris, "O sexo na cidade".

23. Featherstone, "Body Modification", p.5.

24. A expressão é de Andrieu, op.cit.

25. Duden, *The woman beneath the skin,* p.192.

26. Na língua alemã existem dois termos para expressar essa dualidade: *Körper* e *Leib,* o primeiro designa o objeto construído cientificamente e descrito de forma física ou fisicalista; o segundo, a experiência corporal vivenciada. Apesar de já encontrarmos na *Fenomenologia do espírito,* de Hegel, o uso dos termos *Körper* e *Leib* (ver Russon, *The Self and its Body*), é mérito da fenomenologia do corpo, de Edmund Husserl (*Idées directrices pour une phénoménologie et une...*) e de Maurice Merleau-Ponty (*Phénoménologie de la perception*), ter chamado a atenção e desenvolvido o caráter de reversibilidade do corpo exprimido na diferença corpo vivo / corpo vivido, ou ter um corpo e ser um corpo, isto é, entre o corpo-sujeito e o cor-

po-objeto. Sobre a dificuldade de traduzir o termo *Leib*, ver Depraz, "La traduction de *Leib*".

27. Discordo, portanto, de algumas autoras feministas que atribuem essa concepção a Barbara Duden (op.cit.). A discussão pode ser encontrada em Lindemann, "Die leiblich-affektive Konstruktion des Geschlechts", p.335; e "Wider die Verdrängung des Leibes aus der Geschlechtskonstruktion", p.52.

28. Leder, *The Absent Body*, p.6.

29. O anatomista belga Andreas Vesalius publicou em 1543 *De Humani corporis fabrica Libri septem*, que constitui uma verdadeira revolução na história da autonomia, ao dar um estatuto novo à prática da dissecação humana como ferramenta para a verificação empírica do conhecimento anatômico. Ver Sawday, *The Body Emblazoned*; Park, "The Criminal and the Saintly Body..."; Harcourt, "Andreas Vesalius and the Anatomy"; Carlino, *Books of the Body*.

30. Na página 120 do *Traité de l'homme*, de Descartes, encontramos a seguinte afirmação: "Suponho que o corpo não é outra coisa senão uma estátua ou máquina de terra que Deus forma de maneira a tornar-lhe o máximo possível semelhante a nós". Não devemos esquecer, porém, de que frente a essa visão materialista e reducionista do corpo em Descartes, a visão de fato mais popular e repetida, existe também uma outra noção do corpo em Descartes, presente nas *Meditações* e nas *Paixões da alma*, textos nos quais o pensador francês enfatiza a interação psicofisiológica, mais que a redução orgânica, como argumenta Bernard (*Le semaphore, naissance du sujet*, p.73-4). Seguindo a sugestão de Evan Thompson ("The mindful body", p.132), podemos denominar essa concepção de "proto-embodiment". Segundo Thompson, Descartes apresentaria a versão reducionista, também chamada de localizacionista - pois o corpo é reduzido ao cérebro, onde se dá a relação mente-corpo -, quando se dirige ao corpo na perspectiva da terceira pessoa (a do corpo objetivo) encarnada pelo anatomista, ao passo que a concepção do "proto-embodiment" está presente quando olha o corpo na perspectiva da primeira pessoa, de um ser incorporado (*embodied being*).

31. "O cadáver fornece um novo objeto de estudo", observa Johan Caspar Lavater nos célebres *Physiognomische Fragmente*, publicados em 1775: "seus traços adquirem uma precisão e uma expressão que não possuem quando adormecido ou desperto. A morte põe um termo às agitações nas quais o corpo está perpetuamente preso. ... Ele pára e fixa o que era previamente vago e indeciso. Tudo se eleva ou afunda a seu nível; todos os traços retornam a sua relação verdadeira" (*apud* Stafford, *Body criticism*, p.100). Vale a pena comparar a citação de Lavater com a de Descartes acima mencionada.

32. Stafford, ibid., p.108.

33. "Desde o século XVIII, o conceito do corpo construído anatômica e fisiologicamente tem sido dotado da aparência de ser um fenômeno natural, mas, ao mesmo tempo, tem se tornado invisível como uma criação social", diz Barbara Duden, p.20.

34. Ibid., p.45.

35. Sobre a redução do corpo vivido ao corpo vivo no modelo biomédico existe uma abundante literatura. Ver, entre outros: Young, Katharine, *Presence in the*

Flesh; Toombs (org.), *Handbook of Phenomenology*; Leder, op.cit.; Jackson, "Chronic Pain and the Tensions"; Lyon e Barbalet, "Society's Body: Emotion"; Duden, op.cit.; Andrieu, *La nouvelle philosophie du corps*, *La chair du cerveau* e *Le semaphore, naissance du sujet biotechnologique*; Csordas, "Introduction".

36. Ver Wolbarst, *Looking within*; Reiser, *Medicine and the Reign of Technology*; Kevles, *Naked to the Bone*; Blume, *Insight and Industry*; Cartwright, *Screening the Body*; Waldby, *The Visible Human Project*; Dolby e Alker, *Origins and Development of Medical Imaging*. Sobre os paradoxos implicados nas tentativas de constituição da objetividade do corpo pelas técnicas de visualização médica, ver Daston e Galison, "The Image of Objectivity"; e Kemp, "A Perfect and Faithful Record".

37. Duden, ibid., p.2.

38. Andrieu, *La nouvelle philosophie du corps*, p.42-3.

39. Idem.

40. Le Breton, "Réflexions sur la médicalisation de la douleur".

41. Morris, op.cit.

42. Reiser, op.cit.

43. Andrieu, op.cit.

A roupa faz o homem: a moda como questão

(p.59-76)

1. Nº 24, agosto, 2003, edição especial.

2. Kristeva, Julia. *New maladies of the soul*, p.135.

3. Ibid., p.136.

4. Idem.

5. Ferry, *Homo Aestheticus: the Invention of Taste*, p.22.

6. Lipovetsky, Gilles. *O império do efêmero*, p.44.

7. Ver Elias, *O processo civilizador*.

8. Barthes, *Système de la mode*, p.20.

9. Devemos, então, deixar claro que o termo "cenário brasileiro" deve ser entendido, aqui, como figura de linguagem. Desse modo, partimos do princípio de que não existe instrumento de análise cuja abrangência seja capaz de representar/apresentar o vasto espectro das particularidades humanas sob a forma de uma ubiqüidade totalitária.

10. Brandes, "From Here to There", p.138.

11. Esta abordagem ganha força, cremos nós, justamente quando se sabe que o surgimento das ideologias individualistas corresponde à fase inicial do processo econômico de modernização nacional ocorrido nos anos 1960, na indústria, na agricultura, nos sistemas de comunicação e no planejamento urbano, bem como na organização da família – e, por conseguinte, na formação da própria subjetividade. Ver, por exemplo, Franchetto, Cavalcanti e Heilborn, *Perspectivas antropológicas da mulher*.

12. Ver Freyre, *Casa-grande & senzala*.

13. Freyre, *Modos de homem e modas de mulher*, p.97-8.

14. Ver Buarque de Hollanda, *Impressões de viagem*.

15. Brandes, op.cit., p.139.

16. Steele, "Fashioning Men", p.78.

17. Ver Portinari.

18. Movimento social urbano, exclusivamente masculino, que vem ocorrendo em Londres e Nova York. Vivendo nas grandes metrópoles ou nas suas proximidades, seus integrantes são jovens, ricos, vaidosos e extremamente narcisistas. Outra singularidade bastante marcante é o fato de não admitirem, sob hipótese alguma, ter sua sexualidade questionada.

II – Riscos e Perturbações nas Trajetórias dos Jovens

Gravidez na adolescência nas camadas médias: Um olhar alternativo

(p.79-91)

1. Em geral, os estudos internacionais e nacionais enfatizam, como decorrência da GA, o incremento das famílias monoparentais, chefiadas por mulheres, a constituição de uma prole numerosa, a esterilização precoce, via ligadura de trompas, o abandono escolar, a precária inserção no mercado de trabalho etc. Ver, entre outros, Henriques et al., *Adolescentes de hoje, pais do amanhã*; The Alan Guttmacher Institute, *Rumo a um novo mundo*; Monteiro et al., *Gravidez na adolescência*; Luker, *Dubious Conceptions*; Vieira et al., *Seminário gravidez na adolescência*.

2. Ver Bemfam, *Adolescentes, jovens e a Pesquisa Nacional sobre Demografia e Saúde*.

3. O projeto "Gravidez na adolescência: estudo multicêntrico sobre jovens, sexualidade e reprodução no Brasil" (Pesquisa Gravad) foi elaborado originalmente por Maria Luiza Heilborn (IMS/Uerj), Michel Bozon (Ined, Paris), Estela Aquino (Musa/UFBA), Daniela Knauth (Nupacs/UFRGS) e Ondina Fachel Leal (Nupacs/UFRGS). A pesquisa está sendo realizada por três centros de pesquisa: Programa em Gênero, Sexualidade e Saúde do IMS/Uerj; Programa de Estudos em Gênero, Mulher e Saúde, do ISC/UFBA; e Núcleo de Pesquisa em Antropologia do Corpo e da Saúde da UFRGS. O grupo de pesquisadores compreende Maria Luiza Heilborn (coordenadora), Estela Aquino, Daniela Knauth, Michel Bozon, Ceres Victora, Fabíola Rohden, Cecília McCalum, Tania Salem e Elaine Reis Brandão. O consultor estatístico é Antonio José Ribeiro Dias (IBGE). A pesquisa é financiada pela Fundação Ford e conta com o apoio do CNPq.

4. O artigo é uma síntese de algumas questões tratadas em minha tese de doutorado, "*Individualização e vínculo familiar em camadas médias. Um olhar através da gravidez na adolescência*", Rio de Janeiro, Instituto de Medicina Social da Universidade do Estado do Rio de Janeiro, 2003.

5. O termo camadas médias comporta, no Brasil, uma diversidade social imensa, reunindo famílias de distintas posições sociais e *ethos* cultural. De forma sucinta, nas 14 famílias entrevistadas, a maioria dos integrantes das gerações parental e

juvenil possuía escolaridade superior; dez contavam com renda familiar até cinco mil reais e quatro, entre dez mil e 15 mil reais; sete eram monoparentais (viuvez ou separações) e três decorrentes de recomposições familiares; residiam em bairros das zonas Sul e Norte da cidade, tinham diferentes orientações religiosas ou não eram adeptos de qualquer credo. Para mais esclarecimentos sobre o universo social investigado, ver Brandão, op.cit.

6. Ver Galland, *Sociologie de la jeunesse*; De Singly, "Penser autrement la jeunesse".

7. Ver Chaland, "Pour un usage sociologique de la doublé"; De Singly, op.cit.

8. Ver Elias, *A sociedade dos indivíduos*.

9. Ver Renaut, *La libération des enfants*.

10. Ver De Singly, *Sociologie de la famille contemporaine* e *Le soi, le couple, la famille*.

11. Ver Renaut, *L'ère de l'individu*; Chaland, op.cit.

12. Ver Cavalli e Galland, *L'allongement de la jeunesse*; Galland, op.cit.

13. Ver Bozon, *Sociologie de la sexualité*.

14. Cicchelli, *La construction de l'autonomie*.

15. A literatura sobre o tema da GA nas classes populares é muito ampla, destacando-se Cabral, *Vicissitudes da gravidez na adolescência*; Costa, *Gravidez na adolescência*; Desser, *Adolescência, sexualidade e culpa*; Heilborn et al., "Aproximações socioantropológicas"; Vieira et al., op.cit., entre outros.

Juventude na era da Aids: entre o prazer e o risco

(p.92-104)

1. Aqui estamos nos referindo especificamente a três pesquisas desenvolvidas no âmbito ou em parceria com o Nupacs (Núcleo de Pesquisa em Antropologia do Corpo e da Saúde), vinculado à Universidade Federal do Rio Grande do Sul. São elas: "Aids e pobreza: práticas sexuais, representações da doença e concepções de risco em um bairro de Porto Alegre" (Knauth et al., "A banalização"); "Adolescentes e DST/Aids: pesquisa formativa em um estudo de intervenção. Avaliação qualitativa (Béria et al. "A transa e o uso"); "O impacto da infecção pelo HIV na gestante adolescente (Záchia e Knauth, *A repercussão da infecção*); "Projeto gravidez na adolescência: estudo multicêntrico sobre jovens, sexualidade e reprodução no Brasil" (Heilborn et al., 2002, "Aproximações socioantropológicas"; Aquino et al., "Adolescência e reprodução").

2. Ver Galland, *Sociologie de la jeunesse*.

3. Ver Peixoto et al., *Família e individuação*...

4. Ver Vianna, "Introdução".

5. Idem.

6. Para uma crítica à idéia de categoria sociológica, ver Galland, op.cit., p.54, que critica Bourdieu quanto à não-homogeneidade da categoria "juventude". Segundo Galland, definir a juventude como uma categoria sociológica seria concordar com uma certa unidade de representações e atitudes próprias a este período

de vida. Por isso, ele prefere privilegiar o conceito de trajetórias biográficas, cujos processos sociais de inserção no mundo adulto são específicos, em sentimentos e elaborações, para cada indivíduo, construindo trajetórias múltiplas. Logo, não se pode descrevê-las como idênticas, são inserções imprecisas no tempo (na idade, no local, na subjetividade, na família); não se dão de forma coletiva assegurada por rituais de passagem tradicionais.

7. Ver Galland, op.cit.

8. Para uma visão geral sobre como a juventude vem sendo continuamente descoberta, a partir do último terço do século XVIII, ver Flinter, "Os problemas sociológicos". Foram importantes também as obras de Sigmund Freud para pensar a adolescência e a juventude e para entender a construção dessas categorias. Ver Freud, "Três ensaios".

9. Ver Rangel, "Da infância ao amadurecimento".

10. Groppo, *Juventude*, p.273.

11. Ver Debert, "Envelhecimento e curso da vida".

12. Idem.

13. Groppo, op.cit., p.12.

14. Ver Galland, op.cit., para uma síntese da importância das obras de Talcott Parsons e de Eisenstadt nessa vertente de trabalhos. Para um apanhado interessante sobre a obra de Eisenstadt, ver Groppo, op.cit. Sobre a dimensão geracional, ver Mannheim, "O problema sociológico das gerações". Esse trabalho, da década de 1950, é lembrado com freqüência e é importante no que tange ao posicionamento de uma nova geração quanto à tradição; a atualização da herança cultural e o problema da transmissão, bem como o conflito e o desejo de autonomia juvenil, e a persistência familiar de manter a dependência. Na página 93, Mannheim, alerta que cada geração pode desenvolver um padrão próprio e distinto de interpretação e de influência sobre o mundo – o que dependerá do ritmo de transformação social e cultural das gerações e das reações específicas a essas transformações.

15. Ver Cardoso e Sampaio, *Bibliografia sobre a juventude*.

16. Ver Almeida e Tracy, *Noites nômades*.

17. Ver Cardoso e Sampaio, op.cit.

18. Ver Almeida e Tracy, op.cit.

19. Usamos estilo, neste momento, de forma semelhante à acepção atribuída por Dayerell, Juarez. "Juventude, grupos de estilo e identidade": "... um conjunto mais ou menos coerente de elementos materiais e imateriais que os jovens consideram representativos de sua identidade individual e coletiva. Na construção de um estilo, os jovens escolhem determinado gênero musical que consomem, criam um tipo de visual e espaços próprios de diversão e atuação. Assim, o estilo pressupõe o cruzamento dos campos do lazer, do consumo, da mídia e da criação cultural."

20. Ver, por exemplo: Pais, *Culturas juvenis*; Dayerell, op.cit.; Magro, "Adolescentes como autores de si próprios"; Carrano, *Juventudes e cidades educadoras*.

21. Almeida e Tracy, op.cit.

22. Salem, *O velho e o novo*, p.134.

23. Para uma instigante discussão a respeito dos ritos de passagem e a modernidade, e, conseqüentemente, sobre liminaridade, individualização e individualismo, ver DaMatta, "Individualidade e liminaridade".

24. A título ilustrativo, os animais também recebem a denominação de crianças, adolescentes, jovens, adultos e velhos na classificação de seu ciclo de vida - que se diferencia de fase de vida, obedecendo a etapas pré-classificadas como comuns e necessárias. Recentemente, em um programa jornalístico da televisão, a expressão adolescente foi aplicada às baleias que cruzavam a costa brasileira junto com suas mães; na fala do apresentador, a associação com o período adolescente referia-se ao aprendizado natural que deveriam fazer com as baleias adultas (biologização do etário).

25. Groppo, op.cit., p.212.

26. Referindo-se ao trabalho de Ariès, *História social da criança e da família.*

27. Ver Salem, op.cit., e Novaes, "Juventude/Juventudes?".

28. Ver Pimenta et al., "Passagem segura para a vida adulta".

29. Ver Béria et al., "A transa e o uso", Berquó, Elza. (coord.), *Comportamento sexual da população brasileira...*

30. Foi a mídia quem primeiro nomeou a doença "peste gay", criou uma imagem do doente - Cazuza - e é responsável pela rápida divulgação dos avanços do conhecimento científico.

31. Ver nota 3 do artigo "Gravidez na adolescência nas camadas médias".

32. Ver Knauth et al., "A banalização da Aids".

33. Ver Schuch, "Aids e sexualidade entre universitários solteiros de Porto Alegre".

34. Ver Victora et al., "Está sempre aparecendo na TV".

35. Idem.

36. Sobre a negociação do uso de métodos de prevenção/contracepção de uma perspectiva masculina, ver Machado, *Muitos pesos e muitas medidas.*

37. Há ainda, por parte das meninas, o medo de que a mãe encontre o preservativo entre seus objetos pessoais, denunciando, dessa forma, a atividade sexual.

38. Ver Záchia e Knauth, "A repercussão da infecção pelo HIV".

Os jovens de hoje: contextos, diferenças e trajetórias

(p.105-120)

1. Nos países europeus, cada vez é mais tardio o ingresso do jovem no mercado de trabalho. Na França, de cada dez jovens na faixa etária de 15 a 24 anos, apenas dois estão no mercado de trabalho. Oito estão inativos, ou seja, estudam para ingressar mais tarde no mercado de trabalho e em melhores condições de competição. No Brasil, a situação é praticamente inversa. De cada dez jovens, sete estão no mercado de trabalho.

2. Pochmann, "Juventude em busca de novos caminhos".

3. Isto agora mudou, e um dos indicadores da mudança é a porcentagem de jovens que leva a namorada ou o namorado para dormir em casa dos pais. Pode-se

afirmar que acontece com maior freqüência entre os mais ricos, mas ocorre em todas as classes sociais. Com o aumento do pluralismo religioso, também parecem ter diminuído os conflitos entre pais e filhos no que diz respeito às escolhas de religião.

4. Há alguma variação de pesquisa para pesquisa, mas, em geral, aparecem violência, desemprego e corrupção de políticos.

5. Segundo o Censo Demográfico de 2000 (IBGE), dos jovens de 15 a 24 anos, 10,4 milhões (31%) estão nas regiões metropolitanas, 18 milhões (53%) estão nas áreas urbanas não-metropolitanas, e 5,5 milhões (16%) encontram-se nas áreas rurais.

6. Ver resultados de pesquisa desenvolvida por mim e Cecília Mello em Novaes e Mello, "Jovens do Rio. Valores, circuitos e acessos".

7. Ver, por exemplo, o trabalho de Motta e Oliveira, "O reggae e o hip hop à moda brasileira"; e o de Mucchielli, "Le Rap, tentative d'expression politique".

8. Ver Novaes, "Errantes do novo milênio".

9. *Caros Amigos*, número especial, nº 3.

10. Cunha, "Fazendo a coisa certa".

11. Kehl, "A fratria órfã".

O futuro como passado e o passado como futuro: armadilhas do pensamento cínico e política da esperança

(p.121-35)

1. A elaboração mais detalhada desse exemplo encontra-se em Soares, MVBill e Athayde, *Cabeça-de-porco*.

2. Ver Berger e Luckmann, *A construção social da realidade*.

3. Ver Jaeger, *Paidéia*.

III. Novas Gramáticas Afetivas

"Zoar" e "ficar": novos termos da sociabilidade jovem

(p.139-57)

1. Jameson, *Pós-modernismo*, p.38.

2. Idem.

3. Maffesoli, *No fundo das aparências*, p.315.

4. Ibid., p.133-4.

5. Ibid., p.233-44.

6. Hetherington, *Expressions of Identity*, p.16.

7. Idem.

8. Rolnik, "Uma insólita viagem à subjetividade", p.19.

9. Ibid., p.23.

10. Guattari, *Caosmose*, p.14.

11. Ibid., p.11.
12. Ver Appadurai, "Topographies of the Self".
13. Ibid., p.93.
14. Ibid., p.92-3.
15. Ibid., p.109.
16. Canevacci, "Diversidade nômade", p.115-37.
17. Ibid., p.125.
18. Ibid., p.137.
19. Deleuze e Guattari, "587 a.C. - Sobre alguns regimes de signos", p.123-4.
20. Ibid., p.125.
21. Ver Thornton, *Club Cultures*.
22. Ver Sarlo, *Cenas da vida pós-moderna*.
23. Deleuze e Guattari, op.cit.
24. Ver Maffesoli, op.cit.
25. Grande festa à fantasia realizada anualmente na cidade de Teresópolis, estado do Rio de Janeiro, característica do circuito de "festas pagas", cuja divulgação é feita por *flyers* distribuídos em portas de universidades, escolas, bares e boates freqüentados por jovens das camadas médias.
26. Deleuze e Guattari, "1440 - O liso e o estriado", p.214.
27. Ibid., p.89.

Corpos voláteis: estética, amor e amizade no universo gay

(p.158-76)

1. Modo como a mídia norte-americana costuma referir-se a esta "fatia de mercado" que se mede com dificuldade pela faixa etária, alargada quase a ponto da indiscriminação, que se estende dos "pouco menos de 20" ao "muito mais de 30". Não é tão ocasional encontrar pessoas na "cena" com mais de 40 anos. Entretanto, pode-se dizer que a idade predominante situa-se entre os 20 e os 30 anos.
2. Palomino, *Babado forte*, p.12.
3. Ver Torgovnick, *Homens, mulheres*.
4. Ver Gell, "Strathernograms, or, The Semiotics".
5. Ver Gell, *Art and Agency*.
6. Ver Palomino, op.cit., para uma narrativa nativa e apaixonada da versão brasileira deste universo - cuja origem o mito situa em 1990, em São Paulo. O relato do "mundinho" feito por Palomino desenha os clubes como lugares que, desde o seu "nascimento", abrigam por excelência a "cultura do '*dowtchalike*' (faça o que quiser)", proporcionando um espaço para "transitar entre diferentes sexualidades e experimentar novos momentos" (p.37).
7. Ver Bacal, *Músicas, máquinas e humanos*.
8. Ver Duarte, *A sexualidade nas ciências sociais*.
9. Desde o início da pesquisa, em 2003, o termo "moderno" sofreu intensa flutuação. É possível afirmar que hoje, apesar de continuar sendo um adjetivo signi-

ficativo para a "cena" (por exemplo, o site de programação noturna Cena Carioca – www.cenacarioca.com.br – estampa logo abaixo de seu título o aposto "somente para modernos"), dificilmente alguém recorreria a ele como auto-referência. A primeira edição do ano de 2005 do *Caderno Ela*, suplemento do jornal *O Globo*, trazia em uma de suas colunas assinadas lista "de tudo o que não queremos mais para 2005". Dentre os tópicos, figurava o pedido: "que as coisas diferentes não sejam mais chamadas de moderninhas ou, pior ainda, de 'mudernas'". Ainda assim, continua-se a ouvir o termo com freqüência nas conversas captadas na "cena". Recentemente, durante uma saída a campo na qual visitava um bar recém-inaugurado, o Pecado, do mesmo dono do 00, o gerente do local fez o seguinte pedido: "Divulga o lugar para os seus amigos, tá? Mas olha, não qualquer pessoa, você sabe, não quero lotar isso aqui com qualquer um... avisa praquele pessoal moderno, descolado..."

10. Ariès, "Reflexões sobre a história da homossexualidade", p.83-4.

11. Ver Almeida e Eugenio, *Sob a regência da presença.*

12. Ver Bourdieu, "L'Illusion biographique".

13. "Metrossexual, o novo homem moderno invade a cultura pop" (*Folha de S.Paulo*, 30 dez 2003).

14. "Metrogays – onde andam essas criaturas", por Luiz Veloso, correspondente na Holanda do canal GLSPLANET (www.terra.glsplanet.com.br), 4 mai 2004.

15. Uma discussão correlata sobre essa espécie de atmosfera comum que pode ser referida como "espírito de época" é feita em Velho, "Globalização: antropologia e religião".

16. O termo *bi-curious* é parte de um elenco de opções do perfil de usuários do site de relacionamentos Orkut (www.orkut.com), sobre o qual falarei a seguir. O sujeito que se inscreve no site é instado a marcar sua preferência sexual em uma grade de múltipla escolha que traz as seguintes opções: *straight*, *gay*, *bissexual* ou *bi-curious*. É curioso o uso feito desse elenco de possibilidades, a princípio fechado. A opção *bi-curious* é alvo de ácida ironia por parte dos usuários, e, embora muitos talvez pudessem se definir assim, o mais freqüente é deixar esse campo do formulário em branco. "Não colocar nada é quase a mesma coisa que dizer 'sou gay', ou no mínimo 'já experimentei'. Não tem nada a ver responder a esse tipo de pergunta", explica um usuário. Os *bi-curious* sofrem também uma outra espécie de crítica, porque muitas vezes são identificados pelos demais como aqueles que só se permitem experiências homossexuais eventuais porque "está na moda". Esta é uma acusação que incide com muito maior freqüência sobre as mulheres. Diz-se que muitas meninas beijam-se na boca, na noite, mas não chegam a se relacionar sexualmente, o que é interpretado pelos sujeitos da "cena" como algo meramente performático.

17. Além disso – e aqui cabe uma importante ressalva –, tratamos de uma "cena" considerada menor e periférica em relação à sua referência mais próxima, São Paulo. O discurso nativo preocupa-se em afirmar que tudo no Rio é incipiente, simples e quase provinciano quando comparado à majestosa diversidade paulistana, onde a indumentária "moderna" já teria praticamente se convertido em *street*

wear, os clubes pipocam a cada noite com os melhores *DJs*, e todo um pulsante circuito de consumo colocaria os esforços cariocas "no chinelo".

18. Ver Foucault, *História da sexualidade*.
19. Costa, *A inocência e o vício*, p.46-7.
20. Ver Duarte, op.cit.
21. Heilborn, "Ser ou estar homossexual", p.139.
22. Pollak, "Homossexualidade masculina", p.57.
23. Diverso do hedonismo tradicional; ver Campbell, *The Romantic Ethic*.
24. Os mesmos processos, afirma Pollak, op.cit., também atuaram sobre as abordagens acadêmico-científicas do tema: os "problemas de classificação", assim, teriam cedido lugar a uma inusitada preocupação: "Como vivem essas pessoas?"
25. Ver Vargas, "Os corpos intensivos".
26. Ver Duarte, "O império dos sentidos".
27. Heilborn, op.cit.
28. Ver Heilborn, *Dois é par*.
29. Ver Fry, *Para inglês ver*.
30. Heilborn, "Ser ou estar homossexual", p.136.
31. Ibid., p.139.
32. Ver Ariès, op.cit., p.86-7.
33. Ver Duarte, *A sexualidade nas ciências sociais*.
34. Ver Eugenio, *De pais, mães e filhos*.
35. Pollak, op.cit., p.58.
36. Pollak, op.cit.
37. Costa, op.cit., p.47-9.
38. Ortega, "Utopias corporais", p.1-2.
39. Ver Foucault, op.cit.
40. Ortega, op.cit., p.2.
41. Ver Bezerra Jr., "O ocaso da interioridade".
42. Le Breton, *L'adieu au corps*, p.16.
43. Ibid., p.23-5.
44. Ver Ariès, op.cit.
45. Ver Heilborn, op.cit.
46. Ver Deleuze, "Controle e devir".
47. Ver Gell, op.cit.
48. Ver Ingold, "The Perception of the Environment".
49. Ver Bauman, "On Post-Modern Uses of Sex".
50. Ver Foucault, *Microfísica do poder* e *Vigiar e punir*.
51. Ver Pollak, op.cit.
52. Ver Almeida e Tracy, *Noites nômades*.
53. Ver Ortega, op.cit.
54. Le Breton, op.cit., p.25.
55. A crescente – e recente – bibliografia sobre *embodiment* vem se caracterizando como um espantoso movimento de "descoberta" de uma temática; pode-se dizer que esse movimento é consoante o "espírito de época" que vivemos, e que afetaria de modo similar as orientações acadêmicas, a eleição dos objetos de estu-

do e também o plano das supostas "realidades vividas", como já assinalei na referência ao interessante texto de Otávio Velho. Discussões interessantes são estabelecidas por Thomas Csordas em "What is Embodiment?" e *Embodiment and Experience*; e por Michelle Rosaldo, em "Toward an Anthropology".

56. Gell, op.cit.

57. Merleau-Ponty, *Fenomenologia da percepção.*

58. Ariès, op.cit., p.79.

59. Idem.

60. Ibid., p.77-80.

61. "Se colocar" ou estar "colocado" refere-se ao trabalho simultâneo de todo o conjunto de estímulos proporcionado pela "cena", e é o termo utilizado para designar quem está sob o efeito combinado de substâncias diversas ("drogas" e álcool).

62. Calligaris, "Verdades autobiográficas", p.51.

63. www.fotolog.net. Site fundado por três amigos nova-iorquinos com o intuito declarado de proporcionar um veículo para divulgação e discussão de fotos "artísticas". O uso brasileiro, entretanto, desvirtuou consideravelmente a intenção original dos idealizadores do site. Das mais de 900 mil páginas registradas, o Brasil é o país que detém a fatia mais gorda, mais de 325 mil, em janeiro de 2005. Para se ter uma escala comparativa, os Estados Unidos, país de origem do site, têm 70 mil usuários; no Reino Unido, são cinco mil fotologs; e na França, três mil. A "febre" foi registrada pelos principais jornais e revistas do país em 2004, e resultou em inúmeras tentativas feitas pelos donos do site para vetar ou dificultar o acesso dos brasileiros. Esses números são muito instáveis, e os usuários brasileiros continuam a aumentar intensamente: em julho de 2004, quando fiz o primeiro levantamento para dar uma aula sobre o assunto, os *flogs* brasileiros já eram maioria, mas ficavam em torno de 60 mil; cresceram mais de cinco vezes em cerca de seis meses.

64. O termo "balada" é característico do vocabulário da noite paulistana.

65. Na página inicial do Orkut, o serviço é apresentado como "uma comunidade online que conecta pessoas através de uma rede de amigos confiáveis" (tradução minha). A idéia de que "só é preciso seis intermediários para se ter acesso a qualquer pessoa no mundo" faz as vezes de "filosofia", aqui: ao lado de cada perfil de usuário, há um *average path*, sempre atualizado conforme vai crescendo a rede de amigos do sujeito. O aspecto de "clube" fica claro no fato de que, para integrar-se à comunidade, o sujeito tem de ser convidado por e-mail por alguém que já seja associado. Não há como se inscrever autonomamente, o que sublinha a importância atribuída ao *relacional.*

66. Vianna, "Fragmentos de um discurso", p.265-6.

67. Termo nativo, derivado da idéia de *positive vibrations*, usado para se referir à "energia" que liga os amigos em festa.

68. Wisnick, "Poetas, profetas e drogados".

69. Almeida e Eugenio, op.cit.

70. "Festa todo dia!/ Sim, é excêntrico/ Eu digo, viva a festa!/ Assim somos heróicos", diz Danny Mommens, um dos componentes da dupla em entrevista à i-D Magazine, citada em www.feirensweb.com./noticiasespeciais.php: "We always wanted to make that kind of music for ourselves, and for all the homosexuals, bi-

sexuals, lesbians and other modern people like you and me. And then have a party together" (Sempre quisemos fazer aquele tipo de música para nós mesmos, e também para todos os homossexuais, bissexuais, lésbicas e outras pessoas modernas como você e eu. E então fazermos uma festa juntos).

71. Ver Velho e Kuschnir, "Mediação e metamorfose".

Juventude e sentimentos de vazio: idolatria e relações amorosas

(p.177-91)

1. Ver Lasch, *Cultura do narcisismo*; Sennett, *O declínio do homem público.*
2. Essas entrevistas foram realizadas em 1996, no âmbito do Projeto Integrado "Idolatria e fenômenos de massa na sociedade brasileira" (apoiado pelo CNPq), pela pesquisadora e pelos bolsistas de iniciação científica Fernanda Américo Pereira, Marcelo Benedicto Ferreira e Renata Razuk.
3. Da Poian, "A psicanálise, o sujeito e o vazio".
4. Bauman, *Comunidade.*
5. Da Poian, op.cit., p.9.
6. Ibid., p.12.
7. Ibid., p.20.
8. McDougall *apud* Da Poian, op.cit., p.20-1.
9. Bauman, op.cit., p.9.
10. Ibid., p.10-1.
11. Ibid., p.21.
12. Ibid., p.50.
13. Ibid., p.55.
14. Ibid., p.63.
15. Ibid., p.65.
16. Ibid., p.66.
17. As idéias apresentadas nesta seção foram originalmente desenvolvidas no texto "O fenômeno da idolatria: identificações, narcisismo e desamparo" (apresentado na Jornada do Círculo Psicanalítico do Rio de Janeiro, em 2002) e posteriormente reelaboradas no artigo "A condição do fã: idolatria e indústria cultural" (apresentado no seminário "Para uma antropologia da comunicação de massa: caminhos e perspectivas", realizado no Programa de Pós-Graduação em Ciências Sociais da Uerj).
18. Freud, "Psicologia de grupo e análise do ego", p.126.
19. Ver Coelho, *A experiência da fama.*
20. Ver Mauss, "A expressão obrigatória dos sentimentos".
21. Ver Lindholm, *Carisma.*
22. Ver Morin, *Cultura de massa no século XX.*

Epílogo – Juventudes, projetos e trajetórias na sociedade contemporânea

(p.192-200)

1. As praias no Rio de Janeiro são divididas em postos. O Posto 9, em Ipanema, caracteriza-se por ser freqüentado por estudantes, jovens artistas, boêmios do universo de camadas médias da Zona Sul. É um lugar conhecido por episódios divulgados na imprensa, como o uso de maconha por alguns de seus freqüentadores.

2. Ver Schutz, *Fenomenologia e relações sociais.*

3. Ver Ariès, *História social da criança.*

4. Ver Schutz, op.cit.

5. Ver Cooper, *Psiquiatria e antipsiquiatria*; Laing e Esterson, *Sanity, Madness and the family.*

6. Ver Velho, "Accusations, Family Mobility and Deviant Behavior".

7. Ver Velho, *Nobres e anjos.*

8. Ver Luz, *Carnaval da alma.*

9. Ver Coelho, "Jovens atores"; Fiúza, "Identidade jovem"; Rezende, "Diversidade e identidade".

10. Almeida e Tracy, *Noites nômades.*

11. Ver Travassos, *Capoeira*; Vassalo, *Ethnicité, tradition.*

12. Ver, por exemplo, Ceva, *Forró e mediação*; e Costa, *Bricoleur de rua.*

13. Ver Brown, *Umbanda*; e Cavalcanti, *O mundo invisível.*

Referências bibliográficas

ABDO, Carmita. *O descobrimento sexual do Brasil*. São Paulo: Summus, 2004.

ABRAMO, Helena Wendel e Pedro Paulo Martoni Branco. *Retratos da juventude brasileira*. São Paulo: Perseu Abramo, 2005.

AEBISCHER, Verena. "Tagarelice: sentido habitual e lingüístico". In Aebischer, Verena e Claire Forel (orgs.), *Falas masculinas, falas femininas? Sexo e linguagem*. São Paulo: Brasiliense, 1991.

ALMEIDA, Maria Isabel Mendes e Fernanda Eugenio. *Sob a regência da presença: cálculo e autogestão entre jovens consumidores de ecstasy*. Paper para o I Encontro Nacional de Antropologia do Consumo, UFF, Niterói, 26 e 27 de maio de 2004.

ALMEIDA, Maria Isabel Mendes de e Kátia de Almeida Tracy. *Noites nômades. Espaço e subjetividade nas culturas jovens contemporâneas*. Rio de Janeiro: Rocco, 2003.

ARIÈS, Philippe. *História social da criança e da família*. Rio de Janeiro: Jorge Zahar, 1978.

———. "Reflexões sobre a história da homossexualidade". In Ariès, Philippe e André Bejin (orgs.). *Sexualidades ocidentais. Contribuições para a história e para a sociologia da sexualidade*. 2ª ed. São Paulo: Brasiliense, 1985.

APPADURAI, Arjun. "Topographies of the Self: Praise and Emotion in Hindu India". In Lutz, Catherine e Lila Abu-Lughod (orgs.), *Language and the Politics of Emotion*. Cambridge: Cambridge University Press, 1990, p.92-112.

AQUINO, Estela, Maria Luiza Heilborn, Daniela Riva Knauth, Michel Bozon, Maria da Conceição Almeida, Jenny Araújo, Greice Menezes. "Adolescência e reprodução no Brasil: a heterogeneidade dos perfis sociais". *Cadernos de Saúde Pública*, vol.19, 2003, p.109-118.

AÏACH, Pierre. "Les voies de la médicalisation". In Aïach, Pierre e Daniel Delanoë (orgs.). *L'Ère de la médicalisation. Ecce Homo Sanitas*. Paris: Éditions Économica, 1998, p.15-36.

ANDRIEU, Bernard. *La nouvelle philosophie du corps*. Ramonville Saint-Agne: Éditions Érès, 2002a.

______. *La chair du cerveau. Phénoménologie et biologie de la cognition*. Bruxelas: Les Éditions de Sils Maria, Collection de Nouvelles Possibilités d'Existence, 2002b.

______. *Le semaphore, naissance du sujet biotechnologique*. Bruxelas: Les Éditions de Sils Maria, Collection de Nouvelles Possibilités d'Existence, 2003.

BACAL, Tatiana. *Músicas, máquinas e humanos: os djs no cenário da música eletrônica*. Dissertação de mestrado. Rio de Janeiro: PPGAS/MN/URFJ, 2003.

BADINTER, Elisabeth. *Um é o outro*. Rio de Janeiro: Nova Fronteira, 1986.

______. *XY* sobre a identidade masculina. Rio de Janeiro: Nova Fronteira, 1993.

BARTHES, Roland. *Système de la mode*. Paris: Seuil, 1967.

BAKER, Robin. *Guerra de esperma*. Rio de Janeiro: Record, 1997.

BAUMAN, Zygmunt. "On Post-Modern Uses of Sex". In *Theory, Culture and Society*, vol.15 (3-4). Londres: Sage Publications, 1998, p.19-33.

______. *Comunidade, a busca por segurança no mundo atual*. Rio de Janeiro: Jorge Zahar, 2003.

BECKER, Howard. *Outsiders: Studies in the Sociology of Deviance*. Nova York: The Free Press, 1966.

BEMFAM, *Adolescentes. Jovens e a Pesquisa Nacional sobre Demografia e Saúde*. Um estudo sobre fecundidade, comportamento sexual e saúde reprodutiva. Rio de Janeiro: Bemfam, 1999.

BERGER, Peter e Luckmann. Thomas, *A construção social da realidade*. Rio de Janeiro: Vozes, 1973.

BÉRIA, Jorge et al. "A transa e o uso de camisinha em adolescentes escolares no Sul do Brasil". In Béria, Jorge (org.). *Ficar, transar... a sexualidade do adolescente em tempos de Aids*. Porto Alegre: Tomo Editoral, 1998.

BERQUÓ, Elza (coord.). *Comportamento sexual da população brasileira e percepções do HIV/Aids*. São Paulo: Cebrap/Ministério da Saúde, 1999.

BEZERRA JR., Benilton. "O ocaso da interioridade e suas repercussões sobre a clínica". In Plastino, Carlos Alberto (org.). *Transgressões*. Rio de Janeiro: Contracapa, 2002.

BLUME, Stuart. *Insight and Industry. On the Dynamics of Technological Change in Medicine*. Cambridge: The MIT Press, 1992.

BOURDIEU, Pierre. "L'Illusion biographique". *Actes de la Recherche en Sciences Sociales*, nº 62-3, junho, 1986, p.69-72.

______. *Coisas ditas*. São Paulo: Brasiliense, 1990.

______. *A dominação masculina*. Rio de Janeiro: Bertrand Brasil, 1999.

BOZON., Michel. *Sociologie de la sexualité*. Paris: Nathan, 2002.

BRANDÃO, Elaine Ribeiro. *Individualização e vínculo familiar em camadas médias. Um olhar através da gravidez na adolescência*. Tese de doutorado. Rio de Janeiro, Programa de Pós-Graduação em Saúde Coletiva, Instituto de Medicina Social, Uerj, 2003.

BRANDES, Uta. "From Here to There: Maleness as a Fluctuating Gender", in *Material men: masculinity, sexuality, style*. Nova York: Henry Abrams, 2000.

BRANDT, Allan e Paul Rozin (orgs.). *Morality and Health*. Londres: Routledge, 1997.

BROWN, Diana. *Umbanda: Politics of an Urban Religious Movement*. Nova York: Columbia University Press, 1974.

BUARQUE DE HOLANDA, Heloísa. *Impressões de viagem:* CPC, vanguarda e desbunde, 1960-1970. Rio de Janeiro: Rocco, 1992.

BUNTON, Robin, "Popular Health, Advanced Liberalism and Good Housekeeping". In Petersen, Alan e Robin Bunton (orgs.). *Foucault, Health and Medicine*. Londres: Routledge, 1997.

CABRAL, Cristiane. *Vicissitudes da gravidez na adolescência entre jovens das camadas populares do Rio de Janeiro*. Dissertação de mestrado. Rio de Janeiro, Programa de Pós-Graduação em Saúde Coletiva, Instituto de Medicina Social, Uerj, 2002.

CALABRESE, Omar. *La era neobarroca*. Madri: Cátedra, 1989.

CALLIGARIS, Contardo. "Verdades autobiográficas e diários íntimos". *Estudos históricos*, vol.11, nº 21, 1998.

______. "O sexo na cidade". *Folha de S. Paulo*, Caderno Mais!, 10 ago 2003.

CALVO, Enrique Gil. *Nacidos para cambiar. Cómo construimos nuestras biografías*. Madri: Taurus, 2001.

CAMPBELL, Colin. *The Romantic Ethic and the Spirit of Modern Consumerism*. Oxford: Blackwell, 1995.

CANEVACCI, Massimo. "Diversidade nômade e mutação cultural". In Santos, Rafael e Azoilta Loretto Trindade (orgs.). *Multiculturalismo: mil e uma faces da escola*. Rio de Janeiro: DP&A, 1999, p.115-37.

CARDOSO, Ruth e Helena Sampaio. *Bibliografia sobre a juventude*. São Paulo: Edusp, 1995.

CARRANO, Paulo César Rodrigues. *Juventudes e cidades educadoras*. Rio de Janeiro: Petrópolis, 2003.

CARLINO, Andrea. *Books of the Body. Anatomical Ritual and Renaissance Learning*. Chicago/Londres: The University of Chicago Press, 1999.

CARTWRIGHT, Lisa. *Screening the Body. Tracing Medicine's Visual Culture*. Mineápolis: University of Minnesota Press, 1997.

CASTIEL, Luis David. *A medida do possível... Saúde, risco e tecnobiociências*. Rio de Janeiro: Contracapa, 1999.

CAVALCANTI, Maria Laura Viveiros de Castro. *O mundo invisível: cosmologia, sistema ritual e noção de pessoa no espiritismo*. Rio de Janeiro: Zahar, 1983.

CAVALLI, Alessandro e Galland, Olivier (coord.). *L'Allongement de la jeunesse*. Paris: Actes Sud, 1993.

CEVA, Roberta. "Forró e mediação cultural na cidade do Rio de Janeiro". In Velho, Gilberto e Karina Kuschnir (orgs.). *Mediação, cultura e política*. Rio de Janeiro: Aeroplano, 2001, p.107-25.

CHALAND, Karine. "Pour un usage sociologique de la double généalogie philosophique de l'individualisme". In De Singly, François (org.). *Être soi d'un âge à l'autre. Famille et individualisation*, vol.2. Paris: L'Harmattan, 2001, p.31-43.

CICHELLI, Vicenzo. *La construction de l'autonomie. Parents et jeunes adultes face aux études*. Paris: PUF, 2001.

CLARKE, Adele et al. "Technosciences et nouvelle biomédicalisation: racines occidentales, rhizomes mondiaux". *Sciences Sociales et Santé*, vol.18, Association pour le Développement des Sciences Sociales de la Santé, 2000.

COELHO, Maria Claudia. "Jovens atores e jovens católicos: um estudo sobre metrópole e diversidade". In Velho, Gilberto (org.). *Individualismo e juventude. Comunicações do* PPGAS, nº 8, 1990, p.26-46.

______. *A experiência da fama – individualismo e comunicação de massa*. Rio de Janeiro: FGV, 1999.

COHEN, Stanley e Laurie Taylor. *Escape Attempts: the Theory and Practice of Resistance to Everyday Life*. Londres: Routledge, 1992.

CONRAD, Peter. "Médicalisation et contrôle social". In Bouchard, Louise e David Cohen (orgs.). *Médicalisation et contrôle social. Les Cahiers Scientifiques de l'Acfas*, nº 84. Quebec, 1995.

COOPER, David. *Psiquiatria e antipsiquiatria*. São Paulo: Perspectiva, 1967.

______. *The Death of the Family*. Londres: Pantheon Books, 1970.

COSTA, Jurandir Freire. "O referente da identidade homossexual". In Barbosa, Regina Maria. *Sexualidades brasileiras*. Rio de Janeiro: Relume-Dumará, 1996.

______. *A inocência e o vício. Estudos sobre o homoerotismo*. Rio de Janeiro: Relume-Dumará, 2002.

COSTA, Sandra Regina Soares. Bricoleur *de rua: um estudo antropológico da cultura* hip hop *carioca*. Dissertação de mestrado. Rio de Janeiro: PPGAS/MN/UFRJ, 2002.

COSTA, Terezinha, J.N.M. da. *Gravidez na adolescência: um estudo de caso sobre a maternidade na faixa de 10 a 14 anos em Juiz de Fora* (MG). Dissertação de mestrado. Rio de Janeiro, Programa de Pós-Graduação em Saúde Coletiva, Instituto de Medicina Social, Uerj, 2002

COUPLAND, Douglas. *Geração* X, contos para uma cultura acelerada. Lisboa: Teorema, 1994.

COURTINE, Jean-Jacques. "Os stakhanovistas do narcisismo. *Body-building* e puritanismo ostentatório na cultura americana do corpo". In D. Sant'Anna (org.). *Políticas do corpo*. São Paulo: Estação Liberdade, 1995.

CRAWFORD, Robert. "Healthism and the Medicalization of Everyday Life". *International Journal of Health Services*, vol.10, nº 3, 1980, p.365-88.

______. "The Boundaries of the Self and the Unhealthy Other: Reflections on Health, Culture and Aids". *Social Sciences and Medicine*, vol.38, nº 10, 1994, p.1347-65.

CSORDAS, Thomas J. "Introduction: The Body as Representation and Being-in-the-World". In Csordas, Thomas J. (org.). *Embodiment and Experience. The existential Ground of Culture and Self.* Cambridge: Cambridge University Press, 1991, p.1-24.

______. *Embodiment and Experience*. Londres: Cambridge University Press, 1994.

______. "What Is Embodiment?". Palestra proferida no PPGAS/MN/UFRJ, Rio de Janeiro, jul 2002. (mimeo.)

CUNHA, Olívia Gomes da. "Fazendo a 'coisa certa': rastas e pentecostais em Salvador". *Revista Brasileira de Ciências Sociais*, ano 8, nº23, 1993.

DA POIAN, Carmem. "A psicanálise, o sujeito e o vazio contemporâneo". In ___. (org.). *Formas do vazio – desafios ao sujeito contemporâneo*. São Paulo: Via Lettera, 2001.

DAMÁSIO, António R. *O erro de Descartes. Emoção, razão e cérebro humano*. Lisboa: Publicações Europa-América, 1995.

DAMATTA, Roberto. *Carnavais, malandros e heróis: para uma sociologia do dilema brasileiro*. Rio de Janeiro: Rocco, 1983.

______. "Tem pente aí? Reflexões sobre a identidade masculina". *Homens*, Senac, 1997.

DASTON, Lorraine e Peter Galison, "The image of objectivity". *Representations*, nº40, 1992, p.81-128.

______. "Individualidade e liminaridade: considerações sobre os ritos de passagem e a modernidade". *Mana, Estudos de Antropologia Social*, vol.6, nº 1, Rio de Janeiro: Contracapa/UFRJ, 2000.

DAYERELL, Juarez. "Juventude, grupos de estilo e identidade". *Educação em Revista*, nº30, Belo Horizonte, 1999, p.25-39.

DELEUZE, Gilles. *Milles plateaux*. Paris: Minuit, 1980.

______. "Controle e devir; *post-scriptum* sobre as sociedades de controle". In ___. *Conversações*. Rio de Janeiro: Editora 34, 1992.

DELEUZE, Gilles e Félix Guattari. "587 a.C. – Sobre alguns regimes de signos". In ___. *Mil platôs. Capitalismo e esquizofrenia*, vol.1. Rio de Janeiro: Editora 34, 1995.

______. "1440 – O liso e o estriado". In ___. *Mil platôs. Capitalismo e esquizofrenia*, vol.5. Rio de Janeiro: Editora 34, 1997.

DUARTE, Luiz Fernando Dias. "O império dos sentidos: sensibilidade, sensualidade e sexualidade na cultura ocidental moderna". In Heilborn, Maria Luiza (org.). *Sexualidade. O olhar das ciências sociais*. Rio de Janeiro: Jorge Zahar, 1999.

______. *A sexualidade nas ciências sociais: leitura crítica das convenções*. Mesa-redonda "Convenções da sexualidade", Seminário Sexualidades e saberes: convenções e fronteiras, Campinas/Unicamp, jun 2003. (mimeo.)

DUBAR, Claude. *La crise de identités. L'Interprétation d'une mutation*. Paris: PUF, 2001.

DUCLOS, Denis. "Puissance et faiblaisse du concept de risque". *L'Année Sociologique*. Paris: PUF, 1983.

DEBERT, Guita Grin. "Envelhecimento e curso da vida". *Revista de Estudos Feministas*, vol.5, nº1., 1997, p.120-8.

DEPRAZ, Natalie. "La traduction de Leib: une crux phaenomenologica". *Études Phénoménologiques*, nº 26, 1997, p.91-109.

DE SINGLY, François. *Sociologie de la famille contemporaine*. Paris: Nathan, 1993.

______. *Le soi, le couple, la famille*. Paris: Nathan, 1996.

______. "Penser autrement la jeunesse". *Lien social et politiques* – RIAC, nº 43, 2000, p.9-21.

DESCARTES, René. "L'Homme". In C. Adam e P. Tannery (orgs.). *Oeuvres de Descartes*, vol.XI. Paris: Vrin, 1996.

DESSER, Nanete Ávila. *Adolescência: sexualidade e culpa. Um estudo sobre a gravidez precoce nas adolescentes brasileiras*. Rio de Janeiro: Rosa dos Tempos/ UnB, 1993.

DOLBY, Tibor e G. Alker. *Origins and Development of Medical Imaging*. Carbondale/ Erwardsville: Southern Illinois University Press, 1997.

DRUHLE, Marcel e Serge Climent. "Enjeux et formes de la médicalisation: d'une approche globale au cas de la gérontologie". In Aïach, Pierre e Daniel Delanoë (orgs.). *L'Ère de la médicalisation. Ecce homo sanitas*. Paris: Éditions Économica, 1998.

DUDEN, Barbara. *The Woman beneath the Skin. A Doctor's Patients in Eighteenth-Century Germany*. Cambridge/Londres: Harvard University Press, 1997.

ELIAS, Norbert. *O processo civilizador*. Rio de Janeiro: Jorge Zahar, 1990.

______. *A sociedade dos indivíduos*. Rio de Janeiro: Jorge Zahar, 1994.

ENTWISTLE, Joanne. "Fashion and the Fleshy Body: Dress as Embodied Practice". *Fashion Theory*, vol.4, nº 3, 2000, p.323-48.

EUGENIO, Fernanda. *De pais, mães e filhos: discursos e reivindicações da homoparentalidade*. Paper para a V Reunião de Antropologia do Mercosul, UFSC, Florianópolis, dez 2003.

FAURE, Olivier. "La médicalisation vue par les historiens". In Aïach, Pierre e Daniel Delanoë (orgs.). *L'Ère de la médicalisation. Ecce homo sanitas*. Paris: Éditions Économica, 1998.

FAVAZZA, Armando. *Bodies under Siege. Self-Mutilation and Body Modification in Culture and Psychology*. Baltimore/Londres: The John Hopkins University Press, 1996.

FEATHERSTONE, Mike. "The Body in Consumer Culture". In Featherstone, Mike e Bryan Turner (orgs.). *The Body. Social Process and Cultural Theory*. Londres: Sage Publications, 1992, p.170-96.

______. "Body Modification: An Introduction". In: Featherstone, Mike (org.). *Body Modification*. Londres: Sage Publications, 2000.

FERRY, Luc. *Homo Aestheticus: The Invention of Taste in the Democratic Age*. Chicago: The University of Chicago Press, 1993.

FIÚZA, Silvia. "Identidade jovem em camadas médias urbanas". In Velho, Gilberto (org.). *Individualismo e juventude. Comunicações do* PPGAS, nº18, 1990, p.47-82.

FLINTER, Andreas. "Os problemas sociológicos nas primeiras pesquisas sobre a juventude". In Sulamita de Brito (org.). *Sociologia da juventude I*. Rio de Janeiro: Zahar, 1968, p.37-67.

FOUCAULT, Michel. *La volonté de savoir*. Paris: Gallimard, 1976.

______. *Microfísica do poder*. Rio de Janeiro: Graal, 1982.

______. *Vigiar e punir*. Petrópolis: Vozes, 1987.

______. *Em defesa da sociedade*. São Paulo: Martins Fontes, 1999a.

______. *Les anormaux. Cours au Collège de France, 1974-1975*. Paris: Hautes Études, 1999b.

______. *História da sexualidade I*. A vontade de saber. Rio de Janeiro: Graal, 2001.

FRANCHETTO, Bruna; Maria Laura Cavalcanti Viveiros de Castro e Maria Luiza Heilborn. *Perspectivas antropológicas da mulher*, vol.1. Rio de Janeiro: Zahar, 1981.

FREUD, Sigmund. "Três ensaios sobre a teoria da sexualidade". In ___. *Obras psicológicas completas*, vol. 7. Rio de Janeiro: Imago, 1989. [1905]

______. "Psicologia de grupo e análise do ego". In ___. *Ed. Standard das Obras Completas*. Rio de Janeiro: Imago, 1996.

FREYRE, Gilberto. *Sobrados e mocambos*. Rio de Janeiro: José Olympio, 1981 [1936].

______. *Modos de homem e modas de mulher*. Rio de Janeiro: Record, 1987.

______. *Casa-grande & senzala*. Rio de Janeiro: Record, 2002 [1933].

FRY, Peter. *Para inglês ver: identidade e política na cultura brasileira*. Rio de Janeiro: Zahar, 1982.

FRY, Peter e Edward Macrae. *O que é homossexualidade*. São Paulo: Brasiliense, 1983.

FURLONG, Andy e Fred Cartmeld. *Young People and Social Change. Individualization and Risk in Late Modernity*. Buckingham: Open University Press, 1997.

GALLAND, Olivier. *Sociologie de la jeunesse*. Paris: Armand Colin, 1997.

GELL, Alfred. *Art and Agency. An Anthropological Theory*. Oxford: Clarendon Press, 1998.

______. "Strathernograms, or, the Semiotics of Mixed Metaphors". In Eric Hirsch (org.). *The Art of Anthropology. Essays and Diagrams*. Londres/New Brunswick: The Athlone Press, 1999.

GIDDENS, Anthony. *A transformação da intimidade*. São Paulo: Unesp, 1992.

GOFFMAN, Erving. *The Presentation of Self in Everyday Life*. Nova York: Garden City, Anchor Books, 1959. (Ed. bras., *A representação do eu na vida cotidiana*, Petrópolis, Vozes, 2001.)

______. *Asylums: Essays on the Social Situation of Mental Patients and Other Inmates*. Nova York: Doubleday, 1961.

______. *Stigma: Notes on the Management of Spoiled Identity*. Englewood Cliffs: Prentice-Hall, 1963. (Ed. brasileira: *Estigma: notas sobre a manipulação da identidade deteriorada*. Rio de Janeiro: Zahar, 1975.)

GOLDENBERG, Mirian. *Ser homem e ser mulher: dentro e fora do casamento*. Rio de Janeiro: Revan, 1991.

______. *Toda mulher é meio Leila Diniz*. Rio de Janeiro: Record, 1995.

______. *A arte de pesquisar: como fazer pesquisa qualitativa em ciências sociais*. Rio de Janeiro: Record, 1997a.

______. *A outra: estudos antropológicos sobre a identidade da amante do homem casado*. Rio de Janeiro: Record, 1997b.

______. "O macho em crise: um tema em debate dentro e fora da academia". In ___. (org.). *Os novos desejos*. Rio de Janeiro: Record, 2000.

______. *Nu & vestido*. Rio de Janeiro: Record, 2002.

______. *De perto ninguém é normal*. Rio de Janeiro: Record, 2004.

GRECO, Monica. "Psychosomatic Subjects and the 'Duty to be Well': Personal Agency within Medical Rationality". *Economy and Society*, vol.22, nº3, Blackwell, 1993, p.357-72.

GROPPO, Luis Antonio. *Juventude. Ensaios sobre sociologia e história das juventudes modernas*. São Paulo: Difel, 2000.

GUATTARI, Félix. *Caosmose: um novo paradigma estético*. São Paulo: Editora 34, 1992.

HARCOURT, Glenn. "Andreas Vesalius and the Anatomy of Antique Sculpture". *Representations*, nº17, Gale, 1987, p.28-61.

HEILBORN, Maria Luiza et al. "Aproximações socioantropológicas sobre a gravidez na adolescência". *Horizontes Antropológicos*, ano 8, nº17, junho, Porto Alegre, Programa de Pós-Graduação em Antropologia Social da Universidade Federal do Rio Grande do Sul, 2002, p.13-45.

HENRIQUES, Maria Helena et al. *Adolescentes de hoje, pais do amanhã: Brasil*. Brasília: Instituto Alan Guttmacher, 1989.

HOLLANDER, Anne. *O sexo e as roupas: a evolução do traje moderno*. Rio de Janeiro: Rocco, 1996.

HUSSERL, Edmund. *Idées directrices pour une phénoménologie et une philosophie phénoménologique pures. Livre second: Recherches phénoménologiques pour la constitution*. Paris: PUF, 1996.

INGOLD, Tim. *The Perception of the Environment. Essays on Livelihood, Dwelling and Skill*. Londres/Nova York: Routledge, 2000.

JACKSON, Jean. "Chronic Pain and the Tensions between the Body as Subject and Object". In Thomas Csordas (org.). *Embodiment and Experience. The Existential Ground of Culture and Self*. Cambridge: Cambridge University Press, 2001.

JAEGER, Werner. *Paidéia, a formação do homem grego*. São Paulo: Martins Fontes, 1989.

JAMESON, Frederic. *Pós-modernismo: a lógica cultural do capitalismo tardio*. São Paulo: Ática, 1996.

KEMP, Martin. "'A Perfect and Faithful Record': Mind and Body in Photography before 1900". In Ann Thomas (org.). *Beauty of Another Order. Photography in Science*. New Haven/Londres: Yale University Press, 1998, p.120-49.

KEVLES, Bettyann Holtzmann. *Naked to the Bone: Medical Imaging in the Twentieth Century*. New Jersey: Rutgers University Press, 1996.

KNAUTH, Daniela Riva et al. "A banalização da Aids". *Horizontes Antropológicos*, vol.9, PPGAS/UFRGS, 1998, p.171-202.

KRISTEVA, Julia. *New Maladies of the Soul*. Nova York: Columbia University Press, 1997. (Ed. bras. *Novas doenças da alma*, Rio de Janeiro: Rocco, 2001.)

LAING, Ronald David e Aaron Esterson. *Sanity, Madness and the Family: Families of Schizophrenics*. Harmondsworth: Penguin, 1967.

LASCH, Christopher. *Cultura do narcisismo*. Rio de Janeiro: Imago, 1983.

LE BRETON, David. "Réflexions sur la médicalisation de la douleur". In P. Aïach e D. Delanoë (orgs.). *L'Ère de la médicalisation. Ecce homo sanitas*. Paris: Anthropos, 1998.

______. *L'Adieu au corps*. Paris: Métailié, 1999.

______. *Signes d'identité. Tatouages, piercings et autres marques corporelles*. Paris: Métailié, 2002.

LEDER, Drew. *The Absent Body*. Chicago/Londres: The University of Chicago Press, 1990.

LINDEMAN, Gesa. "Die leiblich-affektive Konstruktion des Geschlechts. Für eine Mikrosoziologie des Geschlechts unter der Haut". *Zeitschrift für Soziologie*, vol.21, nº 5, 1992, p.330-46.

______. "Wider die Verdrängung des Leibes aus der Geschlechtskonstruktion". *Feministische Studien*, nº 2, 1993, p.44-54.

LINDHOLM, Charles. *Carisma*. Rio de Janeiro: Jorge Zahar, 1993.

LUKER, Kristin. *Dubious Conceptions. The Politics of Teenage Pregnancy*. Cambridge: Harvard University Press, 1996.

LUPTON, Deborah. *Medicine as Culture. Illness, Disease and the Body in Western Societies*. Londres: Sage Publications, 1994.

LUZ, Leila Amaral. *Carnaval da alma: comunidade, essência e sincretismo na Nova Era*. Dissertação de mestrado. Rio de Janeiro: PPGAS/UFRJ, 1998.

LYON, Margot e Jack Barbalet. "Society's Body: Emotion and the 'Somatization' of Social Theory". In Thomas Csordas (org.). *Embodiment and Experience. The Existential Ground of Culture and Self*. Cambridge: Cambridge University Press, 2001.

MACHADO, Paula Sandrine. *Muitos pesos e muitas medidas: um estudo antropológico sobre as representações masculinas na esfera das decisões sexuais e reprodutivas*. Dissertação de mestrado. Porto Alegre: IFCH/PPGAS/UFRGS, 2003.

MAFFESOLI, Michel. *No fundo das aparências*. Petrópolis: Vozes, 1996.

______. *L'Instant éternel*. Paris: Éditions Denoël, 2000.

______. "Sagesses tragiques". *Sociétés*, vol.1, nº 67, Paris: De Boeck, 2000, p.5-12.

MAGRO, Viviane Melo de Mendonça. "Adolescentes como autores de si próprios: cotidiano, educação e o *hip hop*". *Cadernos Cedes*, vol.22, nº 57, Unicamp, 2002, p.63-75.

MANNHEIM, Karl. "O problema sociológico das gerações". In Marialice Foracchi (org.). *Mannheim: sociologia*. São Paulo: Ática, 1982 (Coleção Grandes Cientistas Sociais).

MAUSS, Marcel. "As técnicas corporais". *Sociologia e antropologia*. São Paulo: EPU/Edusp, 1974.

______. "A expressão obrigatória dos sentimentos". In –. *Ensaios de sociologia*. São Paulo: Perspectiva, 1981.

MERLEAU-PONTY, Maurice. *Phénoménologie de la perception*. Paris: Gallimard, 1987.

______. *Fenomenologia da percepção.* São Paulo: Martins Fontes, 1999.

MONTEIRO, Denise Leite Maia et al. (orgs.), *Gravidez na adolescência.* Rio de Janeiro: Revinter, 1998.

MORIN, Edgar. *Cultura de massa no século* XX, vol.1. Rio de Janeiro: Forense-Universitária, 1984.

MORRIS, David. *The Culture of Pain.* Berkeley: University of California Press, 1993.

______. *Illness and Culture in the Postmodern Age.* Berkeley e Los Angeles: University of California Press, 2000.

MOTTA, Athaíde e Eduardo Oliveira. "O *reggae* e o *hip hop* à moda brasileira: radicalizando a diferença". In *Democracia Viva,* nº 4. Rio de Janeiro: Ibase/ Moderna, 1998.

MUCCHIELLI, Laurent. "Le Rap, tentative d'expression politique et de mobilisation collective chez les jeunes des quartiers relegues". *Mouvements,* nº 3, p.60-6. Paris: La Découverte, 1999.

MYERS, James. "Nonmainstream Body Modification". *Journal of Contemporary Ethnography,* vol.21, nº 3, p.267-306. Londres: Sage Publications, 1992.

NETTLETON, Sarah. "Governing the Risky Self: How to Become Healthy, Wealthy and Wise". In Alan. Petersen e Robin Bunton (orgs.). *Foucault, Health and Medicine.* Londres: Routledge, 1997.

NOVAES, Regina. "Juventude/juventudes?". *Comunicações do Iser,* ano 17, nº 50, 1998.

______."Errantes do novo milênio: salmos e versículos no espaço público". In Birman, Patrícia (org.). *Religião e espaço público.* São Paulo: Attar, 2003.

NOVAES, Regina e Cecília Mello. "Jovens do Rio. Valores, circuitos e acessos". *Comunicações do Iser,* 2002.

ORTEGA, Francisco. "Utopias corporais substituindo utopias sociais: identidades somáticas e marcas corporais na cultura contemporânea". Seminário Culturas Jovens e Novas Sensibilidades, Rio de Janeiro: Ucam, agosto, 2003.

PAIS, José Machado. *Culturas juvenis.* Lisboa: Imprensa Nacional/Casa da Moeda, 2003 [1993].

______(org.), *Traços e riscos de vida. Uma abordagem qualitativa a modos de vida juvenis.* Porto: Âmbar, 1999.

______*Ganchos, tachos e biscates. Jovens, trabalho e futuro.* Porto: Âmbar, 2001.

______, "Sexualidad juvenil y cambio social: el caso de Portugal". *Salud Pública de México,* vol.45, suplemento 1, p.26-33, 2003a.

PALOMINO, Érica. *Babado forte. Moda, música e noite na virada do século 21.* São Paulo: Mandarim, 1999.

PARK, Katharine. "The Criminal and the Saintly Body: Autopsy and Dissection in Renaissance Italy". *Renaissance Quarterly*, vol.47, nº1, p.1-33, 1994.

PETERSEN, Alan. "Risk, Governance and the New Public Health". In Alan Petersen e Robin Bunton (orgs.). *Foucault, Health and Medicine.* Londres: Routledge, 1997.

PEIXOTO, Clarice et al. *Família e individuação.* Rio de Janeiro: FGV, 2000.

PIMENTA, Maria Cristina et al. "Passagem segura para a vida adulta: oportunidades e barreiras para a saúde dos jovens brasileiros". *Coleção Abia. Saúde sexual e reprodutiva*, nº1. Rio de Janeiro: Abia, 2001.

PITTS, Victoria. "Body Modification, Self-Mutilation and Agency in Nedia Accounts of a Subculture". In Mike Featherstone (org.). *Body Modification.* Londres: Sage Publications, 2000.

POCHMANN, Márcio. "Juventude em busca de novos caminhos para o Brasil". In: Regina Novaes e Paulo Vannuchi (orgs.). *Juventude e sociedade.* São Paulo: Editora Perseu Abramo, 2004.

POLLAK, Michel. "Homossexualidade masculina ou a felicidade no gueto?". In Ariès, Phillipe e André Bejin (orgs.). *Sexualidades ocidentais. Contribuições para a história e para a sociologia da sexualidade.* São Paulo: Brasiliense, 1985.

______. "Le témoignage". *Actes de la Recherche en Sciences Sociales*, nº 62-3, p.3-29. Paris: Seuil, 1986.

POPE, Harrison et al. *O complexo de Adônis.* Rio de Janeiro: Campus, 2000.

REY-FLAUD, Henry. *Comment Freud invente le fétichisme... et réinvente la psychanalyse.* Paris: Payot, 1994.

ROBERTS, Ken. *Youth and Employment in Modern Britain.* Oxford: Oxford University Press, 1995.

RENAUT, Alain. *L'Ère de l'individu. Contribution à une histoire de la subjectivité.* Paris: Gallimard, 1989.

______. *La libération des enfants. Contribution philosophique à une histoire de l'enfance.* Paris: Calmann-Lévy/Bayard, 2002.

ROLNIK, Suely. "Uma insólita viagem à subjetividade: fronteiras com a ética e a cultura". In Daniel Lins (org.). *Cultura e subjetividade: saberes nômades.* São Paulo: Papirus, 1997.

REZENDE, Cláudia Barcellos. "Diversidade e identidade: discutindo jovens de camadas médias urbanas". In Gilberto Velho, (org.). *Individualismo e juventude. Comunicações do* PPGAS, nº18, p.5-24. Rio de Janeiro: PPGAS/UFRJ, 1990.

RANGEL, Lucia Helena. "Da infância ao amadurecimento: uma reflexão sobre rituais de iniciação". *Interface – Comunicação, Saúde, Educação*, nº5, p.147-52. São Paulo: Unesp, 1999.

REISER, Stanley Joel. *Medicine and the Reign of Technology*. Cambridge: Cambridge University Press, 1990.

RUSSON, John. *The Self and its Body in Hegel's 'Phenomenology of Spirit'*. Toronto/Buffalo/Londres: University of Toronto Press, 2001.

SALEM, Tania. *O velho e o novo: um estudo de papéis e conflitos familiares*. Petrópolis: Vozes, 1980.

SARLO, Beatriz. *Cenas da vida pós-moderna: intelectuais, arte e videocultura na Argentina*. Rio de Janeiro: Editora UFRJ, 2000.

SAWDAY, Jonathan. *The Body Emblazoned. Dissection and the Human Body in Renaissance Culture*. Londres/Nova York: Routledge, 1996.

SCHUCH, Patrice. "Aids e sexualidade entre universitários solteiros de Porto Alegre: um estudo antropológico". In Dias Duarte, Luiz Fernando e Ondina Fachel Leal (orgs.). *Doença, sofrimento, perturbação: perspectivas etnográficas*. Rio de Janeiro: Fiocruz, 1998, p.199-210.

SCHUTZ, Alfred. *Fenomenologia e relações sociais*. Rio de Janeiro: Zahar, 1979.

SENNETT, Richard. *O declínio do homem público*. São Paulo: Companhia das Letras, 1988.

______. *A corrosão do caráter*. Rio de Janeiro: Record, 1999.

SILVA, Hélio. *Travesti. A invenção do feminino*. Rio de Janeiro: Relume-Dumará/Iser, 1993.

SIMMEL, Georg. *Cultura feminina*. Lisboa: Galeria Panorama, 1969.

SOARES, Luiz Eduardo, MVBill e Celso Athayde. *Cabeça-de-porco*. Rio de Janeiro: Objetiva, 2005.

STAFFORD, Barbara Maria. *Body Criticism. Seen the Unseen in Enlightenment Art and Medicine*. Cambridge/Massachusetts: The MIT Press, 1991.

STEELE, Valerie. "Fashioning Men". In *Material Men: Masculinity, Sexuality, Style*. Abrams, Harry: Nova York, 2000.

SWEETMAN, Paul. "Anchoring the (Postmodern) Self? Body Modification, Fashion and Identity". In Mike Featherstone (org.). *Body Modification*. Londres: Sage Publications, 2000.

THOMPSON, Evan. "The Mindful Body". In Michael O'Donovan-Anderson (org.). *The Incorporated Self. Interdisciplinary Perspectives on Embodiment*. Lanham, Maryland: Rowman & Littlefield Publishers, 1996, p.127-44.

THORNTON, Sarah. *Club Cultures: Music, Media and Subcultural Capital*. Hanover e Londres: University Press of England, 1996.

TÖNNIES, Ferdinand. *Comunidad y asociación*. Barcelona: Ediciones Península, 1979. [1ª edição em alemão: 1887]

TOOMBS, S. Kay (org.). *Handbook of Phenomenology and Medicine*. Dordrecht/Boston/ Londres: Kluwer Academic Publishers, 2001.

TORGOVNICK, Marianna. *Paixões primitivas. Homens, mulheres e a busca do êxtase.* Rio de Janeiro: Rocco, 1999.

TRAVASSOS, Sônia. *Capoeira: difusão e metamorfose culturais entre Brasil e EUA.* Tese de doutorado. Rio de Janeiro, PPGAS/MN/UFRJ, 2000.

TREVISAN, João Silvério. *Seis balas num buraco só: a crise do masculino.* Rio de Janeiro: Record, 1998.

TURNER, Bryan. *The Body and Society. Explorations in Social Theory.* Oxford: Basil Blackwell, 1985.

______. "The Possibility of Primitiveness: Towards a Sociology of Body Marks in Cool Societies". In Mike Featherstone (org.). *Body Modification.* Londres: Sage Publications, 2000.

VALANTASIS, Richard. "Constructions of Power in Asceticism". *Journal of the American Academy of Religion*, LXIII, 4, 1995.

VANNUCHI, Paulo e Regina Novaes (orgs.). *Juventude e sociedade. Trabalho, educação, cultura e participação.* São Paulo: Fundação Perseu Abramo, 2004.

VARGAS, Eduardo Viana. "Os corpos intensivos: sobre o estatuto social do consumo de drogas legais e ilegais". In Luiz Fernando Dias Duarte e Ondina Fachel Leal. *Doença, sofrimento, perturbação: perspectivas etnográficas.* Rio de Janeiro: Editora Fiocruz, 1998.

VASSALO, Simone Ponde. *Ethnicité, tradition et pouvoir: le jeu de la capoeira a Rio de Janeiro et a Paris.* Tese de doutorado, Paris, École de Hautes Études en Sciences Sociales, 2001.

VELHO, Gilberto. "Accusations, Family Mobility, and Deviant Behavior". *Social Problems*, vol.23, nº3, fevereiro, 1976, p.268-75.

______. *Individualismo e cultura: notas para uma antropologia da sociedade contemporânea.* Rio de Janeiro: Zahar, 1981.

______. "Individualismo e juventude". In *Individualismo e juventude.* Comunicações do PPGAS, nº18, Rio de Janeiro, 1990.

______. *Projeto e metamorfose. Antropologia das sociedades complexas.* Rio de Janeiro: Jorge Zahar, 1994.

______. *Nobres & anjos: um estudo de tóxicos e hierarquia.* Rio de Janeiro, Fundação Getulio Vargas, 1998.

______. (org.). *Individualismo e juventude.* Comunicações do PPGAS, nº18, 1990.

VELHO, Gilberto e Karina Kuschnir. "Mediação e metamorfose". *Mana*, vol.2, nº 1, p.97-108. Rio de Janeiro, abr 1996.

VELHO, Otávio. "Globalização: antropologia e religião". *Mana*, vol.3, nº1, p.133-54. Rio de Janeiro, abr 1997.

VIANNA, Hermano. "Fragmentos de um discurso amoroso (carioca e quase virtual)". In – (org.). *Galeras cariocas. territórios de conflitos e encontros culturais.* Rio de Janeiro: Editora UFRJ, 1997.

______. "Introdução". In – (org.). *Galeras cariocas: territórios de conflitos e encontros culturais*. Rio de Janeiro, Editora UFRJ, 1997.

VICTORA, Ceres et al. "Está sempre aparecendo na TV: avaliação do impacto dois anos após a intervenção. A transa e o uso de camisinha em adolescentes escolares no sul do Brasil". In Jorge Béria (org.). *Ficar, transar... a sexualidade do adolescente em tempos de Aids*. Porto Alegre: Tomo Editoral, 1998.

VIEIRA, Elisabeth Meloni et al. (orgs.). *Seminário gravidez na adolescência*. São Paulo: Associação Saúde da Família, 1998.

VIVEIROS DE CASTRO, Eduardo. *Ensaio sobre o dado: economia da relação na socialidade amazônica*, s/d (mimeo.).

WALDBY, Catherine. *The Visible Human Project. Informatic Bodies and Posthuman Medicine*. Londres/Nova York: Routledge, 2000.

WILLIS, Paul. *Common Culture: Symbolic Work at Play in the Everyday Cultures of the Young*. Milton Keynes: Open University Press, 1990.

WISNICK, José Miguel. "Iluminações profanas (poetas, profetas e drogados)". In Adauto Novaes (org.). *O olhar*. São Paulo: Companhia das Letras, 1988.

WOLBARST, Anthony Brinton. *Looking within. How X-Ray,* CT, MRI, Ultrasound and Other Medical Images are Created and How they Help Physicians Save Lives. Berkeley/Los Angeles: University of California Press, 1999.

YOUNG, Katharine. *Presence in the Flesh. The Body in Medicine*. Cambridge/Massachusetts: Harvard University Press, 1997.

ZÁCHIA, Suzana Azevedo e Daniela Riva Knauth. *A repercussão da infecção pelo* HIV na gestante adolescente. Relatório de Pesquisa, 2001. (mimeo.)

Sites

http://www.salon.com/ent/feature/2002/07/22/metrosexual/indext1.html
http://banheirofeminino.terra.com.br/tipinhos/

Sobre os autores

Daniela Riva Knauth

Professora adjunta da Universidade Federal do Rio Grande do Sul (UFRGS). Doutora em etnologia pela École des Hautes Études en Sciences Sociales (EHESS), França.

Denise Portinari

Professora do Departamento de Artes e Design da Pontifícia Universidade Católica do Rio de Janeiro (PUC-Rio). Doutora em Psicologia Clínica pela Pontifícia Universidade Católica do Rio de Janeiro (PUC-Rio).

Elaine Reis Brandão

Pesquisadora do Programa em Gênero, Sexualidade e Saúde e do Centro Latino-Americano em Sexualidade e Direitos Humanos (Clam). Doutora em saúde coletiva pelo Instituto de Medicina Social (IMS) da Universidade do Estado do Rio de Janeiro (Uerj).

Fernanda Eugenio

Pesquisadora do Centro de Estudos Sociais Aplicados (Cesap) da Universidade Candido Mendes (Ucam). Doutora em antropologia social pelo Programa de Pós-Graduação em Antropologia Social do Museu Nacional da UFRJ.

Fernanda Ribeiro Coutinho

Mestre em design pelo Departamento de Artes e Design da Pontifícia Universidade Católica (PUC-Rio).

Francisco Ortega

Professor adjunto do Instituto de Medicina Social (IMS) da Universidade do Estado do Rio de Janeiro (Uerj). Doutor em Filosofia pela Universidade de Bielefeld (Unibi), Alemanha.

Gilberto Velho

Professor titular de antropologia social do Museu Nacional da UFRJ, onde coordenou o Programa de Pós-graduação e chefiou o Departamento de Antropologia. Foi presidente da Associação Brasileira de Antropologia (ABA), vice-presidente da Sociedade Brasileira para o Progresso da Ciência (SBPC) e presidente da Associação Nacional de Pós-graduação e Pesquisa em Ciências Sociais (Anpocs).

Helen Gonçalves

Pesquisadora do Departamento de Medicina Social da Universidade Federal de Pelotas (UFPEL). Doutora em antropologia social pela Universidade Federal do Rio Grande do Sul (UFRGS).

José Machado Pais

Pesquisador e coordenador do Instituto de Ciências Sociais da Universidade de Lisboa e professor convidado do Instituto Superior de Ciências do Trabalho e da Empresa (ISCTE). Consultor da Comunidade Européia e do Conselho da Europa para questões de juventude. Coordenador do Observatório Permanente da Juventude Portuguesa, sediado no Instituto de Ciências Sociais da Universidade de Lisboa.

Luiz Eduardo Soares

Professor da Universidade do Estado do Rio de Janeiro (Uerj) e diretor do Instituto pela Promoção do Sistema Único de Segurança Pública. Participou do governo do estado do Rio de Janeiro de 1999 a março de 2000, na condição de subsecretário de segurança pública e coordenador de segurança, justiça e cidadania. Foi secretário nacional de Segurança Pública do governo federal de janeiro a outubro de 2003.

Maria Cláudia Coelho

Professora adjunta do Centro de Ciências Sociais da Universidade do Estado do Rio de Janeiro (Uerj). Doutora em sociologia pelo Instituto Universitário de Pesquisas do Rio de Janeiro (Iuperj).

Maria Isabel Mendes de Almeida
Professora do Departamento de Sociologia e Política da Pontifícia Universidade Católica do Rio de Janeiro (PUC-Rio), coordenadora do Centro de Estudos Sociais Aplicados (Cesap) da Universidade Candido Mendes (Ucam), pró-reitora de Pós-Graduação e Pesquisa da Universidade Candido Mendes. Doutora em sociologia pelo Instituto Universitário de Pesquisas do Rio de Janeiro (Iuperj).

Mirian Goldenberg
Professora do Programa de Pós-graduação em Sociologia e Antropologia e do Departamento de Antropologia Cultural do Instituto de Filosofia e Ciências Sociais da Universidade Federal do Rio de Janeiro (IFCS/UFRJ); doutora em antropologia pelo Programa de Pós-graduação em Antropologia Social do Museu Nacional da UFRJ.

Regina Novaes
Subsecretária da Secretaria Nacional de Juventude. Professora adjunta do Instituto de Filosofia e Ciências Sociais da Universidade Federal do Rio de Janeiro (IFICS/UFRJ). Doutora em Ciências Sociais pela Universidade de São Paulo (USP).

Este livro foi composto por Textos & Formas,
em Legacy, e impresso por Bartira
em outubro de 2006.